数理经济学
MATHEMATICAL ECONOMICS

李晓春 编著

图书在版编目（CIP）数据

数理经济学/李晓春编著. —北京：北京大学出版社，2006.11
（21世纪经济与管理规划教材·经济数学系列）
ISBN 978-7-301-11223-6

Ⅰ.数… Ⅱ.李… Ⅲ.数理经济学 Ⅳ.F224.0

中国版本图书馆 CIP 数据核字（2006）第 129635 号

书　　　名：	**数理经济学**
著作责任者：	李晓春　编著
责 任 编 辑：	朱启兵
标 准 书 号：	ISBN 978-7-301-11223-6/F·1492
出 版 发 行：	北京大学出版社
地　　　址：	北京市海淀区成府路 205 号　100871
网　　　址：	http：//www.pup.cn
电　　　话：	邮购部 62752015　发行部 62750672　编辑部 62752926
	出版部 62754962
电 子 邮 箱：	em@pup.pku.edu.cn
印 刷 者：	北京飞达印刷有限责任公司
经 销 者：	新华书店
	730 毫米×980 毫米　16 开本　14.5 印张　284 千字
	2006 年 11 月第 1 版　2009 年 3 月第 2 次印刷
印　　　数：	4001—7000 册
定　　　价：	22.00 元

未经许可，不得以任何方式复制或抄袭本书之部分或全部内容。
版权所有，侵权必究
举报电话：010-62752024　电子邮箱：fd@pup.pku.edu.cn

丛书学术顾问

陈继勇	武汉大学经济与管理学院
刘　伟	北京大学经济学院
刘志彪	南京大学经济学院
杨瑞龙	中国人民大学经济学院
袁志刚	复旦大学经济学院
张　馨	厦门大学经济学院
周立群	南开大学经济学院

丛书执行主编

李军林	中国人民大学经济学院
林君秀	北京大学出版社

丛书编委

蔡海鸥	中国人民大学信息学院
陈　莉	北京大学出版社
何　耀	武汉大学经济与管理学院
金　路	复旦大学数学科学学院
李军林	中国人民大学经济学院
李晓春	南京大学商学院
林君秀	北京大学出版社
文志雄	华中科技大学数学系
朱启兵	北京大学出版社

(以上姓名均按汉语拼音排序)

丛书序言

在最近二十多年中,我国社会生活的各个方面发生了巨大变化,经济建设取得了令世人瞩目的奇迹,经济体制正在全面地向市场经济体制转轨。经济与社会的全面转型产生了对市场经济知识的巨大需求,这又极大地推动了我国经济学教育水平的整体提高与进步。

今天,我国大学里的经济学教育已经越来越趋向规范化与国际化,一种更加有利于经济学理论发展的学术氛围已经形成,一大批拥有现代经济学知识与新型经济学理念的崭新人才正在脱颖而出。但是,不可否认的是,我国经济学教育和研究的整体水平与世界一流大学相比还有比较大的差距。突出表现在,我们自己培养的经济学博士很少能够在欧美一流大学任教;在国际著名的经济学期刊上,特别是顶级的经济学期刊上也不多见纯粹由国内经济学家完成的研究成果发表,这些都说明要想提高我国经济学教育和研究的水平并缩短这些差距,我们要走的路仍然很长!

近五十年来,经济学的研究与其成果越来越呈现出科学化的态势,其中一个突出的表现形式就是数学理论与经济学研究的紧密结合。具有严密逻辑的数学方法彻底改变了以往经济学分析中存在的一些缺点,如论证缺乏逻辑一致性以及所得出结论的模糊性。同时,随着数学方法在经济学中的广泛应用,不论是经济学研究方法还是经济学的研究成果,都越来越具有科学的特征。而且经济学家们所构建的经济学理论在很大程度上具有可检验性,这就避免了我们接受那些似是而非、模棱两可的结论。应该说,这是一种对传统社会科学,尤其是对经济学研究理念的根本性突破。随之而来的就是许多经济学领域的研究成果也逐渐被科学界所认可,一个最突出的现象就是,瑞典皇家科学院从1969年开始,特别为经济学领域内的那些具有开创性的成果设立了诺贝尔经济科学纪念奖,使经济学这一最具科学特征的社会科学也跻身于科学行列之中。

经济学在近半个世纪已经取得了一大批突破性的研究成果,这些成果不仅加深了人类对现实经济问题的洞察,而且也影响着人类社会的进一步向前发展。几乎所有这些成果都是用数学方法或数学语言所完成的,它们的核心内容都是建立在完备的数学模型与严密的数学论证的基础之上的,而且相当数量成果本身就是由优秀数学家取得的。尤其是获得诺贝尔经济学奖的重大研究成果,更是如此。从最早获奖的计量经济学理论、一般均衡理论,到最近获奖的资产定价理论、信息经济学理论与博弈理论,其分析方法与内容都是建立在数学理论与方法的基础之上的。近十年来两度获得诺贝尔经济学奖的博弈理论的主要贡献者纳什（Nash）与奥曼（Aumman）就是出色的数学家。因此，从某种意义上讲，这些成果在经济学理论上的突破，其实就是数学理论的研究应用及其分析方法的拓展。今天，数学已经融入经济学之中，成为了现代经济学最重要的分析工具与研究方法。

事实上，在人类文明的发展进程中，数学一直占据核心的位置，许多推动人类文明发展并影响人类生活的重大科学发现与科学理论，都离不开数学所起到的奠基性贡献。今天，不仅是在自然科学，而且在人文社会科学的诸多学科中，使用数学语言或数学模型进行理论分析和观点阐述的现象也非常普遍。而一些社会科学中的许多重大发展也源于数学工具的改进与数学思想的发展。因此，我们可以这样说，数学知识的进步在很大程度上是人类文明进步的一个重要标志。

在整个社会科学中，经济学应该说最具有科学的特征，这主要归功于数学在经济学中的广泛应用，我们相信，数学必将继续推动经济学理论不断地向前发展。因此，掌握现代经济学的一个必要前提条件就是要先学好数学的基础知识。

当前，国内许多高校的经济学院系也都根据现代经济学发展的需要，调整、修订并实施了新的数学教学计划，加大了数学课的教学时数，加深了数学课的难度，这就对经济管理专业学生的数学水平提出了更高的要求。正是在这种背景下，北京大学出版社策划出版了《21 世纪经济与管理规划教材·经济数学系列》丛书。

本丛书主要是针对高等院校的经济学、管理学各专业学生所编写的。丛书的编著者分别是中国人民大学、复旦大学、南京大学、武汉大学和华中科技大学等著名高校的教师，他们中的多数都同时具有数学与经济学硕士以上的学位，他们不仅有深厚的数学功底，而且深谙现代经济学理论，所研究的课题也在经济学的前沿领域内。他们有多年为经济与管理专业本科生、研究生讲授微积分、线性代数、运筹学、概率论与数理统计等多门课程的教学经验，目前又承担着本科生、研究生的中高级微观经济学、中高级宏观经济学、计量经济学、数理经济学、金融经济学、博弈论与信息经济学等经济学理论课的教学工作。这是一支知识结构合理、教学经验丰富的写作团队。

在内容的选择上，每本教材都尽量考虑到不同层次、不同专业的教学需要，尽可能地使本系列教材在教学过程中为任课教师提供一个合理的选择空间。当然，不足之处难免存在，希望广大师生不吝赐教，以便本丛书今后不断修订完善。

在本丛书的策划、出版过程中，经北京大学中国经济研究中心姚洋老师推荐，中国人民大学经济学院的李军林老师做了大量的组织协调工作。丛书编委会在此对他们表示诚挚的感谢！

丛书编委会
2006 年 6 月

前　言

20世纪80年代末我到国外留学学习经济学时,为了尽快掌握学习内容,非常想得到一本中文的微观经济学或宏观经济学的书作为学习参考书。为此,我托家人和朋友跑了许多书店,都无一收获。2003年9月,我回国工作,发现国内经济学的教学与研究的水平已经发生了很大的变化,国内出版了许多有关西方经济学的专著,不少国外的著名教材已经成了国内教师和学生们常用的教学参考书。也正是在这一段时期,用数学来研究经济问题越来越被更多的人们所接受。不论人们的主观意愿如何,我国经济学教学和研究的方法正在迅速地发生着变化,经济学的教学和研究已经进入了一个新的发展时期。虽然目前从整体情况上来看,我们在理论经济学方面的教学与研究水平与国外还有差距;但我深信,在不太长的未来,就会迎来中国人进入世界一流经济学家队伍的时代,因为我们的学生们已经浩浩荡荡地开来,他们比我们幸运,处在了一个好时代,一定会比我们强得多。这一天的早日到来需要我们的努力,而数理经济学就是我们必须学好的科目之一。自从我在南京大学商学院担任数理经济学的授课任务以来,我时常为学生们对这门课的学习热情而感动,也正是这些学生们的强烈的求知愿望,使我萌发了要为他们编写数理经济学教材的愿望。

本书是根据我在南京大学商学院经济学系对本科和研究生教学的教案整理而成的,这份教案是以日本学者武隈慎一先生的《数理经济学》为基础,并兼顾我们学生的实际情况、参考了一些有关教材编写的。本书所设定的读者群是经济学系、国际贸易学系、金融学系等与经济学有关的学科和专业的本科生和研究生低年级的学生,为数理经济学基础水平的教材。故而,本书也适合于有志于经济学的自学人员。

由于经济学的基础是市场以及由市场决定的价格分析,所以,本书的主线也是市场和价格。至于本书的结构设计,却让我花费了不少时间,因为在数理经济学中并不存在一个明确的界限,指明什么内容在这个范围中,什么内容不在。现在呈现在读者面前的结构也许并不是最佳的,但我努力使本书有一个能够既便于教又便于学的结构。例如,本书介绍的数学内容被限定在与本书的经济学内容相关的最小范围之中,即微分、线性代数、欧几里得空间的拓扑等知识,只要上过大学基础课程的人就可以几乎没有障碍地阅读本书;再如,对于一些超越基础水平、而经济学上又经常使用的内容,如"不动点定理"等,本书则省去这些内容中的数学理论性较强的证明部分,但会给出必要的说明,并对这些内容在经济学上的应用做了较为充分的说明。另外,考虑到授课上的安排,一些在经济学中也同样是重要的内容没有收入本书,例如"非线性规划","动态分析"等,希望有兴趣的读者参考与这些内容有关的书籍或文献。

各个学校的情况不完全相同,很难一概而论。但根据我教学实践的情况,本书在2个或3个学分的一学期的授课计划中,是很难讲解完全部内容的。故建议在教学中对于目录中打"*"号的部分可放在其他部分讲解完了之后再做安排。另外,对于研究生和刚上完大学基础课中的数学分析、线性代数等课程的本科学生,可以省去第三章和第四章的相关内容。对于自学的读者,亦可以按照上述的建议安排自己的学习。

作为学习的补充,我在每一章结尾处选编了一些习题,按习题的难易程度分为练习A和练习B,希望读者们循序渐进地做好练习。因为这些习题并没全部涵盖本书所及的内容,故要提醒读者们注意的是,并不是做完了这些习题就算是掌握了数理经济学的知识了,还应该尽可能地多读一些与数理经济学相关的书。

由于我的教学经验和知识积累得不够,编写本书的时间亦很仓促,本书一定会存在这样那样的缺点和错误,我欢迎读者的意见,并会将大家的意见反映到今后的修订版中去。但如果读者们读完本书时觉得自己有所收获,或感到自己对经济学的一些问题的认识有所加深,就达到了编写本书的目的,这是我最大的心愿。

我要感谢在编写本书的过程中给予了我许多激励和支持的南京大学商学院的刘志彪教授、范从来教授、沈坤荣教授和安同良教授;感谢北京大学出版社的林君秀副编审和朱启兵编辑,他们卓有成效的工作使得本书得以顺利出版;感谢南京大学商学院研究生黄向梅,她精读了本书的全稿,提出了许多文字上的修正意见;感谢南京大学商学院研究生朱保力、周娟同学,他们参与了习题的选编和演算。最后,我还要由衷地感谢我的妻子冯小鸣,她带着女儿在国外生活,默默地承担了对女儿全部的教育和抚养的责任,而那本来至少有一半应该是我做的;感谢我女儿李阳,与她进行的网络通话是支撑我编写完本书的力量源泉。

李晓春
2006年1月于南秀村7号

目 录

第一章 集合与向量 …………………………………………… (1)

§1.1 集合 …………………………………………………… (1)

一、集合的概念及其包含关系 ……………………… (1)

二、集合的运算 ……………………………………… (2)

三、实数集合的上确界与下确界 …………………… (4)

四、集合,函数,关系 ………………………………… (4)

§1.2 向量空间 ……………………………………………… (5)

一、n 维向量 ………………………………………… (5)

二、向量运算 ………………………………………… (5)

三、凸集合 …………………………………………… (7)

习题 …………………………………………………………… (9)

第二章 消费与生产 …………………………………………… (11)

§2.1 消费者行为 …………………………………………… (11)

一、产品空间与消费集合 …………………………… (11)

二、偏好与效用函数 ………………………………… (12)

三、预算集合 ………………………………………… (13)

四、需求集合 ………………………………………… (14)

§2.2 一般化的偏好 ………………………………………… (15)

一、偏好关系 ………………………………………… (15)

二、显示性偏好 ……………………………………… (17)

三、辞典式顺序 ……………………………………… (17)

§2.3 生产者的行为 ………………………………………… (18)

一、生产集合 ………………………………………… (18)

二、企业利润 ………………………………………… (20)

三、供给集合与利润函数 …………………………… (22)

§2.4 生产函数与生产技术 ………………………………… (23)

一、生产函数 ………………………………………… (23)

二、生产技术的凸性 ………………………………… (23)

三、规模收益法则 ……………………………………………… (24)
　　　四、长期、短期的生产函数 …………………………………… (25)
　　　五、一阶齐次的生产函数 ……………………………………… (25)
　习题 ……………………………………………………………………… (26)

第三章　矩阵、行列式和线性规划 ……………………………………… (28)
　§3.1　矩阵的概念 …………………………………………………… (28)
　　　一、矩阵 ………………………………………………………… (28)
　　　二、矩阵的运算 ………………………………………………… (29)
　　　三、方阵 ………………………………………………………… (32)
　§3.2　欧几里得空间 ………………………………………………… (33)
　　　一、距离 ………………………………………………………… (33)
　　　二、基本性质 …………………………………………………… (34)
　§3.3　行列式 ………………………………………………………… (35)
　　　一、单位向量 …………………………………………………… (35)
　　　二、行列式的概念与性质 ……………………………………… (36)
　　　三、行列式的展开 ……………………………………………… (38)
　　　四、克莱默法则 ………………………………………………… (41)
　§3.4　可逆矩阵 ……………………………………………………… (44)
　　　一、逆矩阵 ……………………………………………………… (44)
　　　二、向量的线性相关性 ………………………………………… (46)
　§3.5　线性不等式 …………………………………………………… (50)
　　　一、塔克引理 …………………………………………………… (50)
　　　二、相关的定理 ………………………………………………… (52)
　§3.6　线性规划法 …………………………………………………… (53)
　　　一、线性规划问题 ……………………………………………… (53)
　　　二、存在定理和对偶定理 ……………………………………… (54)
　§3.7　产业关联论 …………………………………………………… (58)
　　　一、产业关联论 ………………………………………………… (58)
　　　二、非负矩阵 …………………………………………………… (59)
　附录　弗罗贝尼乌斯定理* …………………………………………… (62)
　习题 ……………………………………………………………………… (64)

第四章　连续性与微分 …………………………………………………… (66)
　§4.1　连续性和若干拓扑的概念 …………………………………… (66)
　　　一、连续的概念 ………………………………………………… (66)

二、欧几里得空间的拓扑 ································ (68)
　　三、连续函数 ···(72)
§4.2　紧集 ·· (74)
　　一、有界集合 ···(74)
　　二、紧集 ··(75)
　　三、连续映射 ···(76)
§4.3　微分 ·· (77)
　　一、单变量的微分 ·····································(77)
　　二、偏微分与全微分 ··································(81)
　　三、一般条件下的微分 ································(82)
　　四、复合函数的微分 ··································(83)
§4.4　二阶微分 ··· (85)
　　一、梯度和海塞矩阵 ··································(85)
　　二、二阶微分的定义 ··································(86)
　　三、凸函数和凹函数的性质 ·························(87)
　　四、凹函数与拟凹函数 ································(88)
　习题 ···(89)

第五章　极大值条件 ···(90)
§5.1　单变量函数的极大值条件 ·························(90)
　　一、泰勒展开式 ··(90)
　　二、极大值条件 ··(92)
§5.2　经济学中的极大值应用 ····························(93)
　　一、边际生产力 ··(93)
　　二、平均成本与边际成本 ····························(94)
　　三、垄断和寡头市场 ··································(95)
　　四、经济成长的黄金律 ································(97)
§5.3　一般情况下的极大值条件 ·························(98)
　　一、多变量的泰勒展开式 ····························(98)
　　二、多变量函数的极大值条件 ······················(99)
　习题 ···(101)

第六章　需求和供给 ···(102)
§6.1　需求函数 ··(102)
　　一、需求函数 ··(102)
　　二、最小支出函数 ····································(103)

三、补偿需求函数 ··· (104)
　§6.2　斯勒茨基方程 ·· (106)
　　一、马肯基引理 ··· (106)
　　二、斯勒茨基方程 ··· (108)
　　三、罗伊恒等式 ··· (112)
　　四、效用最大化条件 ··· (113)
　§6.3　供给函数 ·· (115)
　　一、生产集合与价格 ··· (115)
　　二、供给函数的性质 ··· (116)
　§6.4　成本函数和要素需求 ·· (118)
　　一、成本最小化 ··· (118)
　　二、成本函数 ·· (119)
　习题 ·· (120)

第七章　分离定理 ··· (121)
　§7.1　分离超平面 ··· (121)
　§7.2　一般的分离定理 ·· (123)
　习题 ·· (126)

第八章　一般均衡 ··· (127)
　§8.1　交换经济与生产经济 ·· (127)
　　一、交换经济的竞争均衡 ·· (127)
　　二、生产经济的竞争均衡 ·· (128)
　§8.2　一般化的经济模型 ·· (129)
　　一、供给与需求 ··· (130)
　　二、竞争均衡 ·· (130)
　　三、总过剩需求 ··· (133)
　§8.3　福利经济学基本定理 ·· (135)
　　一、局部非饱和性 ··· (135)
　　二、第一基本定理 ··· (135)
　　三、第二基本定理 ··· (137)
　习题 ·· (141)

第九章　不动点定理 ·· (142)
　§9.1　函数的不动点 ·· (142)
　　一、不动点 ·· (142)
　　二、角谷不动点定理 ··· (143)

三、关系的上半连续性 …………………………………………………… (144)
　§9.2　不动点定理的应用——选择定理* ………………………………… (146)
　　一、下半连续 ……………………………………………………………… (146)
　　二、选择定理 ……………………………………………………………… (146)
　习题 ……………………………………………………………………………… (148)

第十章　竞争均衡的存在与稳定性* …………………………………………… (149)
　§10.1　需求和供给的连续性 ……………………………………………… (149)
　　一、偏好映射 ……………………………………………………………… (149)
　　二、需求集合的非空性 …………………………………………………… (151)
　　三、需求函数的连续性 …………………………………………………… (152)
　　四、供给函数的连续性 …………………………………………………… (153)
　§10.2　均衡的存在性 ……………………………………………………… (156)
　　一、模型 …………………………………………………………………… (156)
　　二、价格范围 ……………………………………………………………… (157)
　　三、适用于不动点定理的映射 …………………………………………… (158)
　　四、经济的有界性 ………………………………………………………… (161)
　§10.3　市场均衡 …………………………………………………………… (163)
　　一、总过剩需求 …………………………………………………………… (163)
　　二、均衡价格的唯一性 …………………………………………………… (164)
　§10.4　稳定性 ……………………………………………………………… (165)
　　一、摸索过程 ……………………………………………………………… (165)
　　二、对角占优矩阵 ………………………………………………………… (166)
　　三、替代性与对角占优矩阵 ……………………………………………… (168)
　　四、李雅普洛夫方法 ……………………………………………………… (169)
　习题 ……………………………………………………………………………… (171)

第十一章　经济的核* …………………………………………………………… (172)
　§11.1　交换经济的核 ……………………………………………………… (172)
　　一、经济模型 ……………………………………………………………… (172)
　　二、竞争均衡 ……………………………………………………………… (173)
　　三、帕累托最优配置 ……………………………………………………… (173)
　　四、核配置 ………………………………………………………………… (173)
　§11.2　复制经济 …………………………………………………………… (175)
　§11.3　极限定理 …………………………………………………………… (180)
　习题 ……………………………………………………………………………… (184)

第十二章　不确定性*　……………………………………(185)

§12.1　期望效用……………………………………(185)
　　一、预期　………………………………………(185)
　　二、期望效用　…………………………………(186)
　　三、期望效用假说　……………………………(187)

§12.2　效用指标的存在……………………………(188)
　　一、假定和公理　………………………………(188)
　　二、效用指标的构建　…………………………(190)
　　三、期望效用的假说　…………………………(193)

§12.3　完全市场……………………………………(194)
　　一、有条件的物品　……………………………(194)
　　二、有条件的价格　……………………………(195)
　　三、竞争均衡　…………………………………(195)

§12.4　证券和期望…………………………………(196)
　　一、证券市场　…………………………………(197)
　　二、不完备市场　………………………………(200)

习题………………………………………………………(202)

部分答案与提示………………………………………(203)

主要参考文献…………………………………………(208)

词汇索引………………………………………………(209)

第一章 集合与向量

本章是全书的开始部分,介绍集合与向量的基础知识,并对全书中使用的主要数学概念和一些表记方法进行说明.

首先,对集合的概念、包含关系以及集合论中的基本表记方法等做说明.集合论是数学的基础理论,而在经济学中,经济主体的行为也可以用集合论的知识进行解释.例如,研究消费者行为时,我们要用到"消费集合"的概念;而研究企业行为时还可以用"生产集合"的概念进行分析.所以,从这里可以看出集合论也是研究经济理论的十分重要的工具.

其次,本章还将对向量空间的基本概念进行说明.经济中存在千千万万的产品,将这些产品的消费量和生产量用向量来表示是非常方便的.另外,在实际的经济活动中,存在着价格、需求量、供给量等变数,本章还将讨论它们之间的关系,并对集合与函数的凸性进行说明.

§1.1 集 合

一、集合的概念及其包含关系

(一) 集合的概念

集合是不同对象的集成.对象被称为"元素"或"点",可以是数,也可以是物品等.例如,以 X 表示集合,x 表示元素,可用以下的形式表示集合:

$$X = \{x \mid x \text{ 是 } \cdots\cdots\}.$$

作为一个特别的集合,"没有任何元素的集合"被称为空集,记作 $\varnothing$.

集合 A 与元素 a 的关系可以表示成 $a \in A$,如果元素 a 不是集合 A 的元素,则可以表示成 $a \notin A$.

(二) 集合的包含关系

为了表示两个集合 A 与 B 之间的包含关系,可以使用以下的表记方法.

1. 包含:对于任意的 $a \in A$,都有 $a \in B$ 时,记作 $A \subset B$. 此时,称 A 为 B 的"子集".

2. 相等:集合 A 与 B 互为子集时,即 $A \subset B$,并且 $A \supset B$ 时,记为 $A = B$,称集合 A 与集合 B "相等".

二、集合的运算

(一) 基本运算

以两个集合 A 与 B 可以定义以下的集合：

$$A \cap B = \{x | x \in A \text{ 并且 } x \in B\},$$
$$A \cup B = \{x | x \in A \text{ 或 } x \in B\},$$
$$A \setminus B = \{a | a \in A \text{ 并且 } a \notin B\},$$
$$A \times B = \{(a,b) | a \in A \text{ 并且 } b \in B\}.$$

集合 $A \cap B$ 是集合 A 和 B 的共同部分,称为集合 A 和 B 的"交集"(intersection);集合 $A \cup B$ 称为集合 A 和 B 的"并集"(union);集合 $A \setminus B$ 称为 A 和 B 的"差集"(difference);集合 $A \times B$ 称为 A 和 B 的"直积"(direct product),特别是对于集合 $A \setminus B$,如果 A 为全集时,集合 $A \setminus B$ 被称为集合 B 的"补集"(complemet),记为 $\bar{B}$. 图 1.1 分别给出了这些集合的直观形状.

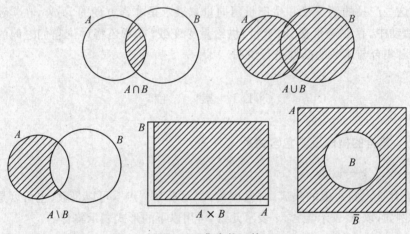

图 1.1 集合的运算

例 1.1.1 如果 $A = \{3,5,7\}$ 且 $B = \{2,3,4,8\}$,则

$$A \cup B = \{2,3,4,5,7,8\}, \quad A \cap B = \{3\};$$

如果我们将前 7 个自然数作为全集 U, $A = \{3,6,7\}$,则

$$\bar{A} = \{x | x \in U \text{ 且 } x \notin A\} = \{1,2,4,5\}.$$

(二) 运算律

定理 1.1.1 对于任意的集合 A,B,C,有以下关系：

(1) $(A \cap B) \cap C = A \cap B \cap C$;

(2) $(A \cup B) \cup C = A \cup B \cup C$;

(3) $(A \cap B) \cup C = (A \cup C) \cap (B \cup C)$;

(4) $(A \cup B) \cap C = (A \cap C) \cup (B \cap C)$.

证明 这里只对(3)式给出证明,其他的式子作为读者的练习.首先介绍证明思路.我们只要证明$(A \cap B) \cup C \subset (A \cup C) \cap (B \cup C)$并同时有$(A \cap B) \cup C \supset (A \cup C) \cap (B \cup C)$,就可以证明(3)式的成立.

首先,假设对于任意$x \in (A \cap B) \cup C$,就有:$x \in A \cap B$或者$x \in C$.如果$x \in A \cap B$,则有:$x \in A$同时$x \in B$,故$x \in (A \cup C)$同时$x \in (B \cup C)$.从而就有$x \in (A \cup C) \cap (B \cup C)$,如果$x \in C$,则$x \in A \cup C$并且$x \in B \cup C$,从而也有$x \in (A \cup C) \cap (B \cup C)$,即:$(A \cap B) \cup C \subset (A \cup C) \cap (B \cup C)$.

其次,假设对于任意$x \in (A \cup C) \cap (B \cup C)$,就有$x \in (A \cup C)$同时$x \in (B \cup C)$.如果$x \in C$,就有$x \in (A \cap B) \cup C$,即:$(A \cap B) \cup C \supset (A \cup C) \cap (B \cup C)$;如果$x \notin C$,因为$x \in (A \cup C)$,有$x \in A$;因为$x \in (B \cup C)$,有$x \in B$,故$x \in A \cap B$,也就是$x \in (A \cap B) \cup C$,即:$(A \cap B) \cup C \supset (A \cup C) \cap (B \cup C)$.综上所述,我们可以得到:
$$(A \cap B) \cup C = (A \cup C) \cap (B \cup C).$$
定理获证. ∎

(三) 指标集合

1. 概念

设集合的列 $A_\lambda \subset X, \lambda \in \Lambda \neq \emptyset$,在

以 Λ 表示指标集合(index set),对于各指标 $\lambda \in \Lambda$,有集合 A_λ 与之对应时,其交集和并集有如下定义:
$$\bigcap_{\lambda \in \Lambda} A_\lambda = \{a \mid \text{对于所有的 } \lambda \in \Lambda, a \in A_\lambda\},$$
$$\bigcup_{\lambda \in \Lambda} A_\lambda = \{a \mid \text{对于某一个 } \lambda \in \Lambda, a \in A_\lambda\}.$$

2. 性质定理

定理 1.1.2 (de. Morgan 法则) 对各指标 $\lambda \in \Lambda$,有集合 A_λ 与之对应时,对于任意的集合 X 有以下的等式成立:

(1) $X \setminus \bigcup_{\lambda \in \Lambda} A_\lambda = \bigcap_{\lambda \in \Lambda} (X \setminus A_\lambda)$;

(2) $X \setminus \bigcap_{\lambda \in \Lambda} A_\lambda = \bigcup_{\lambda \in \Lambda} (X \setminus A_\lambda)$.

证明 这个定理的证明不是很难,这里仅就(2)进行证明,其余作为读者的练习.

现在,设 $x \in X \setminus \bigcap_{\lambda \in \Lambda} A_\lambda$,则 $x \in X$ 且 $x \notin \bigcap_{\lambda \in \Lambda} A_\lambda$.即:$x \in X$ 且存在 $\mu \in \Lambda$,有 $x \notin A_\mu$.所以,$x \in X \setminus A_\mu$,也就有 $x \in \bigcup_{\lambda \in \Lambda} (X \setminus A_\lambda)$成立.故而,$X \setminus \bigcap_{\lambda \in \Lambda} A_\lambda \subset \bigcup_{\lambda \in \Lambda} (X \setminus A_\lambda)$.

反之,设 $x \in \bigcup_{\lambda \in \Lambda} (X \setminus A_\lambda)$,存在 $\mu \in \Lambda$,有 $x \in X \setminus A_\mu$,即:$x \in X$ 且 $x \notin A_\mu$.从

而,$x \in X$ 且 $x \notin \bigcap_{\lambda \in \Lambda} A_\lambda$,也就是 $x \in X \setminus \bigcap_{\lambda \in \Lambda} A_\lambda$ 成立. 故而,$\bigcup_{\lambda \in \Lambda}(X \setminus A_\lambda) \subset X \setminus \bigcap_{\lambda \in \Lambda} A_\lambda$. 定理得证. ∎

三、实数集合的上确界与下确界

所有实数的集合用 R 表示. 将 X 作为 R 的子集合,即: $X \subset R$. 如果存在实数 b,对于任意的 $x \in X$ 都有 $x \leqq b$,则称集合 X 为"上有界",实数 b 就被称为集合 X 的"上界"(upper bound);进而,如果对于任意的 $a < b$,a 都不是 X 的上界,就称 b 为集合 X 的"上确界"(supremum),记为 $\sup X$,$\sup X$ 是集合 X 最小的上界.

作为实数集合 R 的一个重要性质,下面公理被称为"实数连续性公理".

公理 1.1.1 任意的上有界的集合 $X \subset R$ 一定存在上确界 $\sup X$.

反之,如果存在实数 c,对于任意的 $x \in X$ 都有 $x \geqq c$,则称集合 X 为"下有界",实数 c 就被称为集合 X 的"下界"(lower bound);进而,如果对于任意的 $a > c$,a 都不是 X 的下界,就称 c 为集合 X 的"下确界"(infimum),记为 $\inf X$,$\inf X$ 是集合 X 最大的下界.

将集合 $-X$ 定义为:
$$-X = \{y | y = -x, x \in X\},$$
于是,就有以下的关系:
$$\inf X = -\sup(-X).$$
从上述公理可以得知: 任意下有界的集合 X 必定存在下确界.

如果集合没有上界,就记为: $\sup X = \infty$;如果集合 X 没有下界,就记为: $\inf X = -\infty$.

四、集合,函数,关系

设有两个集合 X 和 Y,将集合 X 的各点 x 与集合 Y 中的点 $f(x)$ 相对应,就称为从集合 X 到集合 Y 的"映射",表示成: $f: X \to Y$. 其中,f 为映射所遵行的法则,集合 X 为映射 f 的"定义域",集合 Y 为映射 f 的"值域".

集合 Y 的所有的子集合的集合被称为"幂集合",用 2^Y 来表示. 即:
$$2^Y = \{U | U \subset Y\}.$$
考虑映射 $F: X \to 2^Y$,这个映射是将集合中的各点 $x \in X$ 与集合 Y 的一个子集合 $F(x) \subset Y$ 相对应的. 通常,将如同映射 $F: X \to 2^Y$ 那样点对集合取值的映射称为一个"关系"(relation),而将点与点相对应的映射称为"函数"(function). 在上述的例子中,如果点 $x \in X$ 的值 $F(x) \subset Y$ 是由 1 点构成的集合时,关系 F 就成了函数,所以,"关系"是"函数"的一般化的概念.

§1.2 向量空间

一、n 维向量

由 n 个实数组成的有序元素组称为"n 维向量",表示为

$$x = \begin{bmatrix} x_1 \\ x_2 \\ \vdots \\ x_n \end{bmatrix},$$

称实数 x_i 是向量 x[①]的"第 i 个元素",有时也称为"第 i 坐标". 通常,将元素纵向排列的向量称为"列向量",而将元素横向排列的元素称为"行向量". x 就是一个列向量.

将 x 的元素横向排列的向量是

$$x^{\mathrm{T}} = [x_1, x_2, \cdots, x_n].$$

称向量 x^{T} 为"x 的转置向量". 如果向量的所有元素均为零时,称为"零向量",在本书中以粗写 **0** 来表示. 所有的 n 维向量所组成的集合称为"n 维向量空间",用 R^n 来表示. 空间 R^n 中的各点 $x \in R^n$ 都是 n 维向量.

例 1.2.1 在 n 维向量空间中,

$n=1$ 时,R 为实数集合;

$n=2$ 时,R^2 为二维平面;

$n=3$ 时,R^3 为三维空间.

二、向量运算

(一) 向量的运算

$x, y \in R^n, a \in R, x, y$ 可以表示如下:

$$x = \begin{bmatrix} x_1 \\ x_2 \\ \vdots \\ x_n \end{bmatrix}, \quad y = \begin{bmatrix} y_1 \\ y_2 \\ \vdots \\ y_n \end{bmatrix}.$$

此时,对以下的运算进行定义:

[①] 一般而言,向量、矩阵和行列式要用黑体表示. 在不影响阅读的前提下,本书采用白体的表述形式,望读者在阅读时留意.

$$x+y=\begin{bmatrix}x_1+y_1\\x_2+y_2\\\vdots\\x_n+y_n\end{bmatrix},\quad ax=\begin{bmatrix}ax_1\\ax_2\\\vdots\\ax_n\end{bmatrix},$$

$$x-y=x+(-1)y,\quad x\cdot y=x_1y_1+x_2y_2+\cdots+x_ny_n,$$

这里,通常将 $x\cdot y$ 称为向量的"内积",有时,也简单地表示成 xy.

定理 1.2.1 向量的和以及其常数倍的计算有以下性质,其中,$x,y,z\in R^n$; $a,b\in R^1$.

(1) $x+y=y+x$(交换律);

(2) $(x+y)+z=x+(y+z)$(结合律);

(3) $x+\mathbf{0}=x$(加法单位元的存在性);

(4) $x+(-x)=\mathbf{0}$(加法逆运算的存在性);

(5) $(a+b)x=ax+bx$ 并且 $a(x+y)=ax+ay$(分配律);

(6) $(ab)x=a(bx)$(关于实数的结合律);

(7) $1x=x$(实数 1 的中性).

证明 这个定理的证明是显而易见的,故不赘言. ■

一般地,对于向量的和以及其常数倍具有以上性质的向量集合,称之为在 R 上的"向量空间".

对于 2 个子集合 $X,Y\subset R^n$,实数 $a\in R$,则对集合的演算做如下定义:
$$X+Y=\{z\in R^n|z=x+y,x\in X,y\in Y\},$$
$$X-Y=\{z\in R^n|z=x-y,x\in X,y\in Y\},$$
$$aX=\{z\in R^n|z=ax,x\in X\},$$

并将集合 $X+Y$ 称为"向量的和",集合 $X-Y$ 称为"向量的差".

(二) 向量之间的关系

1. 向量之间的关系记号

设向量 $x,y\in R^n$. 作为两向量本来无大小关系,但两个向量的相应分量是可以比较大小的,这样的大小影响着两个向量的之间关系. 本书中我们用一些记号记述这样的关系,如下定义符号 $=$、$\geqq$、$\leqq$、$\geq$、$\leq$、$>$、$<$ 的意义:

对于所有的 i 都有 $x_i=y_i$ 时,就称两向量相等,记作:$x=y$;

对于所有的 i 都有 $x_i\geqq y_i$ 时,就称向量 x 大于等于 y,记作:$x\geqq y$,反之如果 $y\geqq x$,就记作:$x\leqq y$;

当 $x\geqq y$ 并且 $x\neq y$ 时,记作:$x\geq y$,反之如果 $y\geq x$,就记作:$x\leq y$;

对于所有的 i 都有 $x_i>y_i$ 时,就称向量 x 大于 y,记作:$x>y$,反之如果 $y>x$,就称向量 x 小于 y,记作:$x<y$.

2. 向量关系的应用例

例 1.2.2　两个实数 $a,b\in R$，如果 a,b 的关系满足 $a\leqq b$，被称为"区间"的集合可以表示如下：

$$[a,b] = \{x \in R | a \leqq x \leqq b\},$$
$$[a,b) = \{x \in R | a \leqq x < b\},$$
$$(a,b] = \{x \in R | a < x \leqq b\},$$
$$(a,b) = \{x \in R | a < x < b\}.$$

当向量关系在 $n=1$ 时，通常以等号、不等号表示。为了理解下面的例子，首先介绍"锥"的定义。

定义 1.2.1　集合 $K \subset R^n$，$v \in K$ 并且对于任意的 $x \in K$，$t > 0$ 都有 $v + t(x-v) \in K$，就将 K 称为锥(cone)，并将 v 称为锥 K 的顶点。

例 1.2.3　根据上述的向量关系，对空间 R^n 的两个子集合作以下的定义：

$$R^n_+ = \{x \in R^n | x \geqq 0\}, \quad R^n_{++} = \{x \in R^n | x > 0\}.$$

此时，称集合 R^n_+ 是 R^n 的"非负象限"，集合 R^n_{++} 是 R^n 的"正象限"。比照锥的定义，非负象限 R^n_+ 是以原点 0 为顶点的锥，而正象限 R^n_{++} 却不是锥。

三、凸集合

(一) 凸集合的概念

1. 凸集合

设集合 $X \subset R^n$。对于任意的两点 $x, y \in X$ 和 $0 \leqq \theta \leqq 1$，都有

$$\theta x + (1-\theta) y \in X$$

成立，就将集合 X 称为"凸集合"(convex set)。这里，点 $\theta x + (1-\theta) y$ 是连接点 x, y 的线段上的点，被称为两点 x, y 的"凸组合"。如果凸组合上各点包含在集合内（为集合的内部①），就称该集合为"严格凸集合"。

下面是严格凸集合、凸集合但不严格、非凸集合的图例（见图 1.2）。

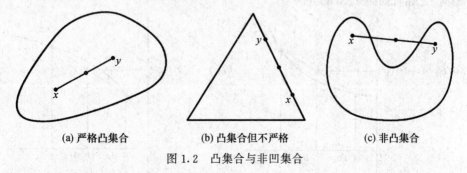

(a) 严格凸集合　　(b) 凸集合但不严格　　(c) 非凸集合

图 1.2　凸集合与非凹集合

---

① 关于集合的内部，请参考第 4 章的相关内容。

定理 1.2.2 对于两个集合 $X,Y \subset R^n$ 和一个实数 $a \in R$,如果 X,Y 为凸集合,则:$X+Y, X-Y$ 和 aX 为凸集合.

证明 本定理的证明留作为作业. ∎

2. 凸包

定理 1.2.3 对于所有的 $\lambda \in \Lambda$,如果集合 $X_\lambda \subset R^n$ 是凸集合,则 $\bigcap_{\lambda \in \Lambda} X_\lambda$ 也是凸集合.

证明 设 $x,y \in \bigcap_{\lambda \in \Lambda} X_\lambda$,实数 θ 满足 $0 \leqq \theta \leqq 1$.则对于所有的 $\lambda \in \Lambda, x,y \in X_\lambda$.而 X_λ 是凸集合,故对于任意的 λ,有
$$\theta x + (1-\theta)y \in X_\lambda$$
成立.从而,
$$\theta x + (1-\theta)y \in \bigcap_{\lambda \in \Lambda} X_\lambda$$
成立.所以,$\bigcap_{\lambda \in \Lambda} X_\lambda$ 为凸集合. ∎

对于任意的 $S \subset R^n$,以 $\mathrm{co}S$ 表记的集合定义如下:
$$\mathrm{co}S = \bigcap_{S \subset K, K \text{是凸集合}} K,$$
则称 $\mathrm{co}S$ 为 S 的"凸包"(convex hull).因为 K 是凸集合,根据定理 1.2.3 可以知道,$\mathrm{co}S$ 是凸集合,是包含 S 的最小的凸集合.如果 S 是凸集合,$\mathrm{co}S = S$.

(二)凸函数与凹函数

设函数 $f: U \to R$,凸集合 $U \subset R^n$.对于任意的两点 $x, x' \in U$ 和满足 $0 < \theta < 1$ 的任意的实数 θ,
$$f(\theta x + (1-\theta)x') \leqq \theta f(x) + (1-\theta)f(x')$$
成立时,称函数 f 为凸函数(convex function).另外,$-f$ 为凸函数时,函数 f 称为凹函数(concave function).

如图 1.3 所示,凸函数的图形是向下凸的(如图 1.3(a)),而凹函数的图形是向上凸的(如图 1.3(b)).

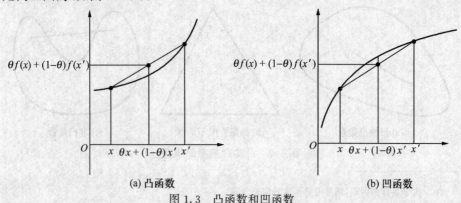

(a) 凸函数　　(b) 凹函数

图 1.3　凸函数和凹函数

（三）拟凹函数与拟凸函数

设函数 $f: U \to R$，凸集合 $U \subset R^n$. 如果对于任意的两点 $x', x'' \in U$ 和任意的 $\lambda \in [0,1]$，有：

$$f[(1-\lambda)x' + \lambda x''] \geqq \min\{f(x'), f(x'')\}$$

成立，则称函数 f 为"拟凹函数"(quasiconcavity)；如果对于任意的两点 $x', x'' \in U$ 和任意的 $\lambda \in [0,1]$，有：

$$f[(1-\lambda)x' + \lambda x''] > \min\{f(x'), f(x'')\}$$

成立，则称函数 f 为"严格拟凹函数". 对于 U 中任意的两点 x', x''，假设 $f(x') > f(x'')$，拟凹的要求是：当我们从"低点"x''沿直线移动到"高点"x'时，函数 f 的值不小于 $f(x'')$. 图 1.4 就给出了拟凹函数的一个例子.

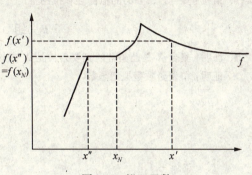

图 1.4 拟凹函数

另一方面，我们设函数 $f: U \to R$，凸集合 $U \subset R^n$，如果对于任意的两点 $x', x'' \in U$ 和任意的 $\lambda \in [0,1]$，有：

$$f[(1-\lambda)x' + \lambda x''] \leqq \max\{f(x'), f(x'')\}$$

成立，则称函数 f 为"拟凸函数"；如果对于任意的两点 $x', x'' \in U$ 和任意的 $\lambda \in [0,1]$，有：

$$f[(1-\lambda)x' + \lambda x''] < \max\{f(x'), f(x'')\}$$

成立，则称函数 f 为"严格拟凸函数".

凸集合 $U \subset R^n$ 时，根据上面的定义，我们可以得到：如果数 $f: U \to R$ 是拟凹函数（严格拟凹函数），则 $-f$ 为拟凸函数（严格拟凸函数）.

习 题

A 组

1. 用集合的记号表示：
(a) 大于 18 的所有实数集；
(b) 大于 5 且小于 15 的实数集.
2. 证明定理 1.1.1 中的(1)、(2)、(4).
3. 证明定理 1.2.2.
4. 已知集合 $A = \{4, 5, 6\}, B = \{3, 4, 6, 7\}, C = \{2, 3, 6\}$，验证分配率.
5. 列出集合 $S = \{1, 3, 5, 7\}$ 的所有子集，共有多少个？

6. 证明：任意的凸集合的交集也是凸集.

7. 已知向量：$w=\begin{bmatrix}3\\2\\16\end{bmatrix}, x=\begin{bmatrix}x_1\\x_2\end{bmatrix}, y=\begin{bmatrix}y_1\\y_2\end{bmatrix}$ 和 $z=\begin{bmatrix}z_1\\z_2\end{bmatrix}$，下列乘积哪些有意义：
$$w\cdot x, \quad x\cdot y, \quad y\cdot w, \quad z\cdot x.$$

8. 设图书馆的书分为 $A=\{$经济学书$\}$；$B=\{$中文版的书$\}$；$C=\{1990$ 年及 1990 年以后出版的书$\}$，问：下列集合或式子各表示什么意思？(1) $A\cup B$；(2) $A\cap B$；(3) $\bar{C}$；(4) $\bar{C}\subset B$；(5) $A\cap B\cap \bar{C}$；(6) $A\cap B\cap \bar{C}=A$.

9. 请检验 $z=x^2(x\geqslant 0)$ 的拟凹性和拟凸性.

B 组

1. 证明：集合 X 是凸集合的充要条件是 X 中的任意凸组合都属于 X.
2. 证明：单调函数是拟凹函数.

第二章 消费与生产

本章首先对经济中消费者的消费行为进行解说.本书中,用"消费集合"来表示消费者的消费领域;用"偏好"和"效用函数"来表示消费者的行动基准;用"偏好集合"的形状来表示消费者的偏好特征.本章还就"偏好集合"的凸性与无差异曲线的性质——边际替代率递减法则的对应关系进行解说,并对消费者效用最大化行为进行分析.消费者在市场上购入商品形成需求,并且消费者总是在效用最大处决定各种商品的需求量.我们在本章推出"需求函数"的概念,并证明它的零阶齐次性.

其次,本章对生产者的企业行为进行了解说.企业是掌握生产技术的经济主体,所以,本章从解释"生产集合"着手,将生产技术用生产集合的形状进行抽象概括,还介绍了对应于生产规模的收益法则.另外,本章从数理的角度介绍了企业的利益最大化行为及其与此对应的一些概念,如"供给函数"、"利润函数"等.

§2.1 消费者行为

首先,对市场经济下的消费者消费者的行为进行解说.

一、产品空间与消费集合

设经济中有 n 种产品.第 i 种产品的量以 x_i 表示,所有产品的量可以用 n 维向量表示:

$$x = \begin{bmatrix} x_1 \\ x_2 \\ \vdots \\ x_n \end{bmatrix},$$

如此,表示产品量的向量 x 的集合被称为"产品空间".根据这样的定义,也有用 n 维向量 R^n 表示产品空间的;消费者购入产品的量可以用产品空间的元素(或称为"点")来表示.但要特别注意的是,对于消费者而言,并不是产品空间的所有元素都是可以消费的,故而,我们将消费者实际可能消费的量的范围称为"消费集合".

例 2.1.1 如果将某一个消费集合设为 X,则 $X \subset R^n$.

图 2.1 表示的是 $n=2$ 时的消费集合,产品的消费量被限定在 0 或者正值的

范围 R_+^n,是普通的消费集合.

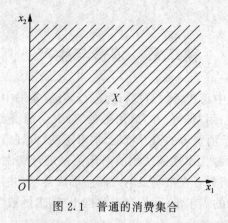

图 2.1 普通的消费集合

例 2.1.2 图 2.2 表示的是劳动与食品消费的关系,因为消费者要提供"劳动"这一产品,因此对劳动的消费被表示为负值. A 点表示的是:消费者提供了 2 个单位的劳动,同时消费了 4 个单位的食品;B 点表示消费者虽然没有提供任何劳动,但他仍然需要 1 个单位的食品.如此的消费集合,不仅表示了消费者行为的范围,还揭示了消费者生存的条件.

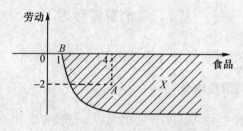

图 2.2 劳动与食品消费的关系

二、偏好与效用函数

(一) 偏好与效用函数的概念

首先设定消费集合 $X \subset R^n$. 其实,消费者对于消费集合里的元素,即对 n 种产品的组合有着自己的取舍标准.如在比较 2 个消费量 x 和 y 的时候,消费者会根据自己的生活习惯和需求进行选择,这在经济学上被称为"偏好"(preference).使用效用函数来表示消费者的偏好程度是经济学的传统方法.在效用函数的理论中,消费者的满足度被称为"效用"(utility);并且,还假定消费者效用的大小可以用数值来表示,在这样的假定条件下,表示消费者消费产品的量 x 与消费者获得的效用水平 u 之间的对应关系的函数就是"效用函数".一般地,用以下函数形式来表示效用函数:

$$u = U(x).$$

效用函数 U 的定义域为 $X \subset R^n$,值域为实数 R. 由函数 $U: X \to R$ 的形状表示消费者的偏好,消费者获得的效用数值由 $U(x) \in R$ 表示,效用水平 $U(x)$ 越大,消费者的满意程度就越高. 用具体的数值表示的效用,被称为"基数效用".

对于两个消费量 $x, y \in X$ 和效用函数 $U: X \to R$,当
$$U(x) < U(y)$$
成立时,就称消费者相对于 x 偏好 y. 当
$$U(x) = U(y)$$
成立时,就称消费者对 x 和 y 的"偏好无差异",或偏好相同.

(二) 偏好集合与无差异曲线

1. 偏好集合

对于消费集合的各点 $x \in X$,将比 x 偏好的点集合以
$$P(x) = \{y \in X | U(x) < U(y)\}$$

表示,$P(x)$ 就称为偏好集合. 对于偏好集合 $P(x)$,通常假定其具备凸性条件,即:对于任意的 $x \in X$,$P(x)$ 是凸集合. 这个假定通常被称为"偏好的凸性". 当 $n = 2$ 时,其形状可以参考图 2.3. 在该图中,阴影部分表示的是比 x_0 偏好的点的集合 $P(x_0)$(不包含边界 $I(x_0)$),显然地,在 $P(x_0)$ 中任意两点间的连线都被 $P(x_0)$ 所包含,$P(x_0)$ 为凸集合.

2. 无差异曲线

对于消费集合的各点 $x \in X$,将与 x 无差异的点集合以

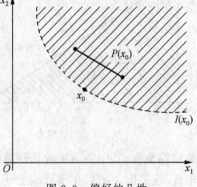

图 2.3 偏好的凸性

$$I(x) = \{y \in X | U(x) = U(y)\}$$

表示. 集合 $I(x)$ 就被称为"无差异曲线". 在图 2.3 中,无差异曲线 $I(x_0)$ 就是集合 $P(x_0)$ 的边界线. 无差异曲线的斜率的绝对值被称为"边际替代率"(marginal rate of substitution),它表示的是以第二种产品来衡量的第一种产品的价值,边际替代率遵循递减规律.

三、预算集合

消费者在购物时,理性的消费行为就是在可以购买的范围内使得自己的满足度,也就是选择消费来使效用达到最大. 以下分析这一过程.

第 i 种产品的价格设为 p_i,则所有产品的价格可以用向量

$$p = \begin{bmatrix} p_1 \\ p_2 \\ \vdots \\ p_n \end{bmatrix}$$

来表示,称 p 为"价格向量". 当消费者收入为 m 时,消费者可以选择的消费量一定是消费集合内的点,同时,还必须满足的一个前提条件是:消费的费用必须在自己收入以内. 在价格 p 的条件下,购入 $x \in X$ 的费用可以用

$$p \cdot x = p_1 x_1 + p_2 x_2 + \cdots + p_n x_n$$

表示. 从而,消费者应该满足的预算约束为

$$p \cdot x \leqq m.$$

在价格 p 和收入 m 的条件下,消费者的消费量选择范围设为 $B(p,m)$,则

$$B(p,m) = \{x \in X | p \cdot x \leqq m\} \tag{2.1.1}$$

就被称为"预算集合". 在这个集合中,表示将收入全部用于消费计划的点的集合,即:满足

$$p \cdot x = m$$

的点 x 的集合,被称为"预算线",也称为"预算约束线". 图 2.4 描绘的是

$$X = R_+^2, \quad p > 0, \quad m > 0$$

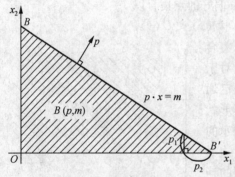

图 2.4 预算集合

的预算集合,其中的 BB' 就是预算线. 另外,如图 2.4 所示,价格向量 p 与预算线垂直. 这是因为如果在预算线上任取两点 x'、x'',则有:

$$p(x' - x'') = px' - px'' = m - m = 0$$

即 p 与向量 $x' - x''$ 正交,也就是 p 与预算线垂直.

四、需求集合

因为消费者在满足预算约束的消费量中,选择最理想的消费量,所以,在 $B(p,m)$ 中选择消费量 x 时,在 $B(p,m)$ 中应该没有比 x 的效用更大的消费量了. 即,偏好集合 $P(x)$ 与预算集合 $B(p,m)$ 应无交点. 在价格 p 和收入 m 的条件下,消费者选择消费的范围为:

$$D(p,m) = \{x \in X | x \in B(p,m), \\ B(p,m) \cap P(x) = \varnothing\}, \tag{2.1.2}$$

将集合 $D(p,m)$ 称为"需求集合". 图 2.5 表示的是在 $n=2$ 时的需求集合的一个情况,如图,在无差异曲线为严格凸的情况下,$D(p,m)$ 内的元素只有一点 x_0,此

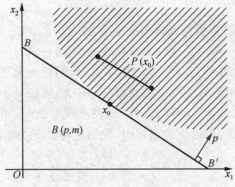

图 2.5 效用最大化

时,$D(p,m)$ 是价格和收入的函数,称为"需求函数". 另外,x_0 也在预算集合 $B(p,m)$ 中,显然地,它是 $B(p,m)$ 中使得消费者效用最大的点.

消费者的行为不会影响价格和收入的等比例变化. 这是因为根据(2.1.1)式,对于任意的 $t>0$,有

$$B(tp,tm) = B(p,m)$$

成立. 故根据(2.1.2)式,对于任意的 $t>0$,就有:

$$\begin{aligned}D(tp,tm) &= \{x \in X | x \in B(tp,tm), B(tp,tm) \bigcap P(x) = \emptyset\} \\ &= \{x \in X | x \in B(p,m), B(p,m) \bigcap P(x) = \emptyset\} \\ &= D(p,m)\end{aligned}$$

成立. 这意味着需求集合具有零阶齐次性,即:若价格与收入按同比例变化,需求集合不变.

§2.2 一般化的偏好

一、偏好关系

(一) 序数效用

上一节叙述了用数值来表示消费者效用大小的效用函数,这样理论在微观经济学中,被称为"基数效用"理论. 20 世纪初,经济学界又兴起以序数来度量效用的学说. 序数效用不是以具体的数值来表示偏好的程度,它描述的是一种状态之间的比较,如给出第 1 偏好,第 2 偏好……消费者不必要说出对产品的效用数值是多少,只要对产品的效用大小进行排列,选择效用大的就行. 对于这样偏重大小的顺序而不追究其数值的效用,称之为"序数效用". 在本节中,将对与序数效用有关的、一般化的消费者的偏好进行解说.

(二) 偏好关系

由消费集合 X 的直积构成的集合定义为：
$$X \times X = \{(x,y) | x \in X, y \in X\}.$$

设 $\succ$ 是 $X \times X$ 的子集，即：$\succ \subset X \times X$. 我们将 $\succ$ 称为"集合 X 的二元关系". 它可以这样理解：对于两个消费量 $x,y \in X$, 当 $(x,y) \in \succ$ 成立时，就意味着"x 比 y 偏好". 故而，可以将 $(x,y) \in \succ$ 表示成为 $x \succ y$. 用这样的二元关系可以表示消费者的偏好，在以下的叙述中，我们也将二元关系 $\succ$ 称为消费者的"偏好关系".

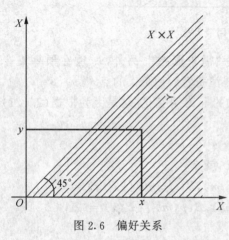

图 2.6 偏好关系

例 2.2.1 图 2.6 表现的是 $n=1$ 种产品经济中，$X = R_+$, 消费量非负情况下的偏好关系的例子. 在本图例中，
$$X \times X = R_+ \times R_+,$$
$$\succ = \{(x,y) \in R_+ \times R_+ | x > y\},$$
所以，$x \succ y$ 就意味着 $x > y$, 即：这个偏好关系意味着消费者偏好产品数量多的一方.

(三) 偏好关系 $\succ$ 的理性

消费者的偏好关系 $\succ$ 包含着消费方式的顺序. 作为这个顺序的自然性质，给出以下的假定条件：

非反射性：对于任意的 $x \in X$, 不存在关系 $x \succ x$；

非对称性：如果 $x \succ y$, 则 $y \succ x$ 不成立；

传递性：如果 $x \succ y, y \succ z$, 则 $x \succ z$.

这 3 个条件都要求消费者的偏好关系 $\succ$ 是"理性"的. 非反射性条件意味着任意的消费量 x 都排除比自身偏好的非理性情况；非对称性条件要求任意的两个消费量 x,y 有顺序的不同，这也完全是合理的；传递性条件则要求的是 3 个消费量 x,y,z 没有顺序上的矛盾. 要注意的是，这三个条件并非相互独立，其中的非对称性可以从其他两个条件推出，下面给出证明.

定理 2.2.1 如果偏好关系 $\succ$ 具备非反射性和传递性，那么它就有非对称性.

证明 使用反证法.

实际上，当 $x \succ y$ 时，假设偏好关系 $\succ$ 是对称的，就有 $y \succ x$. 根据传递性，就有 $x \succ x$, 这与具有非反射性的前提条件相矛盾. ∎

设效用函数为 $U: X \to R$, 定义偏好关系 $\succ_U$ 如下：
$$\succ_U := \{(x,y) \in X \times X | U(x) > U(y)\}.$$

显然地，这个偏好关系满足非反射性和传递性，根据定理 2.2.1，它也满足非对称性，故以效用函数表现出消费者偏好是理性的。从这里可以看出，用效用函数表示的消费者偏好，也可以用偏好关系来表示。所以，作为表示消费者偏好的方法，偏好关系是比效用函数更具有一般性的表示方法。

二、显示性偏好

如果某消费者购买了一组消费品而没有购买另一组他能够支付的消费品时，那么，对于第二组消费品而言，第一组消费选择就被认为是"显示性偏好"。其前提条件是，由实际选择某组消费而非另一组，该消费者向人们传达了一项关于其偏好的信息。这与我们讨论过的消费者偏好的理性不同。

设 x^0 和 x^1 是不同的点，并且消费者在价格为 p_0 时选择 x^0，在价格为 p_1 时选择 x^1，那么，该消费者的消费行为会满足以下的"显示性偏好的弱公理"：
$$p_0 \cdot x^1 \leqq p_0 \cdot x^0,$$
进而有：
$$p_1 \cdot x^0 > p_1 \cdot x^1.$$

换言之，当 x^0 是 x^1 的显示性偏好，并且 x^1 不是 x^0 的显示性偏好时，显示性偏好的弱公理成立。图 2.7 表示了二维空间中的显示性偏好的弱公理。消费者面对价格 p_0 时选择了 x^0，而在价格为 p_1 时选择了 x^1。在(a)中，x^0 是消费者可选 x^1 而未选择 x^1 时的实际选择的消费；但如果消费者选择点 x^1，而未选择 x^0，其原因是 x^0 的购买成本已经超过消费者的收入的约束。所以，(a)满足显示性偏好的弱公理。(b)表达了两个选择：第一，x^1 是可选点，却选择了 x^0；第二，x^0 是可选点，却选择了 x^1。显然，(b)不满足显示性偏好的弱公理。

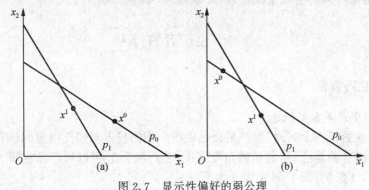

图 2.7 显示性偏好的弱公理

三、辞典式顺序

在理性的消费者的偏好关系中，并不是所有的偏好都可以用效用函数来表示的,例如,"辞典式顺序"(lexicographic ordering)就是其中一种,即在非负象限 R_+^n 上定义如下的偏好关系 $\succ_L$:

$$\succ_L = \{(x,y) \in R_+^n \times R_+^n \mid 存在 j 使得 x_j > y_j 并且在 i < j 时,$$
$$对于任意的 i 有 x_i = y_i\},$$

这里,x_i 和 y_i 分别是向量 x 和 y 的第 i 成分。在关系 $\succ_L$ 中,$x \succ_L y$ 就意味着向量 x 和 y 的第 1 成分至第 $j-1$ 成分都是相等的,但自第 j 成分起,x 的成分大于 y 的成分。

容易验证关系 $\succ_L$ 是理性的.

如果 $n=2$ 时,$\succ_L$ 为如下的集合:

$$\succ_L = \{(x,y) \in R_+^2 \times R_+^2 \mid x_1 > y_1 或者 x_1 = y_1 并且 x_2 > y_2\}.$$

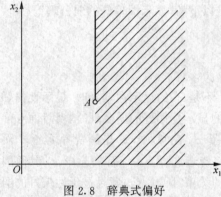

图 2.8 辞典式偏好

例如,图 2.8 的阴影部分表示的是比 A 偏好的集合.

辞典式顺序偏好关系有以下的内涵:

(1) 首先考虑第 1 产品,其次是第 2 产品,……;

(2) 在有两个方案比较的情况下,对各方案的第 1 产品的量进行比较,选择量大的方案;当第 1 产品的量相同时,对第 2 产品的量进行比较,选择量大的方案;……;这样的选择消费方案的方式,与查英语辞典的方式很接近,因此被称为"辞典式顺序".

§2.3 生产者的行为

一、生产集合

(一) 生产集合的概念

从企业的行为上来说,生产集合是生产所用的投入量和产出量的组合中,可以实行的组合的集合;从数学的角度来说,生产集合 Y 可以用产品空间 R^n 的子集来表示:$Y \subset R^n$,而 Y 的元素 y 如下所示:

$$y = \begin{bmatrix} y_1 \\ y_2 \\ \vdots \\ y_n \end{bmatrix},$$

各成分 y_i 是第 i 产品的投入量或者是产出量,在本书中规定:正值是产出,负值是投入.所以,从产出的角度看 y,它就是产量;如果从生产调度的角度上看 y,又可以视其为生产计划.图 2.9 是二维空间中的生产集合的例子.生产集合 Y 是阴影区域.集合中的元素 A 是生产可能的点,为可以进行实际生产活动的组合,即:投入第 1 物品 2 个单位,生产 4 个单位的第 2 物品.而 B 点意味着投入 2 个单位的第 1 物品,生产 2 个单位的第 2 物品,其效率较 A 点差.

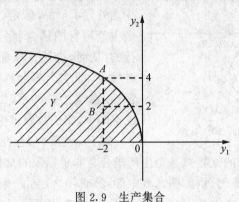

图 2.9 生产集合

(二) 生产集合的性质

对于生产集合 Y 的性质,我们有如下 4 条假定:

(1) 无生产活动的可能性:原点 O 属于生产,即:$0 \in Y$.

(2) 生产集合的凸性:对于任意的两点 $y, y' \in Y$ 和 $0 < \theta < 1$,都有 $\theta y + (1-\theta) y' \in Y$.

(3) 自由处置:如果 $y \in Y$ 并且 $y' \leqq y$,则 $y' \in Y$(注意:"$y' \leqq y$"意味着向量 y 的所有成分大于或等于向量 y' 的对应成分).

(4) 自由生产的否定:生产集合满足:$Y \cap R_+^n = \{0\}$.

下面逐一对上述的 4 条假定进行解释.

假定(1)意味着,不投入就不会有产出,即:生产集合里包含没有生产活动的可能性;对于假定(2)的解释,可以参考图 2.9,沿 Y 的边界增加第 1 物品的投入,第 2 物品的产出增加率(边际生产力)是递减的,故生产集合的凸性就对应于"边际生产力递减法则".而图 2.10 是

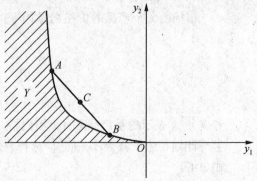

图 2.10 非凸的生产集合

不满足凸性假设的情况. A,B 两点的连线上的 C 点处于 Y 的外面,此时的集合 Y 不满足凸性. 在 AB 段,随着增加第 1 物品的投入,第 2 物品的产出增加率也增加,被称为"规模收益递增".

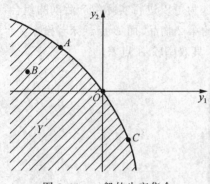

图 2.11 一般的生产集合

在图 2.11 中,与 A 点相比,B 点投入了较多的第 1 物品而产出的第 2 物品较少,这可以理解为与 A 点相比,B 点生产较少或处置了产品. 假定(3)意味着如果 A 点是生产可行的话,则保证 B 点也是生产可行的,从而,也就意味着无需费用就可以处置物品,即生产集合具有对物品的自由处置性. 在这个条件下,如图 2.11 所示的二维空间中,第三象限被生产集合所包含.

最后,性质(4)与性质(1)有相似之处,涉及的都是原点. 它的直接意义是生产集合与非负象限的交集是原点,表示没有投入就不可能得到产出. 例如图 2.9 中(0,2)或(0,4)点,表示的就是不投入也能得到产出的点,这样的生产活动是不可能的,故它们不属于生产集合 Y. 生产集合的这一条性质,又被称为"世外桃源的不存在性"(impossibility of land Cockaigne).

图 2.11 是上述 4 条假定都满足的例子. 此时,不仅包含了前面所述的用第 1 物品做投入生产第 2 物品的生产活动,也包括了用第 2 物品做投入生产第 1 物品的 C 点. 此图表示的是二维空间中的一般的生产集合.

二、企业利润

(一)用向量表示的利润

市场上 n 个产品的价格向量如下:

$$p = \begin{bmatrix} p_1 \\ p_2 \\ \vdots \\ p_n \end{bmatrix}.$$

各成分 p_i 表示的是产品 i 的市场价格. 企业的生产集合为 $Y \subset R^n$,对 n 种产品的生产计划在生产集合 Y 中进行选择,故生产计划也就是 Y 中的元素,其表现形式如下:

$$y = \begin{bmatrix} y_1 \\ y_2 \\ \vdots \\ y_n \end{bmatrix}.$$

y_i 是第 i 产品的投入量或者是产出量，正值是产出，负值是投入。即：如果 $y_i > 0$，则 $p_i y_i$ 表示的是销售额；如果 $y_i < 0$，则第 i 产品作为生产要素被投入，这时，$p_i y_i < 0$ 表示企业购入第 i 产品的费用。从而，企业的利润可以用向量内积 $p \cdot y$ 来表示：

$$p \cdot y = \sum_{i=1}^{n} p_i y_i.$$

（二）利润最大化

以 p 表示价格向量，y 表示生产计划，π 表示企业的利润，则企业的利润可以表示为：

$$\pi = p \cdot y. \tag{2.3.1}$$

如果价格 p 和利润 π 是一定的，上式就可以理解成：在一定的市场价格 p 下，为了实现利润 π 的目标生产计划 y 所必须要满足的条件。

当 $n=2$ 时，此时的条件方程如下：

$$\pi = p_1 y_1 + p_2 y_2,$$

图 2.12 描绘 $n=2$ 的情况，图中描绘了与上述条件方程的斜率 $-\dfrac{p_1}{p_2}$ 相同的直线族。直线的位置依存于利润 π，π 值越大直线就越在直线族的上方。在直线族中，处在右上方的直线利润虽然很大，但直线不与生产集合相交，所谈的利润都是"空中楼阁"。例如，C 点的利润大于 A 点的利润，但 C 不在生产集合 Y 中，企业不能选择它。通过 A 点

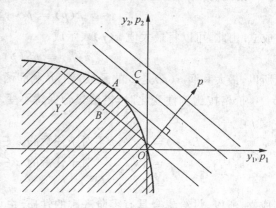

图 2.12　利润最大化

的直线与 Y 的边界线相切，而在这条直线的上方的直线都不与生产集合 Y 相交，所以，A 点是生产可能范围内能够获得最大利润的生产计划。

现在来看看价格向量 p。如果在图 2.12 中描绘价格向量 p，那它应该与利润直线族相垂直。一般地，设两个生产量 y, y' 满足 (2.3.1) 式，则应有

$$\pi = p \cdot y$$

和
$$\pi = p \cdot y'$$
同时成立. 两式相减得:
$$p \cdot (y - y') = 0,$$
这意味着向量 p 与向量 $(y-y')$ 正交. 从而,在利润 π 一定的情况下,满足 (2.3.1)式的生产量 y 的集合是与价格向量 p 正交的超平面[①]. 故而,利润最大的生产计划是与价格向量 p 直交的超平面和生产集合 Y 的相切的点.

三、供给集合与利润函数

(一) 供给集合

但是,需要注意的是在上面的例子中,满足企业利润最大化的生产量未必只有一个点. 在价格 p 的前提下,设使企业获得最大利润的产量为 y,设其集合为 $S(p)$ 并定义如下:
$$S(p) = \{y \in Y | \text{对于任意的 } z \in Y, p \cdot y \geqq p \cdot z\}$$
集合 $S(p)$ 被称为"供给集合". 如果, $S(p)$ 中的元素只有一个时, $S(p)$ 就是价格 p 的函数,称为"供给函数".

(二) 利润函数

给出价格 p,企业获得的利润最大值设为 $\pi(p)$,对于任意的 $y \in S(p)$,有:
$$\pi(p) = p \cdot y$$
成立. 由此,可以将最大值 $\pi(p)$ 表示成
$$\pi(p) = pS(p),$$
所以,最大利润 $\pi(p)$ 是 p 的函数,称为"利润函数".

价格按比例性变化时,供给集合保持不变. 对于任意的实数 $t > 0$ 和价格向量 p,
$$\begin{aligned} S(tp) &= \{y \in Y | \text{对于任意的 } z \in Y, tp \cdot y \geqq tp \cdot z\} \\ &= \{y \in Y | \text{对于任意的 } z \in Y, p \cdot y \geqq p \cdot z\} \\ &= S(p) \end{aligned}$$
成立. 所以,供给集合具有零阶齐次的性质. 由该性质可以推导出利润函数的一阶齐次的性质:
$$\pi(tp) = tp \cdot S(tp) = tp \cdot S(p) = t\pi(p).$$

[①] 有关超平面的概念,请参考本书第七章"§7.1 超平面"的有关部分.

§2.4 生产函数与生产技术

一、生产函数

生产函数是表现生产技术的手段,也是表示生产要素的投入量和产品的产出量之间关系的函数.例如,生产某种产品需要 k 种要素,设表示生产要素投入量的 k 维向量为 x,此时,表示可能的最大产出量的函数关系就是生产函数:

$$q = f(x).$$

投入与产出都是非负值,生产函数 f 的定义域为 k 维向量空间的非负象限 R_+^k,值域为非负实数集合 R_+,即:在投入量为 $x \in R_+^k$ 时,产出量用 $f(x) \in R_+$ 表示,企业的生产技术就以函数 $f: R_+^k \to R_+$ 来表示.

二、生产技术的凸性

关于生产函数形状,有以下的假定:

凹性 对于任意的 $x, x' \in R_+^k$ 和任意的实数 $0 < \theta < 1$,

$$f(\theta x + (1-\theta)x') \geqq \theta f(x) + (1-\theta)f(x')$$

成立.

一般地,具有这样的性质的函数称为"凹函数".图 2.13 是 $k=1$ 时的凹生产函数.如果,将其中 A, B, C 的坐标分别设为:

$$(x, f(x)), \ (x', f(x')), \ (\theta x + (1-\theta)x', \theta f(x) + (1-\theta)f(x')),$$

则生产函数的凹性条件就意味着 C 点是在函数曲线的下方.所以,生产函数的凹性就是为了使得曲线 OF 向上凸起的条件.

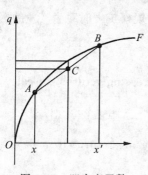

图 2.13 凹生产函数

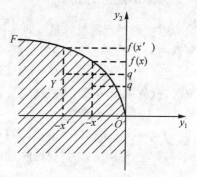

图 2.14 生产函数和生产集合

对应于生产函数,如下定义一个集合:

$$Y = \{(-x, q) \in R^k \times R \mid q \leqq f(x)\}, \tag{2.4.1}$$

此时,$Y \subset R^{k+1}$. Y 可以看成是一个生产集合,它表示具有生产函数 f 的企业的生产技术.图 2.14 描绘的是二维空间中生产函数 f 与生产集合 Y 关系的一例,它与图 2.13 的生产函数相对应.生产函数 f 是生产集合 Y 边界线的数学表达式,生产集合内的点均可实现,只是效率不同,而生产函数是生产集合中最具效率的生产计划.所以,以生产函数表现的生产技术,亦可以用生产集合来表现,生产集合是比生产函数更为一般的表示方法.

另外,生产函数 f 的凹性条件相当于生产集合 Y 的凸性的条件,以下给出证明.

定理 2.4.1 如果生产函数 f 是凹函数,则生产集合 Y 是凸集合.

证明 设两点 $(-x, q), (-x', q')$ 是集合 Y 内的点.根据集合(2.4.1)的定义,有 $q \leqq f(x), q' \leqq f(x')$ 成立.

再根据这些不等式,对于 $0 < \theta < 1$ 的任意的实数 θ,可以得到:
$$\theta q + (1-\theta)q' \leqq \theta f(x) + (1-\theta)f(x').$$
另一方面,函数 f 是凹函数,所以可以得到:
$$\theta f(x) + (1-\theta)f(x') \leqq f(\theta x + (1-\theta)x'),$$
从上面的两个不等式可以得到:
$$\theta q + (1-\theta)q' \leqq f(\theta x + (1-\theta)x'),$$
这就意味着
$$(-(\theta x + (1-\theta)x'), \theta q + (1-\theta)q')$$
$$= \theta(-x, q) + (1-\theta)(-x', q') \in Y.$$
所以,集合 Y 是凸集合.

上述的证明可以参考图 2.14.

三、规模收益法则

考虑生产要素的投入量按同比例增加、生产规模扩大时对生产量的影响.对于任意的 $x \in R_+^k$ 和实数 $t > 1$,如果
$$f(tx) > tf(x)$$
成立时,就称生产函数 f 为"规模收益递增"(increasing returns to scale);反之,如果
$$f(tx) < tf(x)$$
成立时,称生产函数 f 为"规模收益递减"(decreasing returns to scale);如果
$$f(tx) = tf(x)$$
成立时,则称生产函数 f 为"规模收益不变"(constant returns to scale).图 2.15 表现的就是这三种情况.

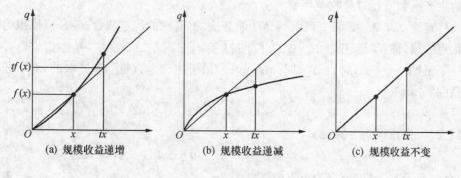

(a) 规模收益递增　　(b) 规模收益递减　　(c) 规模收益不变

图 2.15　收益法则

图 2.15(a)表示投入量的增加率低于生产量增加率的收益递增的情形；图 2.15(b)则表示投入量的增加率高于生产量增加率的收益递减的情形；最后，图 2.15(c)表示投入量的增加率等于生产量增加率的情形.

定理 2.4.2　如果生产函数 f 是凹函数，则 f 为规模收益不变或递减.

证明　对于 $x \in R_+^k$ 和实数 $t > 1$. 由于函数 f 是凹函数，故有

$$f(x) = f\left[\left(1-\frac{1}{t}\right)0 + \frac{1}{t}tx\right] \geq \left(1-\frac{1}{t}\right)f(0) + \frac{1}{t}f(tx)$$

成立. 又因为 $f(0) \geq 0$，根据上面的不等式可以得到：

$$tf(x) \geq f(tx).$$

即，凹函数的生产函数为规模收益不变或递减. ∎

四、长期、短期的生产函数

我们将投入量可变化的生产要素称为"可变生产要素"(variable input)，投入量固定不变的生产要素称为"固定生产要素"(fixed input). 我们将所有的生产要素和生产量可变化的生产期间称为"长期"(long-run)的；将一部分的生产要素为固定的，其他的生产要素和生产量为可变化的生产期间称为"短期"(short-run)的.

短期固定的生产要素包括工厂的规模、土地、技术员工等. 当 $x \in R_+^k$ 时，如果将长期的生产函数 $y = f(x)$ 中的投入要素 x 的一部分分量固定，$f(x)$ 就变为短期的生产函数.

五、一阶齐次的生产函数

f 为生产函数，对于 $x \in R_+^k$ 和实数 $t > 1$，如果

$$f(tx) = tf(x)$$

成立，就称生产函数 f 为"一阶齐次的生产函数". 从叙述上便可看出，一阶齐次

的生产函数就是规模收益不变的生产函数.

定理 2.4.3 如果生产函数是一阶齐次的,对应的生产集合 Y_f 是以原点为顶点的锥. 即:对于任意的 $y \in Y_f$ 和 $t \geq 0$,有 $ty \in Y_f$ 成立.

证明 设 $(-x, q) \in Y_f$,即:$q \leq f(x)$. 由于生产函数是一阶齐次的,对于任意的 $t \geq 0$,有:
$$tq \leq tf(x) = f(tx)$$
成立. 根据生产集合的定义,
$$(-tx, tq) = t(-x, q) \in Y_f,$$
据此,集合 Y_f 是以原点为顶点的锥.

例 2.4.1 验证生产函数 $Y = aL + bK$ 是一阶齐次的生产函数. 这里,L 表示劳动力的投入,K 表示资本的投入.

验证:因为 $Y(L, K) = aL + bK$,所以,对于任意的实数 $t > 1$,有:
$$Y(tL, tK) = atL + btK = t(aL + bK) = tY$$
成立. 故 Y 是一阶齐次的生产函数.

习　题

A 组

1. 以 L 表示劳动力的投入,K 表示资本的投入. 试验证下面的函数关系是一阶齐次函数:

(1) 里昂惕夫函数:$Y = \min\left\{\dfrac{L}{a}, \dfrac{K}{b}\right\}$ $(a > 0, b > 0)$

这里,$\min\{x, y\}$ 的定义为:当 $x < y$ 时,$\min\{x, y\} = x$;当 $x \geq y$ 时,$\min\{x, y\} = y$.

(2) CES 函数

$$Y = A[\alpha L^{-\rho} + (1-\alpha)K^{-\rho}]^{-\frac{1}{\rho}} \quad (A > 0, 0 < \alpha < 1, \rho > -1, \rho \neq 0)$$

(另外,对于这个函数关系式,$\dfrac{1}{1+\rho} = \sigma$,称为替代弹性).

(3) 柯布-道格拉斯函数
$$Y = AL^{\alpha}K^{1-\alpha} \quad (0 < \alpha < 1, A > 1).$$

2. 消费者在价格 $p_i, i = 0, 1$ 时购买的消费品为 x^i,试判断(a)至(d)的情形是否满足显示性偏好的弱公理.

(a) $p_0 = (1, 3), x^0 = (4, 2); p_1 = (3, 5), x^1 = (3, 1);$

(b) $p_0 = (1, 6), x^0 = (10, 5); p_1 = (3, 5), x^1 = (8, 4);$

(c) $p_0 = (1, 2), x^0 = (3, 1); p_1 = (2, 2), x^1 = (1, 2);$

(d) $p_0 = (2, 6), x^0 = (20, 10); p_1 = (3, 5), x^1 = (18, 4).$

3. 下面的效用函数中哪些符合凸的无差异曲线,哪些不符合?

(1) $U(X, Y) = 2X + 5Y;$　　(2) $U(X, Y) = (XY)^{0.5};$　　(3) $U(X, Y) = \min(X, Y).$

B 组

1. 有一位爱喝啤酒的人,面对啤酒与烤肉串的选择,他的行动原则是:如果啤酒的量不相同的话,他不论烤肉串有多少,他都选择啤酒多的方案;如果啤酒的量相同,他选择烤肉串多的方案.当存在 3 杯啤酒,2 支烤肉串的方案 A 时,试用图表示出比 A 偏好的组合范围.

2. 假定在一个两种商品的世界里,消费者的效用函数为 $u(x)=[a_1 x_1^\rho + a_2 x_2^\rho]^{1/\rho}$,证明:

(1) 当 $\rho=1$ 时,无差异曲线是线性的.

(2) 当 $\rho \to 0$ 时,这一效用函数和 $u(x)=x_1^{a_1} x_2^{a_2}$ 表示一样的偏好.

(3) 当 $\rho \to -\infty$ 时,无差异曲线是一个直角,即 $u(x_1,x_2)=\min(x_1,x_2)$.

第三章 矩阵、行列式和线性规划

本章的前半部分主要介绍线性代数中的矩阵和行列式的有关知识．首先对矩阵的表记与运算进行解说．另外，还要介绍线性函数的概念，介绍二次型和二次型正定的有关知识，并导入向量空间的模和距离的概念，定义欧几里得空间．

在本章的第3节中，将介绍有关行列式的知识．首先，定义行列式，并对行列式的性质进行说明；其后，对行列式的一些基本概念进行了界定，如"余子式"、"代数余子式"、"主余子式"等，并对行列式与余子式之间的关系进行了解说．在本章第4节，定义了可逆矩阵的概念，揭示了方阵是可逆矩阵的充分必要条件；其后，介绍了构成可逆矩阵的列向量(或行向量)的线性相关．

本章的第5节至第7节，将运用本章前半部分介绍的矩阵和行列式的知识，对线性规划与产业关联论进行解说．

第5节从线性不等式出发，通过介绍塔克引理(Tucker's lemma)和其他的相关定理，为引入线性规划法做准备．这一部分的内容基本上是数学理论，对于其后的内容是不可或缺的．其后，在线性规划法部分，着重对在数理经济学中占有重要位置的存在定理和对偶定理进行解说．在本章的最后部分的产业关联论中，则对由美籍俄国人经济学家里昂惕夫(Leontief)所创立的产业关联论的主要内容进行简要的说明；在与此相关的数学知识中，则对非负矩阵进行了解说．最后，在附录中作为对非负矩阵性质的研究，我们对弗罗贝尼乌斯(Frobenius)定理进行介绍．

§3.1 矩阵的概念

一、矩阵

$m \times n$ 个数 $a_{ij}(i=1,2,\cdots,m;j=1,2,\cdots,m)$ 排成下面的 m 行 n 列，并以记号 A 表示：

$$A = \begin{bmatrix} a_{11} & a_{12} & \cdots & a_{1n} \\ a_{21} & a_{22} & \cdots & a_{2n} \\ \vdots & \vdots & \ddots & \vdots \\ a_{m1} & a_{m2} & \cdots & a_{mn} \end{bmatrix},$$

此时，将 A 称为 m 行 n 列的"矩阵"；将 a_{ij} 称为 A 的 (i,j) "成分"，或者 (i,j) "元

素",并将 $m\times n$ 称为矩阵的"规格". 如果 A 的所有元素都是实数时,就称矩阵为"实矩阵"(real matrix);A 的所有元素都可以在复数范围内取值时,称其为"复矩阵"(complex matrix). 我们知道,实数集 R 和复数集 C 对于数的四则运算(除法中除数不为零)是封闭的,运算结果仍在 R 或 C 中,我们称 R 为"实数域",C 为"复数域",线性代数的许多问题可在 R,也可在 C 上讨论. 不过,为了简单起见,除了有特别说明之外,本书一般在实数域 R 上讨论问题. 以下不再一一说明.

二、矩阵的运算

(一) 基本运算

1. 加法

设:A,B 均为 $m\times n$ 规格的矩阵:

$$A = \begin{bmatrix} a_{11} & a_{12} & \cdots & a_{1n} \\ a_{21} & a_{22} & \cdots & a_{2n} \\ \vdots & \vdots & \ddots & \vdots \\ a_{m1} & a_{m2} & \cdots & a_{mn} \end{bmatrix}, \quad B = \begin{bmatrix} b_{11} & b_{12} & \cdots & b_{1n} \\ b_{21} & b_{22} & \cdots & b_{2n} \\ \vdots & \vdots & \ddots & \vdots \\ b_{m1} & b_{m2} & \cdots & b_{mn} \end{bmatrix}.$$

则矩阵的加法运算定义如下:

$$A + B = \begin{bmatrix} a_{11}+b_{11} & a_{12}+b_{12} & \cdots & a_{1n}+b_{1n} \\ a_{21}+b_{21} & a_{22}+b_{22} & \cdots & a_{2n}+b_{2n} \\ \vdots & \vdots & \ddots & \vdots \\ a_{m1}+b_{m1} & a_{m2}+b_{m2} & \cdots & a_{mn}+b_{mn} \end{bmatrix}.$$

2. 与数的乘法

设 $\alpha\in R$,A 是 $m\times n$ 规格的矩阵,则矩阵的数乘(与实数的相乘)运算定义如下:

$$\alpha A = \begin{bmatrix} \alpha a_{11} & \alpha a_{12} & \cdots & \alpha a_{1n} \\ \alpha a_{21} & \alpha a_{22} & \cdots & \alpha a_{2n} \\ \vdots & \vdots & \ddots & \vdots \\ \alpha a_{m1} & \alpha a_{m2} & \cdots & \alpha a_{mn} \end{bmatrix}.$$

3. 减法

设两矩阵 A,B 是 $m\times n$ 规格的矩阵,则两矩阵的减法可以由加法推出:

$$A - B = A + (-1)B.$$

4. 矩阵的积

设 $m\times n$ 的矩阵 A 和 $l\times m$ 规格的矩阵 B 分别为:

$$A = \begin{bmatrix} a_{11} & a_{12} & \cdots & a_{1n} \\ a_{21} & a_{22} & \cdots & a_{2n} \\ \vdots & \vdots & \ddots & \vdots \\ a_{m1} & a_{m2} & \cdots & a_{mn} \end{bmatrix}, \quad B = \begin{bmatrix} b_{11} & b_{12} & \cdots & b_{1m} \\ b_{21} & b_{22} & \cdots & b_{2m} \\ \vdots & \vdots & \ddots & \vdots \\ b_{l1} & b_{l2} & \cdots & b_{lm} \end{bmatrix}.$$

则如下定义两矩阵的相乘:

$$BA = \begin{bmatrix} b_{11} & b_{12} & \cdots & b_{1m} \\ b_{21} & b_{22} & \cdots & b_{2m} \\ \vdots & \vdots & \ddots & \vdots \\ b_{l1} & b_{l2} & \cdots & b_{lm} \end{bmatrix} \begin{bmatrix} a_{11} & a_{12} & \cdots & a_{1n} \\ a_{21} & a_{22} & \cdots & a_{2n} \\ \vdots & \vdots & \ddots & \vdots \\ a_{m1} & a_{m2} & \cdots & a_{mn} \end{bmatrix}$$

$$= \begin{bmatrix} \sum_{i=1}^{m} b_{1i}a_{i1} & \sum_{i=1}^{m} b_{1i}a_{i2} & \cdots & \sum_{i=1}^{m} b_{1i}a_{in} \\ \sum_{i=1}^{m} b_{2i}a_{i1} & \sum_{i=1}^{m} b_{2i}a_{i2} & \cdots & \sum_{i=1}^{m} b_{2i}a_{in} \\ \vdots & \vdots & \ddots & \vdots \\ \sum_{i=1}^{m} b_{li}a_{i1} & \sum_{i=1}^{m} b_{li}a_{i2} & \cdots & \sum_{i=1}^{m} b_{li}a_{in} \end{bmatrix}.$$

此时,BA 为 $l \times n$ 规格的矩阵.

(二) 矩阵的运算律

1. 矩阵的加法的交换律和结合律

$$A + B = B + A, \quad A + (B + C) = (A + B) + C.$$

2. 矩阵的数乘运算律

(1) 交换律:$\alpha A = A\alpha$;

(2) 结合律:$\alpha(AB) = (\alpha A)B = A(\alpha B), \alpha(\beta A) = (\alpha \beta)A$;

(3) 第一分配律:$\alpha(A+B) = \alpha A + \alpha B$;

(4) 第二分配律:$(\alpha + \beta)A = \alpha A + \beta A$.

3. 矩阵乘法的结合律

$$A(BC) = (AB)C.$$

4. 矩阵乘法对加法的分配律

$$(A + B)C = AC + BC, \quad C(A + B) = CA + CB.$$

以上的运算律根据基本运算的定义很容易得到验证.但对于矩阵的乘法应该特别注意以下几点:

(1) 任意两个矩阵未必可以相乘,应首先考察矩阵的规格,以确定是否可以相乘以及乘积的规格.例如,当

$$A = A_{m \times n}, \quad B = B_{n \times m}$$

时,虽然 AB 与 BA 都有意义,但是,AB 的规格是 $m \times m$ 的矩阵,BA 却是 $n \times n$ 规格的矩阵.

(2) 交换律无一般性,即:一般地,$AB \neq BA$,即使是同规格矩阵,交换律一般也不成立.例如:设

$$A = \begin{bmatrix} -2 & 4 \\ 1 & -2 \end{bmatrix}, \quad B = \begin{bmatrix} 2 & 4 \\ -3 & -6 \end{bmatrix},$$

$$AB = \begin{bmatrix} -2 & 4 \\ 1 & -2 \end{bmatrix} \begin{bmatrix} 2 & 4 \\ -3 & -6 \end{bmatrix} = \begin{bmatrix} -16 & -32 \\ 8 & 16 \end{bmatrix}.$$

但是,

$$BA = \begin{bmatrix} 2 & 4 \\ -3 & -6 \end{bmatrix} \begin{bmatrix} -2 & 4 \\ 1 & -2 \end{bmatrix} = \begin{bmatrix} 0 & 0 \\ 0 & 0 \end{bmatrix}.$$

如果 $AB = BA$ 成立,则称矩阵 A 与 B 是"可交换矩阵".

(3) 消去律无一般性,即:根据 $AB = O$(所有元素均为 0 的矩阵),不能断定 $A = O$ 或是 $B = O$.例如:

$$\begin{bmatrix} 1 & 0 \\ 0 & 0 \end{bmatrix} \begin{bmatrix} 0 & 0 \\ 1 & 0 \end{bmatrix} = \begin{bmatrix} 0 & 0 \\ 0 & 0 \end{bmatrix}.$$

因此,即使 $A \neq O$,一般地,不能由 $AB = AC$ 推出 $B = C$.

(三) 转置矩阵

设规格为 $m \times n$ 的矩阵 A 为:

$$A = \begin{bmatrix} a_{11} & a_{12} & \cdots & a_{1n} \\ a_{21} & a_{22} & \cdots & a_{2n} \\ \vdots & \vdots & \ddots & \vdots \\ a_{m1} & a_{m2} & \cdots & a_{mn} \end{bmatrix},$$

将 A 的行和列进行对换,得到 $n \times m$ 矩阵,称其为 A 的"转置矩阵",记为 A^T:

$$A^T = \begin{bmatrix} a_{11} & a_{21} & \cdots & a_{n1} \\ a_{12} & a_{22} & \cdots & a_{m2} \\ \vdots & \vdots & \ddots & \vdots \\ a_{1n} & a_{2n} & \cdots & a_{mn} \end{bmatrix}.$$

转置,也是矩阵的一种代数运算,在运算律可行的前提下,它满足以下的运算律:

(1) $(A^T)^T = A$;

(2) $(A + B)^T = A^T + B^T$;

(3) 设 λ 为常数,则 $(\lambda A)^T = \lambda A^T$;

(4) $(AB)^T = B^T A^T$.

(1)~(3)都非常容易直接得到验证,这里仅对(4)进行证明:

设:$A = (a_{ij})_{m \times s}$ 和 $B = (b_{ij})_{s \times n}$,并记 $A^T = (a_{ij}^T)_{s \times m}$,$B^T = (b_{ij}^T)_{n \times s}$,$(AB)^T = (c_{ij}^T)_{n \times m}$,$B^T A^T = (d_{ij})_{n \times m}$.

于是有:$a_{ij}^T = a_{ji}$,$b_{ij}^T = b_{ji}$,$c_{ji} = \sum_{k=1}^{s} a_{jk} b_{ki}$,$d_{ji} = \sum_{k=1}^{s} b_{ik}^T a_{kj}^T = \sum_{k=1}^{s} a_{jk} b_{ki}$,从而可以得到 $(AB)^T = B^T A^T$. ∎

(四) 线性函数

设 A 是规格为 $m \times n$ 的矩阵,将 Ax 进行如下的定义:

$$Ax = \begin{bmatrix} a_{11} & a_{12} & \cdots & a_{1n} \\ a_{21} & a_{22} & \cdots & a_{2n} \\ \vdots & \vdots & \ddots & \vdots \\ a_{m1} & a_{m2} & \cdots & a_{mn} \end{bmatrix} \begin{bmatrix} x_1 \\ x_2 \\ \vdots \\ x_n \end{bmatrix} = \begin{bmatrix} \sum_{i=1}^{n} a_{1i} x_i \\ \sum_{i=1}^{n} a_{2i} x_2 \\ \vdots \\ \sum_{i=1}^{n} a_{mi} x_n \end{bmatrix}.$$

对于任意的点 $x \in R^n$,如果关系式 $y = Ax$ 成立,则 A 是将任意一个属于 R^n 的点 x 和一个属于 R^m 的点 y 对应起来的一种法则,即,A 是 $A: R^n \to R^m$ 的函数关系.

设函数 $f: R^n \to R^m$,对于任意的 $x_1, x_2 \in R^n$ 和 $\alpha \in R$,

$$f(x_1 + x_2) = f(x_1) + f(x_2), \quad f(\alpha x_1) = \alpha f(x_1)$$

成立时,称函数 f 是"线性"的.其实,在函数 $y = Ax$ 中,由矩阵 A 定义的关系就是线性的.这是因为,根据矩阵的运算律有以下的两个式子成立:

$$A(x_1 + x_2) = Ax_1 + Ax_2, \quad A(\alpha x_1) = \alpha(Ax_1),$$

所以,矩阵 A 定义的函数关系是线性的.

三、方阵

(一) 方阵的概念及单位矩阵

行数与列数相等的规格为 $n \times n$ 的矩阵称为"n 阶方阵".下面就是一个 n 阶方阵:

$$A = \begin{bmatrix} a_{11} & a_{12} & \cdots & a_{1n} \\ a_{21} & a_{22} & \cdots & a_{2n} \\ \vdots & \vdots & \ddots & \vdots \\ a_{n1} & a_{n2} & \cdots & a_{nn} \end{bmatrix}.$$

在方阵 A 中,如果 $A^T = A$,即:对于任意的 i,j,有 $a_{ij} = a_{ji}$ 成立时,就称方阵 A 是"对称矩阵";如 $A^T = -A$,即有 $a_{ij} = -a_{ji}(i,j=1,2,\cdots,n)$,则称 A 为"反对称矩阵",对称矩阵的元素以主对角线为对称轴对应相等;而反对称矩阵的主对角线上所有元素均为零,其余元素以主对角线为对称轴相对应,绝对值相等而符号相反. 我们将方阵主对角线上的元素 $a_{ii}(i=1,2,\cdots,n)$ 称为"对角线元素";对角线元素以外的元素全部为 0 时,方阵被称为"对角矩阵";对角矩阵的对角线元素全部为 1 时,被称为"单位矩阵",例如:

$$I_n = \begin{bmatrix} 1 & 0 & \cdots & 0 \\ 0 & 1 & \cdots & 0 \\ \vdots & \vdots & \ddots & \vdots \\ 0 & 0 & \cdots & 1 \end{bmatrix}$$

就是一个 n 阶的单位矩阵. 单位矩阵 I_n 有时被简单地记为"I".

(二) 二次型

设 n 阶方阵 A 是对称的,向量 $z \in R^n$,则 $z^T \in R^n$.

$$z^T A z = [z_1 z_2 \cdots z_n] \begin{bmatrix} a_{11} & a_{12} & \cdots & a_{1n} \\ a_{21} & a_{22} & \cdots & a_{2n} \\ \vdots & \vdots & \ddots & \vdots \\ a_{n1} & a_{n2} & \cdots & a_{nn} \end{bmatrix} \begin{bmatrix} z_1 \\ z_2 \\ \vdots \\ z_n \end{bmatrix}$$

$$= \sum_{i=1}^n \sum_{j=1}^n a_{ij} z_i z_j.$$

我们将 $z^T A z$ 称为矩阵 A 的"二次型". 如果对于任意不为 $\mathbf{0}$ 的向量 $z \in R^n$,有 $z^T A z > 0$ 成立时,我们就称 A 为正定的(positive definite),在 $-A$ 为正定的情况下,就称 A 为负定的(negative definite).

§3.2 欧几里得空间

一、距离

点 $x \in R^n$ 到原点的距离被称为向量的"模",以

$$\|x\| = \sqrt{x_1^2 + x_2^2 + \cdots + x_n^2}$$

表示. 特别地,当 $n=1$ 时,x 为实数,$\|x\|$ 就是 x 的绝对值 $|x|$.

空间中两点 $x,y \in R^n$,将

$$d(x,y) = \|x - y\| = \sqrt{(x_1 - y_1)^2 + (x_2 - y_2)^2 + \cdots + (x_n - y_n)^2}$$

称为两点 x,y 间的"距离",这里,x_i,y_i 分别是向量 x,y 的第 i 成分.

下面的定理是揭示向量的模和内积之间关系的不等式,被称为"柯西-施瓦茨(Cauchy-Schwarz)不等式".

定理 3.2.1 对于任意的 $x,y \in R^n$,不等式
$$|x \cdot y| \leq \|x\| \|y\|$$
成立.

证明:对于任意的 $x, y \in R^n$ 和实数 $t \in R$,设:
$$f(t) = \|tx + y\|^2,$$
则
$$f(t) = (tx+y) \cdot (tx+y) = t^2\|x\|^2 + 2tx \cdot y + \|y\|^2$$
是一个关于 t 的二次多项式,由于 t 的二次项系数为正,并且显然地有:$f(t) \geq 0$,故 $f(t)$ 不能有两个相异的零点,所以,它的判别式应该小于等于零,即:
$$(x \cdot y)^2 - \|x\|^2\|y\|^2 \leq 0,$$
即
$$|x \cdot y| \leq \|x\| \|y\|.$$

二、基本性质

关于向量的模和距离的基本性质,由以下的两个定理给出:

定理 3.2.2 对于任意的 $x, y \in R^n$ 和实数 $\alpha \in R$,以下(1)~(3)式成立:
(1) $\|x\| \geq 0$,当且仅当 $x = \mathbf{0}$ 时,$\|x\| = 0$;
(2) $\|ax\| = |a|\|x\|$;
(3) $\|x+y\| \leq \|x\| + \|y\|$.

证明 (1)和(2)留给读者自行证明,这里给出(3)的证明:
对于任意的 $x, y \in R^n$
$$\|x+y\|^2 = (x+y) \cdot (x+y)$$
$$= \|x\|^2 + 2x \cdot y + \|y\|^2 \leq \|x\|^2 + 2|x \cdot y| + \|y\|^2,$$
根据柯西-施瓦茨不等式,有下式成立:
$$\|x+y\|^2 \leq \|x\|^2 + 2\|x\|\|y\| + \|y\|^2 = (\|x\| + \|y\|)^2,$$
即:
$$\|x+y\| \leq \|x\| + \|y\|.$$

定理 3.2.3 对于任意的 $x, y, z \in R^n$,以下的(1)~(3)式成立.
(1) $d(x,y) \geq 0$. 当且仅当 $x = y$ 时,$d(x,y) = 0$;
(2) $d(x,y) = d(y,x)$;
(3) $d(x,y) + d(y,z) \geq d(x,z)$ (三角不等式).

证明 (1)和(2)留给读者自行证明,下面给出(3)的证明:

根据定理 3.2.2 的(3),对于任意的 $x,y,z \in R^n$,
$$d(x,y) + d(y,z) = \|x-y\| + \|y-z\|$$
$$\geq \|(x-y) + (y-z)\|$$
$$= \|x-z\| = d(x,z)$$

成立. 所以,(3)式得证.

在距离 d 被定义的情况下,向量空间 R^n 被称为"欧几里得空间". 一般地,用具有定理 3.2.2 所示性质的模来定义的向量空间被称为"模空间";用具有定理 3.2.3 所示性质的距离来定义的空间被称为"距离空间". 而欧几里得空间 R^n 既是模空间,又是距离空间.

§3.3 行 列 式

一、单位向量

如果将 n 阶方阵 $A=(a_{ij})$ 的第 j 列用向量 a^j 来表示,矩阵 A 就可以看成 n 个列向量 $a^1, a^2, \cdots, a^n$ 排列而成的. 即:

$$a^1 = \begin{bmatrix} a_{11} \\ a_{21} \\ \vdots \\ a_{n1} \end{bmatrix}, \quad a^2 = \begin{bmatrix} a_{12} \\ a_{22} \\ \vdots \\ a_{n2} \end{bmatrix}, \quad \cdots, \quad a^n = \begin{bmatrix} a_{1n} \\ a_{2n} \\ \vdots \\ a_{nn} \end{bmatrix},$$

$$A = [a^1 a^2 \cdots a^n] = \begin{bmatrix} a_{11} & a_{12} & \cdots & a_{1n} \\ a_{21} & a_{22} & \cdots & a_{2n} \\ \vdots & \vdots & \ddots & \vdots \\ a_{n1} & a_{n2} & \cdots & a_{nn} \end{bmatrix}.$$

在 n 维的向量中,以下的 n 个向量称为"n 维单位向量":

$$e^1 = \begin{bmatrix} 1 \\ 0 \\ \vdots \\ 0 \end{bmatrix}, \quad e^2 = \begin{bmatrix} 0 \\ 1 \\ \vdots \\ 0 \end{bmatrix}, \quad \cdots, \quad e^n = \begin{bmatrix} 0 \\ 0 \\ \vdots \\ 1 \end{bmatrix},$$

任意的 n 维向量都可以用这样一些单位向量的和来表示. 即,以 x 表示 n 维向量,则:

$$x = \begin{bmatrix} x_1 \\ x_2 \\ \vdots \\ x_n \end{bmatrix} = x_1 \begin{bmatrix} 1 \\ 0 \\ \vdots \\ 0 \end{bmatrix} + x_2 \begin{bmatrix} 0 \\ 1 \\ \vdots \\ 0 \end{bmatrix} + \cdots + x_n \begin{bmatrix} 0 \\ 0 \\ \vdots \\ 1 \end{bmatrix} = \sum_{j=1}^n x_j e^j,$$

以单位向量 $e^1, e^2, \cdots, e^n$ 的顺序排列而成的矩阵称为 n 阶单位矩阵：

$$I_n = [e^1 e^2 \cdots e^n] = \begin{bmatrix} 1 & 0 & \cdots & 0 \\ 0 & 1 & \cdots & 0 \\ \vdots & \vdots & \ddots & \vdots \\ 0 & 0 & \cdots & 1 \end{bmatrix}.$$

二、行列式的概念与性质

(一) 行列式的概念

n 阶方阵 $A = [a^1 a^2 \cdots a^n]$ 可以看成 n 个列向量的组合 $(a^1, a^2, \cdots, a^n)$，将这 n 个列向量与实数值对应的函数设为 $f: R^{n \times n} \to R$，即：

$$(a^1, a^2, \cdots, a^n) \in R^n \times R^n \times \cdots \times R^n \to f(a^1, a^2, \cdots, a^n) \in R.$$

我们设定函数 f 具有以下的性质：

(1) 置换性：将向量 $a^1, a^2, \cdots, a^n$ 中的任意两个列向量置换，函数的符号发生变化. 即：对于任意的 $i, j (i \neq j)$，下式成立：

$$f(a^1, a^2, \cdots, a^{i-1}, a^j, a^{i+1}, \cdots, a^{j-1}, a^i, a^{j+1}, \cdots, a^n)$$
$$= -f(a^1, a^2, \cdots, a^{i-1}, a^i, a^{i+1}, \cdots, a^{j-1}, a^j, a^{j+1}, \cdots, a^n).$$

(2) 多重线性：函数 f 是各向量的线性函数.

即，在各 i 处，对于任意的 n 维向量 b 和任意的实数 α, β，下式成立：

$$f(a^1, a^2, \cdots, a^{i-1}, \alpha a^i + \beta b, a^{i+1}, \cdots, a^n)$$
$$= \alpha f(a^1, a^2, \cdots, a^{i-1}, a^i, a^{i+1}, \cdots, a^n)$$
$$+ \beta f(a^1, a^2, \cdots, a^{i-1}, b, a^{i+1}, \cdots, a^n).$$

(3) 单位定义：$f(e^1, e^2, \cdots, e^n) = 1$.

当满足上述 3 个性质条件时，将函数 f 称为矩阵 A 的行列式 (determinant). 一般地，函数 $f(a^1, a^2, \cdots, a^n)$ 表示为

$$|a^1 a^2 \cdots a^n|, \quad |A|, \quad \text{或者 } \det A$$

等. 以下，就对行列式的性质和行列式具体的形式进行阐述.

(二) 逆序数

将 n 个自然数 $1, 2, \cdots, n$ 的一个任意排列记作 $i_1 i_2 \cdots i_n$，若第 t 个位置上的元素 i_t 的左边有 T_t 个元素比 i_t 大，就说 i_t 的逆序是 T_t. 一个排列中所有逆序的和就称为这个排列的逆序数，记为 $T(i_1 i_2 \cdots i_n)$. 因此，排列 $i_1 i_2 \cdots i_n$ 的逆序数就是

$$T = \sum_{t=1}^{n} T_t.$$

例 3.3.1 求排列 641523 的逆序数.

解 先看 6，它的逆序数是 0；再看 4，逆序数是 1；同样地可以求得 1, 5, 2 和

3 的逆序数分别是 2,1,3 和 3. 所以,可以求得排列 641523 的逆序数为 $T=0+1+2+1+3+3=10$.

(三) 行列式的基本性质

定理 3.3.1 n 阶方阵 $A=[a^1 a^2 \cdots a^n]$ 的行列式具备以下性质:

(1) 如果两个列向量相等,则行列式的值为 0. 即:如果存在 $i,j(i\neq j), a^i = a^j$ 成立时,则 $|A|=0$.

(2) 某一列向量的实数倍与另一列向量相加,行列式的值不变. 即:对于任意的 $i,j(i\neq j)$ 和任意的实数 α,下式成立:

$$|a^1 \cdots a^{i-1} a^i + \alpha a^j a^{i+1} \cdots a^n| = |A|.$$

证明 首先证明 (1):

如果 $a^i = a^j$,由行列式的置换性,可以得到:

$$|A| = |a^1 a^2 \cdots a^{i-1} a^i a^{i+1} \cdots a^{j-1} a^j a^{j+1} \cdots a^n|$$
$$= |a^1 a^2 \cdots a^{i-1} a^j a^{i+1} \cdots a^{j-1} a^i a^{j+1} \cdots a^n|$$
$$= -|A|.$$

所以,$|A|=0$. 从而 (1) 获证. 下面证明 (2):

根据行列式的多重线性,可以得到:

$$|a^1 \cdots a^{i-1} a^i + \alpha a^j a^{i+1} \cdots a^n|$$
$$= |a^1 \cdots a^{i-1} a^i a^{i+1} \cdots a^n| + \alpha |a^1 \cdots a^{i-1} a^j a^{i+1} \cdots a^n|.$$

再根据 (1),上面右边的第二项为零,从而 (2) 获证. ■

引理 3.3.1 函数 $f: R^{n\times n} \to R$ 满足置换性和多重线性时,

$$f(a^1, a^2, \cdots, a^n) = f(e^1, e^2, \cdots, e^n) \sum_{(i_1, i_2, \cdots, i_n)} (-1)^T a_{i_1 1} a_{i_2 2} \cdots a_{i_n n}$$

成立. 这里,T 为排列 $i_1, i_2, \cdots, i_n$ 的逆序数.

证明 根据函数的多重线性,可以得到:

$$f(a^1, a^2, \cdots, a^n) = f\left(\sum_{i=1}^n a_{i1} e^i, \sum_{i=1}^n a_{i2} e^i, \cdots, \sum_{i=1}^n a_{in} e^i\right)$$
$$= \sum_{i=1}^n a_{i1} \sum_{i=1}^n a_{i2} \cdots \sum_{i=1}^n a_{in} f(e^{i_1}, e^{i_2}, \cdots, e^{i_n}). \qquad (3.3.1)$$

如果向量 $e^{i_1}, e^{i_2}, \cdots, e^{i_n}$ 中有相同的,根据函数的置换性可以得到 $f(e^{i_1}, e^{i_2}, \cdots, e^{i_n}) = 0$. 如果单位向量 $e^{i_1}, e^{i_2}, \cdots, e^{i_n}$ 各不相同时,就可以看成是单位向量 $e^1, e^2, \cdots, e^n$ 的一种排列. 如果这样的排列需要通过 k 次置换得到,由置换性可以得到:

$$f(e^{i_1}, e^{i_2}, \cdots, e^{i_n}) = (-1)^k f(e^1, e^2, \cdots, e^n).$$

显然地,$(-1)^k = (-1)^T$,引理获证. ■

定理 3.3.2 如果 n 阶方阵 $A=(a_{ij})$ 的行列式 $|A|$ 存在,则它是唯一的,并

且

$$|A| = \sum_{\{i_1,i_2,\cdots,i_n\}} (-1)^T a_{i_11} a_{i_22} \cdots a_{i_nn}. \quad (3.3.2)$$

证明 设满足行列式三个条件的函数为 $f: R^{n\times n} \to R$，根据引理 3.3.1，并注意到 $f(e^1, e^2, \cdots, e^n) = 1$，下式

$$f(a^1, a^2, \cdots, a^n) = \sum_{\{i_1,i_2,\cdots,i_n\}} (-1)^T a_{i_11} a_{i_22} \cdots a_{i_nn}$$

成立. 从而，满足行列式三个条件的函数都具备(3.3.2)式的形式，唯一性获证. ∎

定理 3.3.3 方阵 A 的转置矩阵 A^T 的行列式等于 A 的行列式，即：$|A^T| = |A|$.

证明 根据定理 3.3.2，下式

$$|A^T| = \sum_{\{i_1,i_2,\cdots,i_n\}} (-1)^T a_{1i_1} a_{2i_2} \cdots a_{ni_n} \quad (3.3.3)$$

成立. 与上述的将 n 个数字的排列 $\{i_1, i_2, \cdots, i_n\}$ 变换成 $\{1, 2, \cdots, n\}$ 的置换操作相同，对 $\{1, 2, \cdots, n\}$ 进行置换操作，可以将 $\{1, 2, \cdots, n\}$ 变换成 $\{k_1, k_2, \cdots, k_n\}$. 此时，

$$a_{1i_1} a_{2i_2} \cdots a_{ni_n} = a_{k_11} a_{k_22} \cdots a_{k_nn}.$$

另外，从 $\{1, 2, \cdots, n\}$ 变换成 $\{k_1, k_2, \cdots, k_n\}$ 的操作中，虽是由 $\{1, 2, \cdots, n\}$ 向 $\{i_1, i_2, \cdots, i_n\}$ 操作的逆向变换，但操作的次数应该是相等的，即：

$$T(i_1 i_2 \cdots i_n) = T(k_1 k_2 \cdots k_n).$$

所以，根据(3.3.3)式，$|A^T| = \sum_{\{k_1,k_2,\cdots,k_n\}} (-1)^T a_{k_11} a_{k_22} \cdots a_{k_nn} = |A|$.

定理获证. ∎

根据定理 3.3.3，对于转置矩阵 A^T 也可以进行相同的讨论，故而，关于矩阵的列向量成立的行列式的性质，对于行向量也应该成立. 从而，行列式的置换性和多重线性对于行向量也是成立的；另外，定理 3.3.1 的结论对于行向量也是成立的，即：

(1) 如果行列式的两个行向量相等，则行列式的值为 0；
(2) 某一行向量的实数倍与另一行向量相加，行列式的值不变.

三、行列式的展开

(一) 余子式和代数余子式

定义 3.3.1 在 n 阶行列式 $|A|$ 中任取一个元素 a_{ij}，划去 a_{ij} 所在的第 i 行和第 j 列，剩下的 $n-1$ 阶行列式被称为元素 a_{ij} 的"余子式"，记为 A_{ij}；将 $\Delta_{ij} = (-1)^{i+j} A_{ij}$ 称为"代数余子式".

例 3.3.2 试求行列式

的元素 a_{12} 的余子式和代数余子式.

解 $a_{12}=4$ 的余子式是 $A_{12}=\begin{vmatrix} 2 & 8 \\ 3 & 9 \end{vmatrix}=-6$,

它的代数余子式 $\Delta_{12}=(-1)^{1+2}A_{12}=-(-6)=6$.

(二) 行列式的展开

首先介绍一个引理:

引理 3.3.2 在 n 阶行列式中,如果第一列的元素中除了 a_{11} 以外均可明确地判断为 0,则该行列式的值为 $a_{11}A_{11}$,即下式成立:

$$\begin{vmatrix} a_{11} & a_{12} & \cdots & a_{1n} \\ 0 & a_{22} & \cdots & a_{2n} \\ \vdots & \vdots & \ddots & \vdots \\ 0 & a_{n2} & \cdots & a_{nn} \end{vmatrix} = a_{11} \begin{vmatrix} a_{22} & \cdots & a_{2n} \\ \vdots & \ddots & \vdots \\ a_{n2} & \cdots & a_{nn} \end{vmatrix}.$$

证明 $a_{11}=0$ 时,左右两边都等于 0,引理获证. 以下考虑 $a_{11}\neq 0$ 时的情况. 此时,根据行列式的多重线性和定理 3.3.1(2),可以得到:

$$\begin{vmatrix} a_{11} & a_{12} & \cdots & a_{1n} \\ 0 & a_{22} & \cdots & a_{2n} \\ \vdots & \vdots & \ddots & \vdots \\ 0 & a_{n2} & \cdots & a_{nn} \end{vmatrix} = a_{11} \begin{vmatrix} 1 & a_{12} & \cdots & a_{1n} \\ 0 & a_{22} & \cdots & a_{2n} \\ \vdots & \vdots & \ddots & \vdots \\ 0 & a_{n2} & \cdots & a_{nn} \end{vmatrix}$$

$$= a_{11} |e^1 a^2 \cdots a^n|$$

$$= a_{11} |e^1\ a^2 - a_{12}e^1\ \cdots\ a^n - a_{1n}e^1|$$

$$= a_{11} \begin{vmatrix} 1 & 0 & \cdots & 0 \\ 0 & a_{22} & \cdots & a_{2n} \\ \vdots & \vdots & \ddots & \vdots \\ 0 & a_{n2} & \cdots & a_{nn} \end{vmatrix}. \tag{3.3.4}$$

我们设

$$b^2 = \begin{bmatrix} a_{22} \\ \vdots \\ a_{n2} \end{bmatrix},\ \cdots,\ b^n = \begin{bmatrix} a_{2n} \\ \vdots \\ a_{nn} \end{bmatrix},\ f(b_2,\cdots,b_n) = \begin{bmatrix} 1 & 0 & \cdots & 0 \\ 0 & a_{22} & \cdots & a_{2n} \\ \vdots & \vdots & \ddots & \vdots \\ 0 & a_{n2} & \cdots & a_{nn} \end{bmatrix}.$$

(3.3.4)式依赖于 a_{11} 和向量 $b^2,\cdots,b^n$,故关于行列式向量 $a^2,\cdots,a^n$ 的置换性和多重线性就意味着关于函数 f 的向量 $b^2,\cdots,b^n$ 的置换性和多重线性. 另外, 向量

$b^2,\cdots,b^n$ 是 $n-1$ 维的单位向量时,函数 f 的值就是 1. 从而,函数 f 是 $[b^2\cdots b^n]$ 的行列式. 即:

$$\begin{vmatrix} 1 & 0 & \cdots & 0 \\ 0 & a_{22} & \cdots & a_{2n} \\ \vdots & \vdots & & \vdots \\ 0 & a_{n2} & \cdots & a_{nn} \end{vmatrix} = \begin{vmatrix} a_{22} & \cdots & a_{2n} \\ \vdots & & \vdots \\ a_{n2} & \cdots & a_{nn} \end{vmatrix}.$$

由上式和(3.3.4)式,引理获证. ∎

定理 3.3.4 $|A| = \sum_{i=1}^{n} a_{ij}(-1)^{i+j} A_{ij}$ $(j=1,2,\cdots,n)$.

证明 在 n 阶正方矩阵 $A=[a^1 a^2 \cdots a^n]$ 中,根据行列式的列向量的置换性和多重线性,可以得到:

$$|A| = \left| a^1 \cdots a^{j-1} \sum_{i=1}^{n} a_{ij} e^i a^{j+1} \cdots a^n \right|$$

$$= \sum_{i=1}^{n} |a^1 \cdots a^{j-1} a_{ij} e^i a^{j+1} \cdots a^n|$$

$$= \sum_{i=1}^{n} a_{ij}(-1)^{j-1} |e^i a^1 \cdots a^{j-1} a^{j+1} \cdots a^n|.$$

进而,在行列式 $|e^i a^1 \cdots a^{j-1} a^{j+1} \cdots a^n|$ 中,根据行列式向量的置换性和引理 3.3.2,得到下式:

$$|e^i a^1 \cdots a^{j-1} a^{j+1} \cdots a^n| = (-1)^{i-1} \begin{vmatrix} 1 & a_{j1} & \cdots & a_{j\,j-1} & a_{j\,j+1} & \cdots & a_{jn} \\ 0 & a_{11} & \cdots & a_{1\,j-1} & a_{1\,j+1} & \cdots & a_{1n} \\ \vdots & \vdots & \ddots & \vdots & \vdots & \ddots & \vdots \\ 0 & a_{i-1\,1} & \cdots & a_{i-1\,j-1} & a_{i-1\,j+1} & \cdots & a_{i-1\,n} \\ 0 & a_{i+1\,1} & \cdots & a_{i+1\,j-1} & a_{i+1\,j+1} & \cdots & a_{i+1\,n} \\ \vdots & \vdots & \ddots & \vdots & \vdots & \ddots & \vdots \\ 0 & a_{n1} & \cdots & a_{n\,j-1} & a_{n\,j+1} & \cdots & a_{nn} \end{vmatrix}$$

$$= (-1)^{i-1} A_{ij}.$$

从上面的 2 个式子可以得到:本定理的关系式成立. ∎

另外,根据定理 3.3.4,对转置矩阵 A^T 的行列式 $|A^T|$ 进行同样的推理,可以得到下面的推论:

推论 3.3.1 $|A^T| = \sum_{j=1}^{n} a_{ij}(-1)^{i+j} A_{ij}$ $(i=1,2,\cdots,n)$.

(三) 行列式的计算

依据上述的定理,n 阶行列式可以从 $n-1$ 阶的代数余子式进行计算,下面介绍计算行列式的方法.

首先考虑 $n=1$ 时的情况:$|a_{11}| = a_{11}$.

在 $n=2$ 时，根据定理 3.3.4，可以得到：

$$\begin{vmatrix} a_{11} & a_{12} \\ a_{21} & a_{22} \end{vmatrix} = a_{11}|a_{22}| - a_{21}|a_{12}| = a_{11}a_{22} - a_{21}a_{12}.$$

在 $n=3$ 时，2 次使用定理 3.3.4，可以得到：

$$\begin{vmatrix} a_{11} & a_{12} & a_{13} \\ a_{21} & a_{22} & a_{23} \\ a_{31} & a_{32} & a_{33} \end{vmatrix} = a_{11}\begin{vmatrix} a_{22} & a_{23} \\ a_{32} & a_{33} \end{vmatrix} - a_{21}\begin{vmatrix} a_{12} & a_{13} \\ a_{32} & a_{33} \end{vmatrix} + a_{31}\begin{vmatrix} a_{12} & a_{13} \\ a_{22} & a_{23} \end{vmatrix}$$

$$= a_{11}(a_{22}|a_{33}| - a_{32}|a_{23}|) - a_{21}(a_{12}|a_{33}| - a_{32}|a_{13}|)$$
$$\quad + a_{31}(a_{12}|a_{23}| - a_{22}|a_{13}|)$$
$$= a_{11}a_{22}a_{33} + a_{21}a_{32}a_{13} + a_{31}a_{32}a_{23} - a_{11}a_{32}a_{23}$$
$$\quad - a_{21}a_{12}a_{33} - a_{31}a_{22}a_{13}.$$

在 $n=3$ 的情况下，行列式的值取"+"号或取"−"号的规则可以用图 3.1 表示：

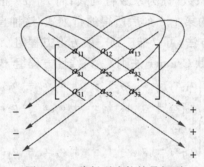

图 3.1　3 阶行列式的符号规则

一般地，反复地使用定理 3.3.4 或推论 3.3.1，可以求得 n 阶行列式具体的函数形式. 可以容易地确认这个函数的置换性、多重线性和单位定义的 3 个条件，即证明行列式的存在性.

四、克莱默法则

（一）克莱默法则

考察二元线性方程组：

$$\begin{cases} a_{11}x_1 + a_{12}x_2 = b_1, \\ a_{21}x_1 + a_{22}x_2 = b_2, \end{cases}$$

用消元法求解. 若消去 x_2，可以得到：

$$(a_{11}a_{22} - a_{12}a_{21})x_1 = b_1a_{22} - b_2a_{12},$$

若消去 x_1，则可以得到：

$$(a_{11}a_{22} - a_{12}a_{21})x_2 = b_2a_{11} - b_1a_{21}.$$

当 $a_{11}a_{22}-a_{12}a_{21}\neq 0$ 时有解：

$$x_1 = \frac{b_1 a_{22} - b_2 a_{12}}{a_{11}a_{22} - a_{12}a_{21}}, \quad x_2 = \frac{b_2 a_{11} - b_1 a_{21}}{a_{11}a_{22} - a_{12}a_{21}},$$

这个解用行列式可以表为：

$$x_1 = \frac{\begin{vmatrix} b_1 & a_{12} \\ b_2 & a_{22} \end{vmatrix}}{\begin{vmatrix} a_{11} & a_{12} \\ a_{21} & a_{22} \end{vmatrix}}, \quad x_2 = \frac{\begin{vmatrix} a_{11} & b_1 \\ a_{21} & b_2 \end{vmatrix}}{\begin{vmatrix} a_{11} & a_{12} \\ a_{21} & a_{22} \end{vmatrix}}.$$

记作：$x_1 = \frac{D_1}{D}, x_2 = \frac{D_2}{D}$，其中

$$D = \begin{vmatrix} a_{11} & a_{12} \\ a_{21} & a_{22} \end{vmatrix}.$$

其元素正是各变元的系数，称为系数行列式；而 D_1, D_2 正是以等号右边的常数分别替换系数行列式的第 1、2 列后所得的行列式．这种直接用方程组的有关行列式之比来解方程的方法，可以推广到一般方形方程组．

定理 3.3.5（克莱默 Cramer 法则） 设线性方程组

$$\begin{cases} a_{11}x_1 + a_{12}x_2 + \cdots + a_{1n}x_n = b_1, \\ a_{21}x_1 + a_{21}x_2 + \cdots + a_{2n}x_n = b_2, \\ \cdots\cdots \\ a_{n1}x_1 + a_{n2}x_2 + \cdots + a_{nn}x_n = b_n, \end{cases} \quad (3.3.5)$$

其系数行列式 $D = \begin{vmatrix} a_{11} & a_{12} & \cdots & a_{1n} \\ a_{21} & a_{22} & \cdots & a_{2n} \\ \vdots & \vdots & \ddots & \vdots \\ a_{n1} & a_{n2} & \cdots & a_{nn} \end{vmatrix}$，用常数向量 $\beta = \begin{bmatrix} b_1 \\ b_2 \\ \vdots \\ b_n \end{bmatrix}$ 替换 D 的第 j 列

所得的 n 阶行列式记作 D_j，即

$$D_j = \begin{vmatrix} a_{11} & \cdots & a_{1,j-1} & b_1 & a_{1,j+1} & \cdots & a_{1n} \\ a_{21} & \cdots & a_{2,j-i} & b_2 & a_{2,j+1} & \cdots & a_{2n} \\ \vdots & & \vdots & \vdots & \vdots & \ddots & \vdots \\ a_{n1} & \cdots & a_{n,j-1} & b_n & a_{n,j+1} & \cdots & a_{nn} \end{vmatrix} \quad (j=1,2,\cdots,n)$$

若 $D \neq 0$，则线性方程组存在唯一解：$x_1 = \frac{D_1}{D}, x_2 = \frac{D_2}{D}, \cdots, x_n = \frac{D_n}{D}$.

证明 首先证明 $x_j = \frac{D_j}{D}(j=1,2,\cdots,n)$ 是方程组的解．

将 D_j 按第 j 列展开得到 $D_j = \sum_{k=1}^{n} b_k A_{kj}$，然后将 $x_j = \frac{\sum_{k=1}^{n} b_k A_{kj}}{D}(j=1,2,\cdots,n)$

代入方程组中第 i 个方程的左边,得到:

$$\sum_{k=1}^{n} a_{ij}\frac{D_j}{D} = \frac{1}{D}\sum_{j=1}^{n} a_{ij}\sum_{k=1}^{n} b_k A_{kj} = \frac{1}{D}\sum_{k=1}^{n} b_k \sum_{j=1}^{n} a_{ij} A_{kj}$$

$$= \frac{1}{D} b_i D = b_i.$$

由 i 的任意性知 $x_j = \dfrac{D_j}{D}(j=1,2,\cdots,n)$ 是线性方程组的解.

下面还需要证明解的唯一性:设 $x_1, x_2, \cdots, x_n$ 是方程组的任一组解,取 x_1 乘系数行列式 D,根据行列式的性质,有:

$$Dx_1 = \begin{vmatrix} a_{11}x_1 & a_{12} & \cdots & a_{1n} \\ a_{21}x_1 & a_{22} & \cdots & a_{2n} \\ \vdots & \vdots & \ddots & \vdots \\ a_{n1}x_1 & a_{n2} & \cdots & a_{nn} \end{vmatrix} = \begin{vmatrix} a_{11}x_1 + \cdots + a_{1n}x_n & a_{12} & \cdots & a_{1n} \\ a_{21}x_1 + \cdots + a_{2n}x_n & a_{22} & \cdots & a_{2n} \\ \vdots & \vdots & \ddots & \vdots \\ a_{n1}x_1 + \cdots + a_{nn}x_n & a_{n2} & \cdots & a_{nn} \end{vmatrix}$$

$$= \begin{vmatrix} b_1 & a_{12} & \cdots & a_{1n} \\ b_2 & a_{22} & \cdots & a_{2n} \\ \vdots & \vdots & \ddots & \vdots \\ b_n & a_{n2} & \cdots & a_{nn} \end{vmatrix} = D_1.$$

同理可证 $Dx_j = D_j$,由 $D \neq 0$,得出: $x_j = \dfrac{D_j}{D}(j=1,2,\cdots,n)$. ■

(二) 齐次线性方程组

如果线性方程组(3.3.5)的常数项 $b_1, b_2, \cdots, b_n$ 都等于零,即: β 为零向量,则线性方程组

$$\begin{cases} a_{11}x_1 + a_{12}x_2 + \cdots + a_{1n}x_n = 0, \\ a_{21}x_1 + a_{22}x_2 + \cdots + a_{2n}x_n = 0, \\ \cdots\cdots \\ a_{n1}x_1 + a_{n2}x_2 + \cdots + a_{nn}x_n = 0 \end{cases} \tag{3.3.5}$$

称为"齐次线性方程组".利用克莱默法则容易得到下面两个定理,证明留给读者.

定理 3.3.6 若齐次方程组(3.3.5)的系数行列式 $D \neq 0$,则(3.3.5)只有零解.

其逆否命题是:

定理 3.3.7 若齐次方程组(3.3.5)有非零解,则它的系数行列式一定为零.

例 3.3.3 设方程组

有非零解,求 k 值.

解 将方程组改写为

$$\begin{cases} x+y+(1-k)z=0, \\ 4x+(3-k)y+2z=0, \\ (1-k)x+2y+3z=0. \end{cases}$$

因方程组有非零解,所以根据定理 3.3.7 可以得到:

$$\begin{vmatrix} 1 & 1 & 1-k \\ 4 & 3-k & 2 \\ 1-k & 2 & 3 \end{vmatrix} = k(k+1)(k-6)=0.$$

所以,$k=-1,0,6$.

克莱默法则只能应用于方形的方程组,且系数行列式不能为零,在计算时需要计算 $n+1$ 个 n 阶的行列式,所以,当 n 较大时计算量通常很大.因此克莱默法则的主要意义是在理论上,它明确指出了方程组的解与系数的关系,并给出了一种新颖的"块状处理"的模式.

§3.4 可逆矩阵

一、逆矩阵

(一) 逆矩阵的概念

对于 n 阶方阵 A,使得

$$AB=I, \quad BA=I.$$

同时成立的 n 阶方阵 B 被称为矩阵 A 的逆矩阵,记为:A^{-1}.方阵 A 存在逆矩阵时,A 被称为"非奇异"(regular)的.不可逆的矩阵被称为"奇异"(singular)矩阵.

定理 3.4.1 如果方阵存在逆矩阵,则它的逆矩阵是唯一的.

证明 反证法.假设方阵 A 存在 2 个逆矩阵,分别设为 B_1, B_2,则有:

$$AB_1=I, \quad B_1A=I, \quad AB_2=I, \quad B_2A=I$$

成立.据此,可以推得下式:

$$B_1=IB_1=(B_2A)B_1=B_2(AB_1)=B_2I=B_2.$$

(二) 逆矩阵的求法

下面介绍逆矩阵的求法.首先导入"伴随矩阵"的概念:以 n 阶方阵 $A=(a_{ij})$ 中元素 a_{ij} 的代数余子式 Δ_{ij} 排列成的矩阵

$$(\Delta_{ij}) = \begin{vmatrix} \Delta_{11} & \Delta_{21} & \cdots & \Delta_{n1} \\ \Delta_{12} & \Delta_{22} & \cdots & \Delta_{n2} \\ \vdots & \vdots & \ddots & \vdots \\ \Delta_{1n} & \Delta_{2n} & \cdots & \Delta_{nn} \end{vmatrix}$$

被称为"方阵 A 的伴随矩阵",记为:A^*.

定理 3.4.2 对于 n 阶方阵 $A=(a_{ij})$,如果 $|A|\neq 0$,则存在 A 的逆矩阵,并且

$$A^{-1} = \frac{1}{|A|}(A^*).$$

证明 根据定理 3.3.4,有下式成立:

$$|A| = \sum_{i=1}^{n} a_{ij}(-1)^{i+j}D_{ij} = \sum_{i=1}^{n} a_{ij}\Delta_{ij} \quad (j=1,2,\cdots,n).$$

对矩阵 $[a^1\cdots a^{j-1}a^k a^{j+1}\cdots a^n]$ 采用定理 3.3.4,可以得到:

$$\sum_{i=1}^{n} a_{ik}\Delta_{ij} = |a^1\cdots a^{j-1}a^k a^{j+1}\cdots a^n| = 0 \quad (k,j=1,2,\cdots,n, k\neq j).$$

所以有下式:

$$A^*A = \begin{vmatrix} \Delta_{11} & \Delta_{21} & \cdots & \Delta_{n1} \\ \Delta_{12} & \Delta_{22} & \cdots & \Delta_{n2} \\ \vdots & \vdots & \ddots & \vdots \\ \Delta_{1n} & \Delta_{2n} & \cdots & \Delta_{nn} \end{vmatrix} \begin{bmatrix} a_{11} & a_{12} & \cdots & a_{1n} \\ a_{21} & a_{22} & \cdots & a_{2n} \\ \vdots & \vdots & \ddots & \vdots \\ a_{n1} & a_{n2} & \cdots & a_{nn} \end{bmatrix}$$

$$= \begin{vmatrix} |A| & 0 & \cdots & 0 \\ 0 & |A| & \cdots & 0 \\ \vdots & \vdots & \ddots & \vdots \\ 0 & 0 & \cdots & |A| \end{vmatrix}$$

$$= |A|I,$$

即:

$$|A|I = A^*A,$$

所以,

$$A^{-1} = \frac{1}{|A|}(A^*).$$

(三) 方阵可逆的条件

定理 3.4.3 对于两个 n 阶方阵 A 和 B,$|AB|=|A||B|$ 成立.

证明 如果将矩阵 B 看成 n 个列向量 $b^1,\cdots,b^n$ 组成的,则

$$B = [b^1\cdots b^n].$$

于是 $\quad |AB| = |Ab^1\cdots Ab^n| = f(Ab^1,\cdots,Ab^n)$

显然地，函数 f 对于向量 $Ab^1,\cdots,Ab^n$ 满足置换性和多重线性．根据引理 3.3.1，下式成立：

$$f(Ab^1,\cdots,Ab^n)=f(e^1,e^2,\cdots,e^n)\sum_{\{i_1,i_2,\cdots,i_n\}}(-1)^{\mathrm{T}}\sum_{i_1=1}^n a_{1i_1}b_{i_1}\sum_{i_2=1}^n a_{2i_2}b_{i_2}\cdots\sum_{i_n=1}^n a_{ni_n}b_{i_n}$$

$$=f(e^1,e^2,\cdots,e^n)\sum_{\{i_1,i_2,\cdots,i_n\}}(-1)^{\mathrm{T}}$$

$$\cdot\Big(\sum_{\{i_1,i_2,\cdots,i_n\}}a_{1i_1}a_{2i_2}\cdots a_{ni_n}\cdot b_{i_11}b_{i_22}\cdots b_{i_nn}\Big).$$

根据定理 3.3.2 可以得到：

$$|AB|=|A|\sum_{\{i_1,i_2,\cdots,i_n\}}(-1)^{\mathrm{T}}b_{i_11}b_{i_22}\cdots b_{i_nn}=|A||B|.$$

定理获证．■

定理 3.4.4 方阵 A 可逆的充分必要条件是 $|A|\neq 0$．

证明 如果方阵 A 是可逆的，则存在逆矩阵 A^{-1}，使得：

$$AA^{-1}=I.$$

根据定理 3.4.3，有：

$$|A^{-1}||A|=|A^{-1}A|=1$$

成立，所以，有：

$$|A|\neq 0$$

成立．反之，如果 $|A|\neq 0$，根据定理 3.4.2，矩阵 A 存在逆矩阵，矩阵 A 可逆．■

二、向量的线性相关性

（一）线性相关性的概念

设 $a^1,a^2,\cdots,a^k$ 是 k 个 n 维的向量，$c_1,c_2,\cdots,c_k$ 是一组常数，当

$$c_1a^1+c_2a^2+\cdots+c_ka^k=0 \tag{3.4.1}$$

只限于 $c_1=c_2=\cdots=c_k=0$ 的情况下才成立时，称向量 $a^1,a^2,\cdots,a^k$ "线性无关"．不是线性无关的向量组，就称之为线性相关，即存在一组不全为零的常数 $c_1,c_2,\cdots,c_k$ 使得 (3.4.1) 式成立时，称向量 $a^1,a^2,\cdots,a^k$ "线性相关"．

（二）线性相关性的应用和判断

定理 3.4.5 对于 n 阶方阵

$$A=[a^1 a^2 \cdots a^n],$$

如果其列向量 $a^1,a^2,\cdots,a^n$ 线性无关，则 $|A|\neq 0$．

证明 设矩阵 A 的形式如下：

$$A = \begin{bmatrix} a_{11} & a_{12} & \cdots & a_{1n} \\ a_{21} & a_{22} & \cdots & a_{2n} \\ \vdots & \vdots & \ddots & \vdots \\ a_{n1} & a_{n2} & \cdots & a_{nn} \end{bmatrix}.$$

因为列向量 $a^1, a^2, \cdots, a^n$ 是线性无关的,所以 $a_{11}, a_{21}, \cdots, a_{n1}$ 当中至少有一个不为零,置换行的时候,对于行列式 $|A|$ 的值是不是零没有影响. 另外,即使置换了行,也不改变列向量 $a^1, a^2, \cdots, a^n$ 线性无关的性质. 从而,可以设 $a_{11} \neq 0$. 在这里,做以下变换: 首先,将第 1 列除以 a_{11},于是,第 1 行第 1 列的元素变成 1. 其次,再将第 1 列的 $-a_{12}, \cdots, -a_{1n}$ 倍分别加到第 2 列,$\cdots$,第 n 列上,这一步的操作并不改变行列式的值,结果是从第 2 列起,第 1 行的元素全部为零. 其形式如下:

$$\begin{bmatrix} 1 & 0 & \cdots & 0 \\ a'_{21} & a'_{22} & \cdots & a'_{2n} \\ \vdots & \vdots & \ddots & \vdots \\ a'_{n1} & a'_{n2} & \cdots & a'_{nn} \end{bmatrix}$$

在这个矩阵中,如果 $a'_{22}, \cdots, a'_{n2}$ 全部为零,则向量 a^2 就可以用向量 a^1 来表现,与线性无关的前提相矛盾,所以,通过置换行的操作,可以使得 $a'_{22} \neq 0$. 进而,将第 2 列除以 a'_{22},第 2 行第 2 列的元素也变成 1. 然后,再将第 2 列的 $-a'_{21}, -a'_{23}, \cdots, -a'_{2n}$ 倍分别加到第 1 列,第 3 列,$\cdots$,第 n 列上,这样的结果是第 1 列,第 3 列,$\cdots$,第 n 列的第 2 行元素都为零,矩阵变形为:

$$\begin{bmatrix} 1 & 0 & 0 & \cdots & 0 \\ 0 & 1 & 0 & \cdots & 0 \\ a''_{31} & a''_{32} & a''_{33} & \cdots & a''_{n1} \\ \vdots & \vdots & \vdots & \ddots & \vdots \\ a''_{n1} & a''_{n2} & a''_{n3} & \cdots & a''_{nn} \end{bmatrix}.$$

在这个矩阵中,如果 $a''_{33}, \cdots, a''_{n3}$ 全部为零,则向量 a^3 就可以用向量 a^1, a^2 来表现,与线性无关的前提相矛盾,所以,通过置换行的操作,可以使得 $a''_{33} \neq 0$.

如此,反复进行上述的操作,最后就得到一个 n 阶的单位矩阵 I_n,而单位矩阵的行列式的值等于 1 而不为零,从而,对于最初的矩阵可以得出结论: 其行列式 $|A|$ 不为零. ■

推论 3.4.1 n 阶方阵

$$A = [a^1 a^2 \cdots a^n]$$

的列向量 $a^1, a^2, \cdots, a^n$ 是线性无关的充分必要条件是 $|A| \neq 0$.

证明 如果向量 $a^1, a^2, \cdots, a^n$ 是线性相关的,则存在一组不完全为零的常数

$c_1, c_2, \cdots, c_n$,使得
$$c_1 a^1 + c_2 a^2 + \cdots + c_n a^n = 0$$
成立.不失一般性,设$c_i \neq 0$,则可以得到:
$$\begin{aligned}c_i |A| &= |a^1 \cdots a^{i-1} c_i a^i a^{i+1} \cdots a^n| \\ &= |a^1 \cdots a^{i-1} c_1 a^1 + \cdots + c_n a^n a^{i+1} \cdots a^n| \\ &= |a^1 \cdots a^{i-1} 0 a^{i+1} \cdots a^n| \\ &= 0,\end{aligned}$$
从而,
$$|A| = 0$$
成立.即:如果$|A| \neq 0$,则向量$a^1, a^2, \cdots, a^n$就是线性无关的.

反之,根据定理3.4.5,如果列向量$a^1, a^2, \cdots, a^n$线性无关,则$|A| \neq 0$. ∎

引理 3.4.1 设 $n+1$ 阶对称矩阵 $B = \begin{bmatrix} a & b^T \\ b & A \end{bmatrix}$,

这里,A是n阶对称矩阵,b是n维向量,b^T是向量b的转置向量.如果矩阵A存在逆矩阵A^{-1},则
$$|B| = (a - b^T A^{-1} b)|A|$$
成立.

证明 首先如下定义一个矩阵P,
$$P = \begin{bmatrix} 1 & 0 \\ -A^{-1}b & I_n \end{bmatrix},$$
这里,I_n是n阶的单位矩阵,根据引理3.3.2,有
$$|P| = 1$$
成立.另外,
$$BP = \begin{bmatrix} a & b^T \\ b & A \end{bmatrix} \begin{bmatrix} 1 & 0 \\ -A^{-1}b & I_n \end{bmatrix} = \begin{bmatrix} a - b^T A^{-1} b & b^T \\ 0 & A \end{bmatrix},$$
所以,根据定理3.4.3和引理3.3.2,可以得到:
$$|B| = |B||P| = |BP| = (a - b^T A^{-1} b)|A|. \quad \blacksquare$$

设n阶矩阵
$$A = [a^1 a^2 \cdots a^n] = \begin{bmatrix} a_{11} & a_{12} & \cdots & a_{1n} \\ a_{21} & a_{22} & \cdots & a_{2n} \\ \vdots & \vdots & \ddots & \vdots \\ a_{n1} & a_{n2} & \cdots & a_{nn} \end{bmatrix},$$

将划去相同顺序号的行和列、剩下行列顺序不变的行列式称为矩阵A的"主子式"(principal minor).

定理 3.4.6 n 阶对称矩阵 A 为正定的充分必要条件是 A 的全部的主子式的值为正值.

证明 $n=1$ 时,结论自明.下面考虑的是 $n\neq1$ 的一般情况.

采用数学归纳法.即:假设在 n 阶的情况下结论是成立的,需要证明 $n+1$ 阶的情况下结论也成立.首先如下设一个 $n+1$ 阶对称矩阵 B 是正定的:

$$B = \begin{bmatrix} a & b^{\mathrm{T}} \\ b & A \end{bmatrix},$$

这里的 A 是 n 阶对称矩阵,b 是 n 维向量,b^{T} 是向量 b 的转置向量.另外,再如下设一个 $n+1$ 维向量 z 和一个 n 维向量 y:

$$z = \begin{bmatrix} c \\ x \end{bmatrix}, \quad y = x + cA^{-1}b,$$

这里,x 是 n 维向量.因为矩阵 B 是正定的,所以,对于任意的 x 和 c 都有

$$z^{\mathrm{T}}Bz = \begin{bmatrix} c & x^{\mathrm{T}} \end{bmatrix} \begin{bmatrix} a & b^{\mathrm{T}} \\ b & A \end{bmatrix} \begin{bmatrix} c \\ x \end{bmatrix} = ac^2 + 2cb^{\mathrm{T}}x + x^{\mathrm{T}}Ax$$

$$= ac^2 + 2cb^{\mathrm{T}}(y - cA^{-1}b) + (y - cA^{-1}b)^{\mathrm{T}}A(y - cA^{-1}b)$$

$$= (a - b^{\mathrm{T}}A^{-1}b)c^2 + y^{\mathrm{T}}Ay > 0 \qquad (3.4.2)$$

成立.如果 $c=0$,则对于任意 $y\neq\mathbf{0}$ 有

$$y^{\mathrm{T}}Ay > 0$$

成立,故矩阵 A 正定.根据归纳假定,矩阵 A 的全部顺序主子式的值为正.对行和列进行相同的置换,可以将矩阵 A 看成 B 的任意 n 阶主子矩阵,故矩阵 B 的 n 阶以下的主子式均为正.如果 $c\neq0$ 并且 $y=\mathbf{0}$,则不等式(3.4.2)就意味着

$$a - b^{\mathrm{T}}A^{-1}b > 0$$

成立.从而,根据引理 3.4.1,可以得到:

$$|B| = (a - b^{\mathrm{T}}A^{-1}b)|A| > 0.$$

反之,如果矩阵 B 的所有主子式皆为正,则矩阵 A 的全部主子式都大于零,根据归纳法,矩阵 A 正定,在(3.4.2)式中,对于任意的 $y\neq\mathbf{0}$,都有

$$y^{\mathrm{T}}Ay > 0$$

成立.另外,根据引理 3.4.1,$|A|>0$ 并且 $|B|>0$ 就意味着

$$a - b^{\mathrm{T}}A^{-1}b > 0$$

成立.从而,根据(3.4.2)式,对于任意的 $z\neq\mathbf{0}$,都有

$$z^{\mathrm{T}}Bz > 0$$

成立,即:矩阵 B 正定.

§3.5 线性不等式

一、塔克引理

设 A 为规格 $m \times n$ 的矩阵,并且设

$$x = \begin{bmatrix} x_1 \\ x_2 \\ \vdots \\ x_n \end{bmatrix}, \quad u = \begin{bmatrix} u_1 \\ u_2 \\ \vdots \\ u_m \end{bmatrix}.$$

下面引入塔克引理:

引理 3.5.1(塔克引理) 对于下面的联立方程式

$$A^T u = \mathbf{0} \tag{3.5.1}$$

和

$$Ax = \mathbf{0}, \quad x \geqq \mathbf{0}, \tag{3.5.2}$$

存在 u, x 满足以下的条件:

$$A_1^T \cdot u + x_1 > 0, \tag{3.5.3}$$

这里,A_1^T 是指 A 的第 1 列向量的转置向量.

证明 使用数学归纳法进行证明.

当 $n=1$ 时.

如果 $A_1 = \mathbf{0}$,则设 $u = \mathbf{0}, x_1 = 1$,引理成立.

如果 $A_1 \neq \mathbf{0}$,则设 $u = A_1, x_1 = 0$,引理亦成立.

假定引理在矩阵的规格为 $m \times k$ 的情况下成立,并设 $\overline{A}$ 为规格 $m \times (k+1)$ 的矩阵,也就是矩阵 A 的规格为 $m \times k$,则

$$\overline{A} = [A, A_{k+1}] = [A_1, A_2, \cdots, A_{k+1}],$$

这里,A_i 是 $\overline{A}$ 的第 i 列. 因为 A 是规格 $m \times k$ 的矩阵,根据归纳假定,存在向量 $u \in R^m, x \in R^k$,使得

$$A^T u \geqq \mathbf{0}, \quad Ax = \mathbf{0}, \quad x \geqq \mathbf{0}, \quad A_1^T u + x_1 > 0$$

成立. 如果 $A_{k+1}^T u \geqq 0$,则 u 和 $\bar{x}$ 是

$$\overline{A}^T u \geqq \mathbf{0}, \quad \overline{A}\bar{x} = \mathbf{0}, \quad \bar{x} \geqq \mathbf{0}, \quad \overline{A}_1^T u + \bar{x}_1 > 0$$

的解. 这里,$\bar{x} = (x^T, 0)^T$. 据此,我们得知在 $A_{k+1}^T \cdot u \geqq \mathbf{0}$ 的情况下引理 3.5.1 成立.

其次,考察 $A_{k+1}^T \cdot u < \mathbf{0}$ 的情况. 设

$$B = [B_1, B_2, \cdots, B_k],$$

其中
$$B_i = A_i + \lambda_i A_{k+1}, \quad (i = 1, 2, \cdots, k)$$
$$\lambda_i = -\frac{A_i^T \cdot u}{A_{k+1}^T \cdot u} \geqq 0, \quad (i = 1, 2, \cdots, k)$$

此时,
$$B_j^T \cdot u = A_j^T \cdot u + \lambda_j A_{k+1}^T \cdot u = 0, \quad (j = 1, 2, \cdots, k)$$

也就是 $B^T u = \mathbf{0}$. 由于 B 是规格为 $m \times k$ 的矩阵,根据归纳假定,对于 B 而言引理 3.5.1 成立. 所以,存在向量 $v \in R^m, y \in R^k$,满足
$$B^T v \geqq \mathbf{0}, \quad By = \mathbf{0}, \quad y \geqq \mathbf{0}, \quad B_1^T \cdot v + y_1 > 0.$$

定义 $\bar{y}$:
$$\bar{y} = \left(y^T, \sum_i \lambda_i y_i \right)^T,$$

就可以得到:
$$\bar{y} \geqq \mathbf{0},$$
$$\bar{A}\bar{y} = (A_1 y_1 + \lambda_1 A_{k+1} y_1) + (A_2 y_2 + \lambda_2 A_{k+1} y_2) + \cdots + (A_k y_k + \lambda_k A_{k+1} y_k)$$
$$= By = \mathbf{0}.$$

我们如下定义 w:
$$w = v - \frac{A_{k+1}^T \cdot v}{A_{k+1}^T \cdot u} u,$$

于是:
$$A_{k+1}^T \cdot w = 0,$$

并且,可以得到:
$$\bar{A}^T w = \begin{bmatrix} A^T \\ A_{k+1}^T \end{bmatrix} w = \begin{bmatrix} (B_1^T - \lambda_1 A_{k+1}^T) \cdot w \\ (B_2^T - \lambda_2 A_{k+1}^T) \cdot w \\ \vdots \\ (B_k^T - \lambda_k A_{k+1}^T) \cdot w \\ 0 \end{bmatrix} = \begin{bmatrix} B^T w \\ 0 \end{bmatrix}$$
$$= \begin{bmatrix} B^T v - \frac{A_{k+1}^T \cdot v}{A_{k+1}^T \cdot u} B^T u \\ 0 \end{bmatrix} = \begin{bmatrix} B^T v \\ 0 \end{bmatrix} \geqq \mathbf{0},$$

进而,
$$A_1^T \cdot w + y_1 = B_1^T \cdot v + y_1 > 0,$$

所以,对于 $\bar{A}$ 也存在满足引理 3.5.1 的解 $\bar{y}$ 和 w. ∎

二、相关的定理

定理 3.5.1 设 A 为规格 $m\times n$ 的矩阵. 对于下面的联立不等式和联立方程式

$$A^T u \geqq 0, \quad Ax = 0, \quad x \geqq 0$$

存在满足 $A^T u + x > 0$ 的解向量 $u \in R^m, x \in R^n$.

证明 在上述塔克引理的证明中,我们可以知道 A_1 发挥着特别的作用.但是,如果适当地进行矩阵 A 的列变换,任何一列都可以起到塔克引理中 A_1 的作用.从而,如果反复使用塔克引理,则存在向量 $u^j \in R^m$ 和向量 $x^j \in R^n (j=1,2,\cdots,n)$,使得

$$A^T u^j \geqq 0, \quad Ax^j = 0, \quad x^j \geqq 0, \quad A_j^T \cdot u^j + x_j^j > 0$$

成立.这里,x_j^j 是 x^j 的第 j 成分.如下定义 u 和 x:

$$u = u^1 + \cdots + u^n, \quad x = x^1 + \cdots + x^n.$$

于是有:

$$A^T u = A^T u^1 + \cdots + A^T u^n \geqq 0, \quad Ax = Ax^1 + \cdots + Ax^n = 0,$$
$$x = x^1 + \cdots + x^n \geqq 0.$$

并且,

$$A_j^T \cdot u + x_j = (A_j^T \cdot u^1 + x_j^1) + \cdots + (A_j^T \cdot u^j + x_j^j)$$
$$+ \cdots + (A_j^T \cdot u^n + x_j^n) > 0,$$

这里,x_j 是 x 的第 j 成分.上式就意味着 $A^T u + x > 0$. ∎

定理 3.5.2 设 C 为规格 $k\times k$ 的矩阵,向量 $v \in R^k, x \in R^n$. 对于下面的联立不等式

$$C^T v \geqq 0, \quad v \geqq 0, \quad -Cx \geqq 0, \quad x \geqq 0$$

存在满足 $v - Cx \geqq 0$ 并且 $C^T v + x > 0$ 的解 v 和 x.

证明 考察下面的不等式和方程式:

$$[I_k, C]^T v \geqq 0, \quad [I_k, C]\begin{bmatrix}w\\x\end{bmatrix} = 0, \quad \begin{bmatrix}w\\x\end{bmatrix} \geqq 0,$$

这里,I_k 为 k 阶单位矩阵,向量 $w \in R^k$ 且 $w \geqq 0$.根据定理 3.5.1,上面的联立不等式和方程式存在解 v, w, x,满足

$$[I_k, C]^T v + \begin{bmatrix}w\\x\end{bmatrix} \geqq 0.$$

消去 w,得到:

$$C^T v \geqq 0, \quad v \geqq 0, \quad -Cx \geqq 0, \quad x \geqq 0,$$

而且,

$$v - Cx > 0, \quad C^T v + x > 0.$$

这就是所求的结果.

定理 3.5.3 设 K 为规格 $n \times n$ 的矩阵,并且 $K^T = -K$;向量 $w \in R^n$. 则联立不等式:

$$K \cdot w \geqq 0, \quad w \geqq 0$$

有满足 $K \cdot w + w > 0$ 的解.

证明 将矩阵 K^T 看成定理 3.5.2 的 C,则对于联立不等式

$$K \cdot v \geqq 0, \quad v \geqq 0, \quad -K^T \cdot x \geqq 0, \quad x \geqq 0$$

存在满足 $v - K^T \cdot x > 0$ 并且 $K \cdot v + x > 0$ 的解 v, x.

这里,设 $w = v + x$,则有:

$$0 \leqq K \cdot v - K^T \cdot x = K \cdot (v + x) = K \cdot w,$$
$$0 \leqq v + x = w,$$
$$0 < (v - K^T \cdot x) + (K \cdot v + x)$$
$$= (v + x) + K \cdot (v + x)$$
$$= w + K \cdot w.$$

本定理获证.

§3.6 线性规划法

一、线性规划问题

当 $c_j, a_{ij}, b_i (i = 1, 2, \cdots, m; j = 1, 2, \cdots, n)$ 为常数,$x_1, x_2, \cdots, x_n$ 为 n 个实变数时,被称为"线性规划问题"(linear programming problem)的最大化问题如下表示:

$$(M) \begin{cases} \max c_1 x_1 + c_2 x_2 + \cdots + c_n x_n, \\ subject\ to \\ a_{11} x_1 + a_{12} x_2 + \cdots + a_{1n} x_n \leqq b_1, \\ a_{21} x_1 + a_{22} x_2 + \cdots + a_{2n} x_n \leqq b_2, \\ \cdots \\ a_{m1} x_1 + a_{m2} x_2 + \cdots + a_{mn} x_n \leqq b_m, \\ x_1 \geqq 0, x_2 \geqq 0, \cdots, x_n \geqq 0, \end{cases}$$

这里的 max 是最大化的符号,最大化的对象 $c_1 x_1 + c_2 x_2 + \cdots + c_n x_n$ 被称为"目标函数"(objective function);问题 (M) 中的"subject to"意思是"服从于以下条件",被称为"约束条件".

注意:问题 (M) 中的约束条件中,表面上没有包含

$$a_{k1}x_1 + a_{k2}x_2 + \cdots + a_{kn}x_n = b_k,$$

但是，该等号约束条件可以看成是由以下两个不等号约束条件

$$a_{k1}x_1 + a_{k2}x_2 + \cdots + a_{kn}x_n \leqq b_k,$$
$$(-a_{k1})x_1 + (-a_{k2})x_2 + \cdots + (-a_{kn})x_n \leqq -b_k$$

得到的，所以可以认为(M)中实质上包含等号制约条件．

现在，设 $x \in R^n$ 是以 x_j 为第 j 成分的向量，$c \in R^n$ 是以 c_j 为第 j 成分的向量，$b \in R^m$ 是以 b_i 为第 i 成分的向量；设 A 为规格 $m \times n$ 的矩阵，于是，上述问题(M)可以用矩阵表示成：

$$\max_x c \cdot x, \quad subject\ to \quad Ax \leqq b, \quad x \geqq 0.$$

被称为问题(M)的"对偶问题"（dual problem）的，则是一个最小化的问题，即，设 $u_1, u_2, \cdots, u_m$ 为 m 个变数，$u \in R^m$ 是以 u_i 为第 i 成分的行向量时，以下的最小化问题：

$$(m) \min_u u \cdot b, \quad subject\ to \quad uA \geqq c, \quad u \geqq 0$$

就是(M)的对偶问题．

二、存在定理和对偶定理

在问题(M)的 $m+n$ 个约束条件中，向量 $x \in R^n$ 在满足

$$Ax \leqq b, \quad x \geqq 0$$

时，将 x 称为"可行解"（feasible solution）；称(M)的约束条件为"可行"（feasible）的，此时，也有简称问题(M)为可行的．而对于(m)，如果向量 u 满足

$$uA \geqq c, \quad u \geqq 0.$$

则也将 u 称为可行解，称(m)的约束条件为可行的，也简称问题(m)为可行的．

另外，将问题(M)的可行解中，使得目标函数取得最大值的解，或问题(m)的可行解中，使得目标函数取得最小值的解称为"最优解"（optimum solution）．

定理 3.6.1 在问题(M)和(m)中，如果 x 和 u 是可行解，则

$$c \cdot x \leqq u \cdot b.$$

证明 根据问题(M)和(m)的约束条件，我们有：

$$u \cdot b \geqq uAx = (uA) \cdot x \geqq c \cdot x.$$

本定理得证． ∎

定理 3.6.2 如果 $b_i \geqq 0 (i=1,2,\cdots,m)$，则问题($M$)的约束条件是可行的．如果 A 是非负矩阵，并且 A 的各 j 列（$j=1,2,\cdots,n$）里存在 $i, a_{ij} > 0$，则问题(m)的约束条件是可行的．

证明 如果 $b_i \geqq 0 (i=1,2,\cdots,m)$，则 $x = 0$ 是可行解，本定理的前半部分很显然地成立．下面，证明后半部分．

§3.6 线性规划法

因为 A 是非负矩阵,并且 A 的各 j 列$(j=1,2,\cdots,n)$ 里存在 $i, a_{ij}>0$, 所以如果 $v \in R^m, v_i > 0 (i=1,2,\cdots,m)$, 则
$$vA > 0,$$
由于 c 是常向量,存在正数 k, 有
$$kvA \geqq c,$$
即: kv 是可行解. 如果令 $u = kv$, 就有
$$uA \geqq c,$$
故 (m) 的约束条件为可行的. ∎

下面,我们将定理 3.5.3 用于以下的联立不等式:
$$\begin{bmatrix} 0 & -A & b \\ A^T & 0 & -c^T \\ -b^T & c & 0 \end{bmatrix} \begin{bmatrix} u^T \\ x \\ y \end{bmatrix} \geqq \mathbf{0}, \quad \begin{bmatrix} u^T \\ x \\ y \end{bmatrix} \geqq \mathbf{0},$$

这里,y 是实数. 此时,存在问题 (M) 的某一组解 u, x, y, 满足
$$\begin{bmatrix} 0 & -A & b \\ A^T & 0 & -c^T \\ -b^T & c & 0 \end{bmatrix} \begin{bmatrix} u^T \\ x \\ y \end{bmatrix} + \begin{bmatrix} u^T \\ x \\ y \end{bmatrix} \geqq \mathbf{0}, \quad (3.6.1)$$

也就是能够得到以下的各种关系:

$$Ax \leqq yb, \qquad ①$$
$$A^T u^T \geqq y c^T, \qquad ②$$
$$c \cdot x \geqq b^T \cdot u^T = u \cdot b, \qquad ③$$
$$yb + u^T > Ax, \qquad ④$$
$$A^T u^T + x > y c^T, \qquad ⑤$$
$$c \cdot x + y > b^T \cdot u^T = u \cdot b, \qquad ⑥$$
$$u \geqq \mathbf{0}, x \geqq \mathbf{0}, y \geqq 0. \qquad ⑦$$

对此,我们分两种情况进行考察,第一种情况是 $y > 0$, 第二种情况是 $y = 0$.

第一种情况 ($y > 0$) 时:

将所有的变数除以 y, 满足①至⑦的 u, x, y 就变成 $u, x, 1$ (将 $\frac{u}{y}, \frac{x}{y}$ 看成新的 u, x 便可). 根据①、②、⑦式,我们可以得到:
$$Ax \leqq b, \quad x \geqq \mathbf{0}; \quad uA > c, \quad u \geqq \mathbf{0},$$
这就意味着,x 和 u 是可行解.

根据③和定理 3.6.1, 我们可以得到:
$$c \cdot x = u \cdot b.$$
对于任意可行解 $\bar{x}$, 根据定理 3.6.1, 有
$$c \cdot x = u \cdot b \geqq c \cdot \bar{x}$$

成立.从而,满足①至⑦的 x 就是问题 (M) 的最优解.同样地,对于任意可行解 $\bar{u}$,根据定理 3.6.1,有
$$\bar{u} \cdot b \geqq c \cdot x = u \cdot b$$
成立.从而,得到的 u 就是问题 (m) 的最优解.

第二种情况 $(y=0)$ 时:

现在,设 $\bar{x}$ 是问题 (M) 的可行解,根据②、⑥,有
$$0 = yc \cdot \bar{x} \leqq uA\bar{x} \leqq u \cdot b < c \cdot x \qquad ⑧$$
成立.进而,我们再设 $\bar{u}$ 是问题 (m) 的可行解,根据①,有
$$0 = y\bar{u} \cdot b \geqq \bar{u}Ax \geqq c \cdot x \qquad ⑨$$
成立.从而,在满足上述设定的问题 (M) 和 (m) 均可行的条件下,我们可以获得以下的结果:
$$0 < c \cdot x \leqq 0.$$
这显然是不成立的.从而,(M) 和 (m) 中至少有一方不是可行的.

首先,设 (M) 可行而 (m) 不可行.这就意味着⑧式成立,即:
$$c \cdot x > 0,$$
从而,x 不可能是零向量.设 λ 是任意的正数,因 $\bar{x}$ 是可行解,所以,$\bar{x}+\lambda x$ 也是可行解.实际上,由于
$$\bar{x} + \lambda x \geqq \mathbf{0},$$
并且根据①,有
$$Ax \leqq yb = \mathbf{0}$$
成立,故而
$$A(\bar{x} + \lambda x) = A\bar{x} + \lambda Ax \leqq A\bar{x} \leqq b$$
成立.因为 λ 是任意的正数,$\bar{x}+\lambda x$ 是可行解,$c \cdot x > 0$,所以
$$\text{当 } \lambda \to \infty \text{ 时,} \quad c \cdot (\bar{x} + \lambda x) = c \cdot \bar{x} + \lambda c \cdot x \to \infty,$$
从而,问题 (M) 没有解.

其次,设 (m) 可行而 (M) 不可行.此时,同样地意味⑨式成立,即:
$$0 \geqq c \cdot x,$$
根据⑥式,有:
$$0 > u \cdot b$$
成立.设 μ 是任意的正数,因 $\bar{u}$ 是可行解,所以,$\bar{u}+\mu u$ 也是可行解.实际上,由于
$$\bar{u} + \mu u \geqq \mathbf{0},$$
根据②,有
$$uA \geqq \mathbf{0}$$
成立,故而
$$(\bar{u} + \mu u)A = \bar{u}A + \mu Au \geqq \bar{u}A \geqq c$$

成立. 因为 μ 是任意的正数, $\bar{u}+\mu u$ 是可行解, $0>u\cdot b$, 所以

$$当 \mu\to\infty 时, \quad (\bar{u}+\mu u)\cdot b=\bar{u}\cdot b+\mu u\cdot b\to\infty.$$

从而, 问题 (m) 没有最优解.

综上所述, 当 $y=0$ 时, 如果 (M) 可行, 则 (m) 不可行, (M) 无最优解; 另外, 如果 (m) 可行, 则 (M) 不可行, (m) 无最优解. 故而, 当 $y=0$ 时, 问题 (M) 和 (m) 中有一方不可行.

而当 $y>0$ 时, 根据上述的第一种情况, 问题 (M) 和 (m) 均可行. 作为对偶命题, 可以归纳如下:

"$y>0$" $\Longleftrightarrow$ "问题 (M) 和 (m) 可行."

"$y=0$" $\Longleftrightarrow$ "问题 (M) 和 (m) 中有一方不可行."

从而, 我们可以很快地得到以下的定理, 在此, 省去证明的过程.

定理 3.6.3 在问题 (M) 和 (m) 两者都有最优解, 或者两者都无最优解的两种情形中, 只会出现其中的一种. 在问题 (M) 和 (m) 两者都有解的情形下, 问题 (M) 的最大值等于问题 (m) 中的最小值.

下面的定理被称为"对偶定理"(duality theorem).

定理 3.6.4(对偶定理) 在问题 (M) 中可行解 $\hat{x}$ 是最优解的命题与在问题 (m) 中存在可行解 $\hat{u}$, 并使得 $c\cdot\hat{x}=\hat{u}\cdot b$ 成立的命题是等价的. 另外, 在问题 (m) 中可行解 $\hat{u}$ 是最优解的命题与在问题 (M) 中存在可行解 $\hat{x}$, 使得 $c\cdot\hat{x}=\hat{u}\cdot b$ 成立的命题等价.

证明 满足 (3.6.1) 式的 u,x,y 满足①至⑦. 如果 $y=0$, 问题 (M) 可行, 则 (M) 中不存在最大值. 所以, 如果 $\hat{x}$ 是问题 (M) 的最优解, 那么, 一定是 $y>0$. 此时, 如同我们对第一种情况讨论, 可以考虑成 $\hat{u},x,1$ 满足①至⑦. 根据第一种情况讨论, $\hat{u}$ 是可行解, x 是最优解. 故而,

$$c\cdot\hat{x}=c\cdot x=\hat{u}\cdot b.$$

反之, 设存在可行解 $\hat{x}$ 和 $\hat{u}$, 使得 $c\cdot\hat{x}=\hat{u}\cdot b$. 如果 x 为任意的可行解向量, 根据定理 3.6.1, 有

$$c\cdot\hat{x}=\hat{u}\cdot b\geq c\cdot x$$

成立. 这就意味着 $\hat{x}$ 是问题 (M) 的最优解.

而定理的后半部分的证明与前半部几乎相同, 省略.

另外, 根据定理 3.6.3 之前的讨论, 我们可以很容易地证明以下的定理, 这里省去证明过程.

定理 3.6.5(存在定理) 问题 (M) 和 (m) 具有最优解的充分必要条件是它们分别有可行解.

§3.7 产业关联论

一、产业关联论

决策部门在制定经济政策时,要考虑国民经济整体的流程,同时还要考虑到农业、钢铁、服务、通信、物流等个别产业的情况. 消费者、家庭、企业、政府等经济主体都有各自的经济计划,在经济学的理论中要研究实施这些计划的整体协调性. 解决这些问题,需要用到后面章节中介绍的"一般均衡理论". 这里,我们暂且在给出需求向量的前提下,从计算各产业活动水平的角度,研究"产业关联论" (input output analysis inter industrial relation).

设产业的种类数为 n(正整数),各产业部门的要素投入和产出之间的"相互依存关系"(mutual interdependence)可用以下规格为 $n \times n$ 的矩阵 A 来表示:

$$A = \begin{bmatrix} a_{11} & a_{12} & \cdots & a_{1n} \\ a_{21} & a_{22} & \cdots & a_{2n} \\ \vdots & \vdots & \ddots & \vdots \\ a_{n1} & a_{n2} & \cdots & a_{nn} \end{bmatrix}.$$

此时,第 i 行、第 j 列的要素 a_{ij} 表示的是第 j 产业生产 1 个单位产品时第 i 产业的要素投入量. 对于第 j 产业而言,矩阵 A 的第 j 列就是为生产 1 个单位 j 产品所需要的全要素投入量.

现在,设第 i 产业部门的产出量以非负实数 x_i 表示,则产出量的向量 $x \in R^n$ 定义为:

$$x = \begin{bmatrix} x_1 \\ x_2 \\ \vdots \\ x_n \end{bmatrix}.$$

另外,设产业外部对于部门 i 的需求为 f_i,如下定义需求向量 $f \in R^n$:

$$f = \begin{bmatrix} f_1 \\ f_2 \\ \vdots \\ f_n \end{bmatrix}.$$

f 被称为"最终需求向量"(final demand vector). 对于第 i 产业部门,生产和需求的平衡可以由下式表示:

$$x_i = \sum_{j=1}^{n} a_{ij} x_j + f_i \quad (i = 1, 2, \cdots, n),$$

右边的 $a_{ij}x_j$ 表示的是当第 j 部门生产水平为 x_j 时,第 i 部门所必要的投入量. 全产业的产出水平为 $x_1, x_2, \cdots, x_n$ 时,$\sum_{j=1}^{n} a_{ij}x_j$ 是第 i 产业的产业内的要素投入量,再加上 f_i 就成为对第 i 产业的总需求量,它与左边的 x_i 相等,就意味着对于第 i 产业的产品需求和供给处在相等状态. 这样的状态可以简洁地表示成:

$$x = Ax + f. \tag{3.7.1}$$

我们将 A 称为"投入产出系数表"(input coefficient table),最先将投入产出系数表用于计量经济学领域的是美籍俄国人经济学家里昂惕夫.

假设我们已经做成了某一年度的投入产出系数表. 此时,因同时测算各产业的产出水平和最终需求向量,故存在使得(3.7.1)式成立的 $x \geqq \mathbf{0}$ 和 $f \geqq \mathbf{0}$,使用做成的投入产出系数表,在最终需求向量 f 有各种变化的时候,就应该能计算各产业的均衡生产水平. 这是一个看上去很简单的问题,但要完全解决它却并非那么容易. 如果 $I-A$ 有逆矩阵,可以将(3.7.1)式改写成:

$$(I - A)x = f, \tag{3.7.2}$$

$$x = (I - A)^{-1} f. \tag{3.7.3}$$

这样,几乎可以立即得到结论. 这里,I 是规格为 $n \times n$ 的单位矩阵,$(I-A)^{-1}$ 是 $I-A$ 的逆矩阵. 但是,问题是最终需求向量 f 有各种变化时,我们是否能够得到与此对应的、作为非负向量的均衡产出水平?解决这个问题,则关系到逆矩阵 $(I-A)^{-1}$ 的各要素是否为非负的问题. 我们将在以下的篇幅中给出答案.

二、非负矩阵

我们将要素为非负的矩阵称为"非负矩阵". 设 A 是规格为 $n \times n$ 的非负方阵;并且对于向量

$$\widetilde{f} = \begin{bmatrix} \widetilde{f}_1 \\ \widetilde{f}_2 \\ \vdots \\ \widetilde{f}_n \end{bmatrix} \in R_{++}^n,$$

存在一非负向量

$$\widetilde{x} = \begin{bmatrix} \widetilde{x}_1 \\ \widetilde{x}_2 \\ \vdots \\ \widetilde{x}_n \end{bmatrix} \in R_+^n$$

使得方程式
$$(I - A)\tilde{x} = \tilde{f} \tag{3.7.4}$$
成立. 下面将要在以上前提下, 讨论对于任意的非负向量 $f \in R_+^n$, 是否存在满足方程式
$$(I - A)x = f \tag{3.7.5}$$
的 n 维非负向量解 x 的问题.

定理 3.7.1 如果给出的非负方阵 A 和向量 $\tilde{f} \in R_{++}^n$ 有满足方程(3.7.4) 的非负解 $\tilde{x} \in R_+^n$, 则对于非负向量 $f \in R_+^n$, 方程式(3.7.5)有非负解 $x \in R_+^n$.

证明 采用数学归纳法. 当 $n=1$ 时, 显然定理是成立的.

假设从 2 至 $n-1$ 定理成立. 因为
$$\tilde{x}_n = \sum_{j=1}^{n} a_{nj}\tilde{x}_j + \tilde{f}_n, \quad (1 - a_{nn})\tilde{x}_n = \sum_{j=1}^{n-1} a_{nj}\tilde{x}_j + \tilde{f}_n,$$
所以
$$1 - a_{nn} > 0.$$
即
$$\tilde{x}_n = \sum_{j=1}^{n-1} \frac{a_{nj}}{1 - a_{nn}}\tilde{x}_j + \frac{\tilde{f}_n}{1 - a_{nn}},$$
将这个值代入下式
$$\tilde{x}_i = \sum_{j=1}^{n} a_{ij}\tilde{x}_j + \tilde{f}_i \quad (i = 1, 2, \cdots, n-1)$$
便可得到:
$$\begin{cases} \tilde{x}_i = \sum_{j=1}^{n-1} b_{ij}\tilde{x}_j + \tilde{\gamma}_i, & (i = 1, 2, \cdots, n-1) \\ b_{ij} = a_{ij} + \dfrac{a_{in} \cdot a_{nj}}{1 - a_{nn}}, & (i, j = 1, 2, \cdots, n-1) \\ \tilde{\gamma}_i = \dfrac{a_{in} \cdot \tilde{f}_n}{1 - a_{nn}} + \tilde{f}_i, & (i = 1, 2, \cdots, n-1) \end{cases} \tag{3.7.6}$$

因为(3.7.6)是满足归纳假定的, 故对于任意的非负向量
$$\gamma = \begin{bmatrix} \gamma_1 \\ \gamma_2 \\ \vdots \\ \gamma_{n-1} \end{bmatrix}$$
有非负解

$$x = \begin{bmatrix} x_1 \\ x_2 \\ \vdots \\ x_{n-1} \end{bmatrix},$$

从而,对于任意的非负向量

$$f = \begin{bmatrix} f_1 \\ f_2 \\ \vdots \\ f_n \end{bmatrix}.$$

如下定义

$$\hat{\gamma}_i = \frac{a_{in} \cdot f_n}{1 - a_{nn}} + f_i, \quad (i = 1, 2, \cdots, n-1)$$

则方程式

$$x_i = \sum_{j=1}^{n} b_{ij} x_j + \hat{\gamma}_i \quad (i = 1, 2, \cdots, n-1)$$

有非负解 $(\hat{x}_1, \cdots, \hat{x}_{n-1})$. 如果定义

$$\hat{x}_n = \sum_{j=1}^{n-1} \frac{a_{nj}}{1 - a_{nn}} \hat{x}_j + \frac{f_n}{1 - a_{nn}},$$

则

$$x = \begin{bmatrix} \hat{x}_1 \\ \vdots \\ \hat{x}_{n-1} \\ \hat{x}_n \end{bmatrix}$$

就是方程式(3.7.5)的非负解. ∎

定理 3.7.2 设非负方阵 A、正向量 $\tilde{f} \in R_{++}^n$ 和非负向量 $\tilde{x} \in R_+^n$ 满足 (3.7.4)式,则 $I - A$ 有非负的逆矩阵.

证明 不失一般性,设定理 3.7.1 的证明中使用的非负向量 f 是第 i 要素为 1、其他要素为 0 的非负向量,将定理 3.7.1 的证明过程对于 $i = 1, 2, \cdots, n$ 的场合进行反复论证,就可以得到非负的逆矩阵. ∎

定理 3.7.3 给出非负方阵 A,设 μ 是大于 A 的各行之和的最大值的任意实数,即:

$$\mu > \max_{i=1,2,\cdots,n} \sum_{j=1}^{n} a_{ij}$$

时,$\mu I - A$ 具有非负的逆矩阵.

证明 首先,设:

$$\widetilde{x} = \begin{bmatrix} 1 \\ 1 \\ \vdots \\ 1 \end{bmatrix}, \quad \widetilde{f} = \begin{bmatrix} \mu - \sum_{j=1}^{n} a_{1j} \\ \mu - \sum_{j=1}^{n} a_{2j} \\ \vdots \\ \mu - \sum_{j=1}^{n} a_{nj} \end{bmatrix}.$$

我们来确认它们满足以下的等式:
$$(\mu I - A)\widetilde{x} = \widetilde{f}.$$

其次,定理 3.7.1 是针对 $(I-A)\widetilde{x} = \widetilde{f}$ 的形式展开证明的,用相同的方法确认对于 $(\mu I - A)\widetilde{x} = \widetilde{f}$ 亦成立即可. ∎

附录 弗罗贝尼乌斯定理*

在这一部分中,我们介绍一个非负矩阵的性质.但因本书的顺序安排上的原因,我们会遇到一些现在还没有介绍的内容.对于这些内容,我们将在后面的章节里进行介绍,望读者参阅相应的后续部分;或者请读者在学习完后面的有关部分后,再回来阅读本附录.

定义 3.7.1 将满足 $Ax = \mu x (x \neq 0)$ 的 μ 称为矩阵 A 的"特征值"(eigen value),x 称为矩阵 A 的"特征向量"(eigen vector).设 A 为非负方阵,如果满足 $Ax = \mu x$ 的 $\mu \in R_+$, $x \geq 0$,则称 μ 为"弗罗贝尼乌斯根".

定理 3.7.4(弗罗贝尼乌斯定理) 非负矩阵 A 具有满足
$$Ax = \mu x \tag{3.7.7}$$
的 $\mu \in R_+$, $x \neq 0$.

证明 为了使证明简单化,首先,在假设
$$a_{ij} > 0 \quad (i, j = 1, 2, \cdots, n)$$
的前提下证明本定理的成立;然后,再说明即使去掉这个假设本定理依然成立的理由.

如下定义一个集合:
$$M = \{\mu \in R_+ \mid 存在 x \in S^{n-1}, 使得 \mu x \leq Ax\},$$
这里
$$S^{n-1} = \left\{ x \in R_+^n \;\Big|\; \sum_{i=1}^{n} x_i = 1 \right\}.$$

集合 M 是非空上有界集合,因为如果 $0 \in M$, $\mu \in M$,则

附录 弗罗贝尼乌斯定理*

$$\mu \leqq \sum_{i=1}^{n} \sum_{j=1}^{n} a_{ij} x_j \leqq n\bar{a}$$

成立. 这里,

$$\bar{a} = \max\{a_{ij} | i, j = 1, 2, \cdots, n\}.$$

此时,上方有界实数的子集 M 存在上限(最小上界)$\hat{\mu}$. 下面, 就证明 $\hat{\mu} \in M$. 根据定义,对于 $v = 1, 2, \cdots$,存在点列 $\mu_v \in M$ 及与 μ_v 联动的点列 $x_v \in S^{n-1}$ 收敛于 $\hat{\mu}$,并且满足下式:

$$\mu_v x_v \leqq A x_v, \quad (v = 1, 2, \cdots)$$

从而, S^{n-1} 是紧集(有关紧集定义、性质等内容请参阅后续第 5 章的有关部分). 根据紧集的性质,存在适当的部分点列和其收敛点 $\hat{x} \in S^{n-1}$,使得

$$\hat{\mu}\hat{x} \leqq A\hat{x}$$

成立. 下面定义两个集合:

$$I_< = \left\{ i \mid \hat{\mu}\hat{x}_i < \sum_{j=1}^{n} a_{ij}\hat{x}_j \right\},$$

$$I_= = \left\{ i \mid \hat{\mu}\hat{x}_i = \sum_{j=1}^{n} a_{ij}\hat{x}_j \right\}.$$

我们的目的就是要证明 $I_<$ 为空集. 很显然, $I_=$ 不是空集. 这是因为如果 $I_=$ 是空集,则可以在 M 中获得大于 $\hat{\mu}$ 的元素,这就与 $\hat{\mu}$ 是 M 的上限相矛盾.

我们用反证法证明 $I_<$ 是空集. 假设 $I_<$ 不是空集. 此时,对于 $i \in I_=$, $\hat{x}_i$ 保持不变;对于 $i \in I_<$,则对 $\hat{x}_i$ 加上一个充分小的正数 $\varepsilon > 0$. 因为 ε 充分小,故对于 $i \in I_<$,有:

$$\hat{\mu}(\hat{x}_i + \varepsilon) < \sum_{j \in I_<} a_{ij}(\hat{x}_j + \varepsilon) + \sum_{j \in I_=} a_{ij}\hat{x}_j$$

成立,并且假定对于 $i \in I_=$,所有的 a_{ij} 都是正值,故有

$$\hat{\mu}\hat{x}_i < \sum_{j \in I_<} a_{ij}(\hat{x}_j + \varepsilon) + \sum_{j \in I_=} a_{ij}\hat{x}_j$$

成立. 此时,如果我们再假定

$$\tilde{x}_i = \frac{\hat{x}_i + \varepsilon}{s}, \quad i \in I_<,$$

$$\tilde{x}_i = \frac{\hat{x}_i}{s}, \quad i \in I_=,$$

$$s = \sum_{j \in I_<} (\hat{x}_j + \varepsilon) + \sum_{j \in I_=} \hat{x}_j,$$

则有

$$\hat{\mu}\tilde{x} < A\tilde{x}$$

成立,但这与 $\hat{\mu}$ 的定义矛盾. 故 $I_<$ 是空集.

最后,可以将非负矩阵看成是由所有元素为正的矩阵近似地得到,将由近似

矩阵得到的结论用紧集的性质和函数连续性加以补充,就可以得到本定理的结论.

习 题

A 组

1. 计算行列式 $D = \begin{vmatrix} x & y & x+y \\ y & x+y & x \\ x+y & x & y \end{vmatrix}$

2. 计算 $D_n = \begin{vmatrix} 1 & 3 & \cdots & 3 & 3 \\ 3 & 2 & \cdots & 3 & 3 \\ \vdots & \vdots & \ddots & \vdots & \vdots \\ 3 & 3 & \cdots & n-1 & 3 \\ 3 & 3 & \cdots & 3 & n \end{vmatrix}$

3. 解方程组 $\begin{cases} x_1 + a_1 x_2 + a_1^2 x_3 + \cdots + a_1^{n-1} x_n = 1, \\ x_1 + a_2 x_2 + a_2^2 x_3 + \cdots + a_2^{n-1} x_n = 1, \\ x_1 + a_3 x_2 + a_3^2 x_3 + \cdots + a_3^{n-1} x_n = 1, \\ \cdots\cdots\cdots\cdots\cdots\cdots \\ x_1 + a_n x_2 + a_n^2 x_3 + \cdots + a_n^{n-1} x_n = 1. \end{cases}$

4. 设 A, B 为 n 阶方阵, $E + AB$ 可逆, 试证明:
$$E + BA \text{ 可逆且 } (E + BA)^{-1} = E - B(E + AB)^{-1}.$$

5. 用伴随矩阵求其逆矩阵
$$A = \begin{bmatrix} 1 & 2 & -3 \\ 0 & 1 & 2 \\ 0 & 0 & 1 \end{bmatrix}, \quad B = \begin{bmatrix} 1 & 1 & 1 & 1 \\ 1 & 1 & -1 & -1 \\ 1 & -1 & 1 & -1 \\ 1 & -1 & -1 & 1 \end{bmatrix}.$$

B 组

1. 已知 $A = \begin{bmatrix} 1 & 0 & -1 \\ 2 & 1 & 4 \\ -3 & 2 & 5 \end{bmatrix}, B = \begin{bmatrix} 1 & -2 & 3 \\ -1 & 3 & 0 \\ 0 & 5 & 2 \end{bmatrix}$,

求: (1) $2AB - 3A^2$; (2) AB^T; (3) $|-3A|$.

2. 试证明: (1) 若 A 是正定矩阵, A^{-1} 也是正定矩阵;

(2) 若 A, B 是正定矩阵, $A + B$ 也是正定矩阵.

3. 设线性方程组 $\begin{cases} x_1 + x_2 + 2x_3 + 3x_4 = 1, \\ x_1 + 3x_2 + 6x_3 + x_4 = 3, \\ 3x_1 - x_2 - kx_3 + 15x_4 = 3, \\ x_1 - 5x_2 - 10x_3 + 12x_4 = 1, \end{cases}$ k 取何值时, 方程组有唯一解.

4. 求空间的四个平面 $a_i x + b_i y + c_i z + d_i = 0, i = 1, 2, 3, 4$, 相交于一点的条件.

5. 讨论 a,b 取什么值时,下列方程组有唯一解,无限多解,无解.

(1) $\begin{cases} ax_1+x_2+x_3=4, \\ x_1+bx_2+x_3=3, \\ x_1+2bx_2+x_3=4; \end{cases}$

(2) $\begin{cases} x_1+x_2+x_3+x_4+x_5=1, \\ 3x_1+2x_2+x_3+x_4-3x_5=a, \\ 5x_1+4x_2+3x_3+3x_4-x_5=b, \\ x_2+2x_3+2x_4+6x_5=3; \end{cases}$

(3) $\begin{cases} ax+y+z=m, \\ x+ay+z=n, \\ x+y+az=p. \end{cases}$

第四章 连续性与微分

在前面的章节中,我们介绍了消费者和生产者的行为可以用需求函数和供给函数来表示,而在价格变化时,消费者和生产者的行为可以用这些函数的微分来解释,所以要对这样的分析中所用的微分的有关知识进行解说. 在经济分析中,是以经济主体行动的连续性为前提的. 例如,我们在分析消费者和企业行为时,一般地都假定表示消费者偏好的效用函数和表示企业生产技术的生产函数是连续的;在以图形表示需求曲线和供给曲线并进行种种经济分析时,也是假定需求函数和供给函数是连续的,等等. 故在本章的第一节中,首先介绍连续的概念,并介绍了中间值定理. 为了加深对函数连续性的理解,我们将导入"拓扑"的数学概念. 拓扑学是研究集合与映射的基本性质的学科,要完整地掌握拓扑学的知识则需要以较高深的数学知识为基础,考虑到我们所设定的本书读者群的情况,在第一节中,仅介绍与本书所涉及的经济学内容有关的欧几里得空间拓扑的基本知识.

紧集是拓扑学中最为重要的概念之一. 在第二节中,主要介绍紧集的内容,它与后面章节中的分离定理等有密切的关系. 另外,作为这一节最重要的定理,在这一节还将介绍维尔斯托拉斯定理.

我们知道微分学是经济学基础知识的重要组成部分. 为了更好地反映经济学的意义,本章的第三节中,将通过以向量为自变量的函数对多变量的一般函数和复合函数的微分进行解说. 从内容安排的顺序上,按单变量函数的微分、多变量函数的偏微分、全微分、一般情况下的微分、复合函数的微分的顺序进行介绍. 在单变量函数的微分的部分,介绍了罗尔定理、中值定理等重要的定理.

在本章的第三节中介绍二阶微分和海塞矩阵,它们在经济学中有着重要的应用;在这一节的最后部分,还对凸函数和凹函数的性质进行了解说.

§4.1 连续性和若干拓扑的概念

一、连续的概念

(一) 点列

自然数的集合记为 $N=\{1,2,3,\cdots\}$. 对于各顺序号 $k \in N$,以一组向量的点列 $x^k \in R^n$ 与之相对应,称之为空间 R^n 内的"点列". 将点列记为 $\{x^k \mid k \in N\}$,或

§4.1 连续性和若干拓扑的概念   67

$\{x^k\}$,或更简单地记为 x^k.

现在,设 x^k 是空间 R^n 内的点列,x^0 是空间 R^n 内的点.对于任意的 $\varepsilon>0$,存在顺序号 $\bar{k}$,当 $k>\bar{k}$ 时,有 $d(x^k,x^0)<\varepsilon$ 成立,就称点列 x^k 向 x^0 "收敛".将点列 x^k 收敛于 x^0 用符号表记为

$$\lim_{k\to\infty} x^k = x^0,$$

或者

$$x^k \to x^0,$$

此时,将 x^0 称为点列 x^k 的"极限".图 4.1 就表现了二维空间点列 x^k 收敛于 x^0 的一种情况.

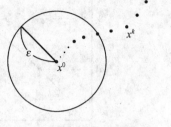

图 4.1 点列的收敛

(二) 连续

设函数为 $f: X \to R^m, X \subset R^n, x^0 \in X$.若对于收敛于 x^0 的点列 $x^k, f(x^k)$ 也收敛于 $f(x^0)$,即:如果 $x^k \to x^0$ 时,则 $f(x^k) \to f(x^0)$,就称 f 是"在点 x^0 处连续"的.如果函数 f 在其定义域 X 中的每一个点都是连续的,则称函数 f 是"连续函数".如图 4.2 的(a)是连续函数的图形,(b)则是不连续的函数图形.

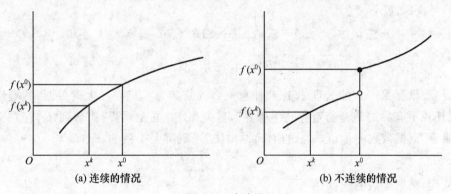

图 4.2 连续性

定理 4.1.1(中间值定理) 如果函数 $f:[a,b] \to R$ 是连续函数,$f(a) \leqslant f(b)$,对于在 $f(a)$ 和 $f(b)$ 之间的任意一个值 y,存在 $c \in [a,b]$,使得

$$f(c) = y$$

成立.

证明 定理的内容请参考图 4.3,以下给出定理的证明.作两个数列 $\{a_k\}$ 和 $\{b_k\}$,使得:

(1) $a_0=a, b_0=b$;

(2) 对于 a_{k-1} 和 b_{k-1},它们的下一项 a_k 和 b_k 则定义为:

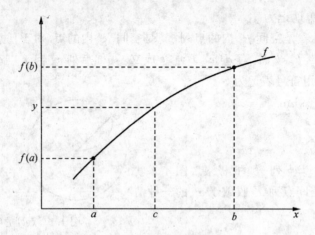

图 4.3 中间值定理

如果 $f\left(\dfrac{a_{k-1}+b_{k-1}}{2}\right) > y$,则 $a_k = a_{k-1}, b_k = \dfrac{a_{k-1}+b_{k-1}}{2}$;

如果 $f\left(\dfrac{a_{k-1}+b_{k-1}}{2}\right) \leqq y$,则 $a_k = \dfrac{a_{k-1}+b_{k-1}}{2}, b_k = b_{k-1}$.

这样,就有
$$a \leqq a_1 \leqq a_2 \leqq \cdots \leqq a_k \leqq \cdots \leqq b_k \leqq \cdots \leqq b_2 \leqq b_1 \leqq b,$$
$$b_k - a_k = \frac{b-a}{2^k}$$

成立. 根据第一章的公理 1.1.1 "任意上有界的集合一定存在上确界"和其推论"任意下有界的集合必定存在下确界",数列 $\{a_k\}$ 存在上确界,而数列 $\{b_k\}$ 存在下确界. 根据数列的构造,$\{a_k\}$ 的上确界和 $\{b_k\}$ 下确界是一致的,即:
$$\lim_{k\to\infty} a_k = c = \lim_{k\to\infty} b_k.$$

从而,根据函数的连续性,
$$y \leqq \lim_{k\to\infty} f(b_k) = f(c) = \lim_{k\to\infty} f(a_k) \leqq y.$$

从而,定理得证.

二、欧几里得空间的拓扑

在这里,我们介绍一些基本的拓扑思想,并利用它们建立一些有关的集合,得出关于一些从一个集合到另一个集合的连续函数的一些结论.

(一) 开集和闭集

在空间 R^n 中,给出点 $x \in R^n$ 和适当的实数 $\varepsilon > 0$,定义如下的集合:
$$B(x, \varepsilon) = \{y \mid d(x, y) < \varepsilon\}.$$

集合 $B(x,\varepsilon)$ 被称为以点 x 为球心、ε 为半径的"球",并称包含球 $B(x,\varepsilon)$ 的 R^n 的任意子集为点 x 的"近旁",表记为 $N(x)$. 图 4.4 表示的是二维空间中的集合 $B(x,\varepsilon)$,它是圆的内部.

设 U 为空间 R^n 的子集,对于各点 $x\in U$,存在实数 $\varepsilon>0$,使得 $B(x,\varepsilon)\subset U$ 时,集合 U 被称为"开集"(open set). 在图 4.5 中,集合 U 是开集,如同点 z 那样处于边界上的点就不包含在集合 U 之中.

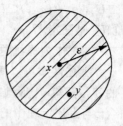

图 4.4 球 $B(x,\varepsilon)$

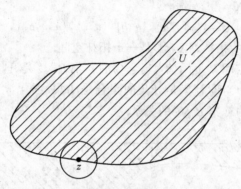

图 4.5 开集

例 4.1.1 证明:整个空间 R^n 是一个开集.

证明 如果我们取 R^n 任意一点 x 与任意的 $\varepsilon>0$,根据开球的定义,集合 $B(x,\varepsilon)$ 当然是由整个空间 R^n 中的点所组成,因而 $B(x,\varepsilon)\subset R^n$,所以 R^n 是一个开集. ∎

将所有的开集作为元素的集合以 Γ 表示,则:$\Gamma=\{U\subset R^n|U$ 是开集$\}$,关于开集有以下的性质:

定理 4.1.2 开集的集合 Γ 有以下的性质:

(1) $\varnothing\in\Gamma, R^n\in\Gamma$;

(2) 如果 $U_1\in\Gamma, U_2\in\Gamma,\cdots, U_k\in\Gamma$,则 $U_1\cap U_2\cap\cdots\cap U_k\in\Gamma$;

(3) 对于所有的 $\lambda\in\Lambda$,如果 $U_\lambda\in U$,则 $\bigcup_{\lambda\in\Lambda}U_\lambda\in\Gamma$.

证明 (1) 对于 $\varnothing\in\Gamma$,因空集里没有元素,故找不到形成 $B(x,\varepsilon)\subset\varnothing$ 的球的点 x,也就是空集 $\varnothing$ 并不违反开集的定义,其自身就是开集. 另外,关于 $R^n\in\Gamma$,空间 R^n 包含任意的球,故也是开集.

(2) 设 $x\in U_1\cap U_2\cap\cdots\cap U_k$,则 $x\in U_1, x\in U_2,\cdots, x\in U_k$. 因为 $U_1, U_2,\cdots, U_k$ 是开集,故存在实数 $\varepsilon_1>0, \varepsilon_2>0,\cdots, \varepsilon_n>0$,使得 $B(x,\varepsilon_1)\subset U_1, B(x,\varepsilon_2)\subset U_2,\cdots, B(x,\varepsilon_k)\subset U_k$ 成立. 取 $\varepsilon_1,\varepsilon_2,\cdots,\varepsilon_n$ 中的最小的值,就有 $B(x,\varepsilon)\subset U_1, B(x,\varepsilon)$

$\subset U_2,\cdots,B(x,\varepsilon)\subset U_k$,即:$B(x,\varepsilon)\subset U_1\cap U_2\cap\cdots\cap U_k$ 成立. 从而,$U_1\cap U_2\cap\cdots\cap U_k$ 是开集.

(3) 作为练习题,请读者完成. ∎

上述性质可以简单地概括成:有限个开集的共同部分是开集,任意个开集的和是开集. 一般地,对于以某一个集合 S 和以 S 的开子集为元素的集合 ϖ,集合 ϖ 与上述定理中的集合 Γ 有相同性质(1)、(2)、(3)时,称 (S,ϖ) 为"拓扑空间"(topology space),集合 ϖ 称为 S 上的"拓扑"(topology),所以,(R^n,Γ) 就是一个拓扑空间.

例 4.1.2 设 $X=\{a,b,c\}$,令
$$\varpi=\{\varnothing,\{a\},\{a,b\},\{a,c\},\{a,b,c\}\},$$
不难验证 ϖ 是 X 上的拓扑,(X,ϖ) 是一个拓扑空间.

现在,设 G 是空间 R^n 的子集,集合 G 的补集 $R^n\backslash G$ 是开集时,集合 G 就被称为"闭集"(closed set),即补集是开集的集合是闭集. 图 4.6 表示的是二维空间 R^2 中集合 G 和 G 的补集 $R^2\backslash G$ 的关系.

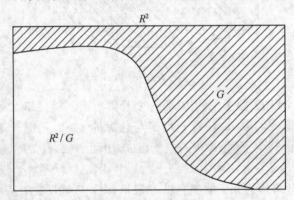

图 4.6 开集和闭集

将所有的闭集作为元素的集合以 Ξ 表示,则:
$$\Xi=\{G\subset R^n\mid G\text{ 是闭集}\},$$
与上面的定理相对应,关于闭集有以下的性质:

定理 4.1.3 闭集的集合 Ξ 有以下的性质:

(1) $\varnothing\in\Xi,R^n\in\Xi$;

(2) 如果 $G_1\in\Xi,G_2\in\Xi,\cdots,G_k\in\Xi$,则 $G_1\cup G_2\cup\cdots\cup G_k\in\Xi$;

(3) 对于所有的 $\lambda\in\Lambda$,如果 $G_\lambda\in\Xi$,则 $\bigcap_{\lambda\in\Lambda}G_\lambda\in\Xi$.

证明 欲证明一个集合是闭集,只要证明这个集合的补集是开集即可. 由于
$$R^n=R^n\backslash\varnothing,\quad \varnothing=R^n\backslash R^n,$$
故根据定理 4.1.1 的(1),可以得到本定理(1)的证明. 现在,根据定理 1.1.2,有

以下的等式成立：
$$R^n \setminus (G_1 \cup G_2 \cup \cdots \cup G_k) = (R^n \setminus G_1) \cap (R^n \setminus G_2) \cap \cdots \cap (R^n \setminus G_k),$$
$$R^n \setminus \bigcap_{\lambda \in \Lambda} G_\lambda = \bigcup_{\lambda \in \Lambda} (R^n \setminus G_\lambda).$$

据此，由定理 4.1.2(2)和(3)，可以证明本定理的(2)和(3)，略. ∎

正如上述定理所述，空集 $\varnothing$ 和空间全体的集合 R^n 是闭集. 另外，有限个闭集的并集是闭集，任意个闭集的共同部分是闭集.

下面的定理是根据点列来揭示的闭集性质.

定理 4.1.4 集合 $G \subset R^n$ 是闭集的充分必要条件是：集合 G 内的任意的点列如果是收敛的，它的极限必然属于 G.

证明 （必要性）设集合 $G \subset R^n$ 是闭集，集合 G 内的点列 x^k 收敛于点 x^0. 下面采用反证法证明：假设 $x^0 \notin G$，即：$x^0 \in R^n \setminus G$. 集合 G 是闭集，故其补集 $R^n \setminus G$ 是开集，从而，存在实数 $\varepsilon > 0$, $B(x^0, \varepsilon) \subset R^n \setminus G$. 因点列 x^k 收敛于点 x^0, 对于一个充分大的顺序号 k, 有 $x^k \in B(x^0, \varepsilon)$. 从而，对顺序号 k 有 $x^k \in R^n \setminus G$, 即 $x^k \notin G$. 这样，就与点列 x^k 在 G 内的条件矛盾，故 $x^0 \notin G$ 的假设不成立.

（充分性）反之，设在集合 G 内运动的任意的点列是收敛的，其极限必然在 G 之中. 此时，采用反证法，假设集合 G 不是闭集，即：补集 $R^n \setminus G$ 不是开集. 从而，存在点 $x^0 \in R^n \setminus G$, 对于任意的实数 $\varepsilon > 0$, 有 $B(x^0, \varepsilon) \subset R^n \setminus G$ 不成立. 故对于各顺序号 $k = 1, 2, \cdots$ 如存在如同 $x^k \in B\left(x^0, \dfrac{1}{k}\right)$ 且 $x^k \notin R^n \setminus G$ 那样的点 x^k, 点列 x^k 在 G 内，并收敛于 x^0, 故 $x^0 \in G$, 但是，这与 $x^0 \notin G$ 相矛盾. 所以，集合 G 是闭集. ∎

（二）闭包，内部，边界和外部

对于集合 $X \subset R^n$, 可以定义以下的集合：
$$\mathrm{cl} X = \bigcap_{X \subset G \in \Xi} G, \quad \mathrm{int} X = \bigcup_{U \subset X, U \in \Gamma} U,$$
$$\mathrm{bd} X = \mathrm{cl} X \setminus \mathrm{int} X, \quad \mathrm{ext} X = R^n \setminus \mathrm{cl} X,$$

这里，集合 $\mathrm{cl} X$ 是包含集合 X 的最小闭集，被称为集合 X 的"闭包"(closure)；集合 $\mathrm{int} X$ 是包含于 X 的最大开集，被称为集合 X 的"内部"(interior)；集合 $\mathrm{bd} X$ 是 X 的"边界"(boundary)；集合 $\mathrm{ext} X$ 是 X 的"外部"(exterior).

例 4.1.3 设 X 是内部非空的凸集，试证明：$\mathrm{int}(\mathrm{cl}) X = \mathrm{int} X$.

证明 因为 $X \subseteq \mathrm{cl} X$, 所以显然有：
$$\mathrm{int} X \subseteq \mathrm{int}(\mathrm{cl}) X.$$
反之，假设 X 是内部非空的凸集合并且 $x \in \mathrm{int}(\mathrm{cl}) X$, 则 x 不是 $\mathrm{cl} X$ 边界上的点，根据本章的练习 B 的 1，可以得知，x 也不是 X 边界上的点. 故 x 是 X 的闭包点，而 $\mathrm{cl} X = \mathrm{int} X \cup \mathrm{bd} X$, 因此，$x$ 是 X 的内点. ∎

定理 4.1.5 设集合 $X \subset R^n$, $x \in \text{cl} X$ 的充分必要条件是：对于任意的实数 $\varepsilon > 0$, 存在点 $z \in X$ 使得 $\|z - x\| < \varepsilon$.

证明 （必要性）设 $x \in \text{cl} X$, 以点 x 为球心、ε 为半径的球用 $B(x, \varepsilon)$ 来表示，假设 $B(x, \varepsilon) \cap X = \emptyset$. 此时, $X \subset [R^n \backslash B(x, \varepsilon)]$. 由于 $R^n \backslash B(x, \varepsilon)$ 是闭集，根据闭包的定义，有 $\text{cl} X \subset [R^n \backslash B(x, \varepsilon)]$, 故, $x \notin B(x, \varepsilon)$, 出现矛盾. 从而, 存在 $x \in B(x, \varepsilon) \cap X$, 也就是：对于任意的实数 $\varepsilon > 0$, 存在点 $z \in X$ 使得 $\|z - x\| < \varepsilon$.

（充分性）反之, 对于点 $x \in R^n$, 假设 "对于任意的实数 $\varepsilon > 0$, 存在点 $z \in X$ 使得 $\|z - x\| < \varepsilon$" 成立. 根据这个假设, 对于任意的各顺序号 $k = 1, 2, \cdots$ 存在 $x^k \in X$ 使得 $\|x^k - x\| < \frac{1}{k}$. 由于 $X \subset \text{cl} X$, 对于各 k, 有 $x^k \in \text{cl} X$, 并且各点列 x^k 收敛于 x. 从而, 根据集合 $\text{cl} X$ 是闭集的定理 4.1.4, 得知 $x \in \text{cl} X$. ■

（三）相对拓扑与直积拓扑

设集合 X 是空间 R^n 的子集. 从空间 R^n 的位置, 可以如下的方式对集合 X 给出拓扑: 以集合 V 表示集合 X 的子集, 存在开集 $U \subset R^n$, 当 $V = X \cap U$ 时, 称集合 V 是"在集合 X 上是开的"; 存在闭集 $G \subset R^n$, 当 $V = X \cap G$ 时, 称集合 V 是"在集合 X 上是闭的". 将由集合 X 给出的拓扑称为"相对拓扑"(relative topology).

一般地, 由集合 S 和其拓扑 Ξ 的组对表示的拓扑空间 (S, Ξ), 可以给出集合 $X \subset S$ 的相对拓扑:
$$\Xi_X = \{V | V = X \cap U, U \in \Xi\}.$$
此时, 称拓扑空间 (X, Ξ_X) 为拓扑空间 (S, Ξ) 的"子空间". 从而, 如果给出空间 R^n 的子集 X 的相对拓扑, 就成为空间 R^n 的子空间.

设集合 X 是空间 R^n 的子集, 集合 Y 是空间 R^m 的子集. 对于直积 $X \times Y$ 可以给出以下的拓扑: 将集合 W 作为集合 $X \times Y$ 的子集, 对于各点 $(x, y) \in W$, 存在集合 X 上开的集合 $U \subset X$ 和集合 Y 上开的集合 $V \subset Y$, 使得
$$(x, y) \in U \times V \subset W$$
成立时, 集合 W 称为"在集合 $X \times Y$ 上是开的". 直积 $X \times Y$ 给出的拓扑被称为"直积拓扑"(product topology); 集合 $X \times Y$ 成为拓扑空间, 称为空间 X 和空间 Y 的"直积空间".

三、连续函数

设函数 $f: X \to Y, X \subset R^n, Y \subset R^m$. 对于集合 $V \subset Y$, 定义以下的集合：
$$f^{-1}(V) = \{x \in X | f(x) \in V\},$$
集合 $f^{-1}(V)$ 称为集合 V 的"逆映射". 在本章的开始部分, 我们给出了连续函数的定义, 以下的两个定理将通过闭集或开集来定义函数的连续性.

定理 4.1.6 函数 $f: X \to Y$ 连续的充分必要条件是：在 Y 上为闭的任意集合 V 的逆映射 $f^{-1}(V)$ 在 X 上是闭的.

证明 （必要性）假定函数 $f: X \to Y$ 是连续的. 现在,将集合 V 作为在 Y 上是闭的集合,于是,存在 R^m 上闭的集合 G,使得：
$$V = Y \cap G,$$
故有下式成立：
$$f^{-1}(V) = f^{-1}(Y \cap G) = f^{-1}(G). \qquad ①$$
根据定义,$X \supset f^{-1}(G)$ 且 $\mathrm{cl}f^{-1}(G) \supset f^{-1}(G)$,故 $\{X \cap \mathrm{cl}f^{-1}(G)\} \supset f^{-1}(G)$ 成立. 为了揭示这个逆的包含关系,设 $x^0 \in X \cap \mathrm{cl}f^{-1}(G)$. 根据闭包的定义,$f^{-1}(G)$ 内存在点列 x^k 收敛于 x^0. 这里,假定
$$y^0 = f(x^0), \quad 及 \quad y^k = f(x^k) \quad (k = 1, 2, \cdots).$$
根据函数 f 的连续性,点列 y^k 收敛于 y^0. 点列 y^k 在集合 G 内,而 G 是闭集,根据定理 4.1.4,$y^0 \in G$. 从而,$x^0 \in f^{-1}(G)$,故逆的包含关系成立,可以得到：
$$\{X \cap \mathrm{cl}f^{-1}(G)\} = f^{-1}(G). \qquad ②$$
根据①和②,集合 $f^{-1}(V)$ 可以表示 $X \cap \mathrm{cl}f^{-1}(G)$,故其在 X 上是闭集.

（充分性）反之,对于在 Y 上为闭的任意集合 V 的逆映射 $f^{-1}(V)$,我们以 $f^{-1}(V)$ 在 X 上是闭为论证的前提,并设集合 X 内的点列 x^k 收敛于 $x^0 \in X$. 这里,假定
$$y^0 = f(x^0), \quad 及 \quad y^k = f(x^k) \quad (k = 1, 2, \cdots),$$
作为反证法的假定,点列 y^k 不收敛于 $y^0 \in Y$. 即：存在实数 $\varepsilon > 0$,对于无限个 k,有
$$\|y^k - y^0\| \geq \varepsilon$$
成立. 不失一般性,对于点列 y^k 的所有 k,可以假定 $\|y^k - y^0\| \geq \varepsilon$,成立. 定义集合 V 如下：
$$V = Y \cap \{y \in R^n \mid \|y - y^0\| \geq \varepsilon\},$$
于是,$y^0 \notin V$,$y^k \in V$. 另外,因为集合 V 在 Y 上为闭,根据前提,$f^{-1}(V)$ 在 X 为闭,即：R^n 上存在闭集 F,
$$X \cap F = f^{-1}(V)$$
成立. 最后,因 $y^k \in V$,故 $x^k \in f^{-1}(V) \subset F$. 从而,根据定理 4.1.4,$x^0 \in F$. 根据上述的关系,可以得知：$x^0 \in f^{-1}(V)$,即
$$y^0 = f(x^0) \in V,$$
这与 $y^0 \notin V$ 相矛盾. 本定理获证. ∎

定理 4.1.7 函数 $f: X \to Y$ 连续的充分必要条件是：在 Y 上为开的任意集合 V 的逆映射 $f^{-1}(V)$ 在 X 上是开的.

证明 对于任意的集合 V,有:
$$X \backslash f^{-1}(V) = f^{-1}(Y \backslash V)$$
成立. 从而,"在 Y 上为开的任意集合 V 的逆映射 $f^{-1}(V)$ 在 X 上是开的"的命题与"在 Y 上为闭的集合 $Y \backslash V$ 的逆映射 $f^{-1}(Y \backslash V)$ 在 X 上是闭的"的命题是等价的. 故根据定理 4.1.6, 本定理得证. ∎

§4.2 紧　集

一、有界集合

集合 $X \subset R^n$, 存在实数 b, 对于任意的点 $x \in X$, 当 $\|x\| \leqq b$ 时, 称集合 X 是"有界"的. 另外, 在给出点列时, 选择该点列的一部分点(无限个)组成一个新的点列, 称新点列为原点列的"子点列". 新点列的取法如下:

设 N 为自然数的集合, $N = \{1, 2, \cdots\}$. 从点列 x^k 的顺序号 k 中选择一部分, 其选择方法由一个函数 $f: N \to N$ 给出. 这个函数具有:"如果 $j < j'$, 则 $f(j) < f(j')$"的性质. 根据这个函数可以决定顺序号:
$$f(1), f(2), f(3), \cdots.$$
这些号码是由点列 x^k 的顺序号 k 中选出的. 此时, 对于各 $j (=1, 2, \cdots)$, 定义: $y^j = x^{f(j)}$, 于是, 点列 y^j 就是 x^k 的子点列.

定理 4.2.1 空间 R^n 内的有界点列有收敛的子点列.

证明 首先, 对 $n=1$ 的情况进行证明. 设实数的点列 x^k 是有界的. 则存在实数 a_1, b_1, 对于任意的 k, 有 $a_1 \leqq x^k \leqq b_1$ 成立.

将区间 $[a_1, b_1]$ 二等分, 得到 2 个区间: $[a_1, c_1]$ 和 $[c_1, b_1]$, 这里 $c_1 = \dfrac{b_1 + a_1}{2}$. 在这两个区间中, 至少有一个包含无限个点列 x^k 的元素, 选择这个包含无限个元素的区间, 并用 $[a_2, b_2]$ 表记(注意: 如果两个区间都包含无限个元素, 那么, 无论选哪一个区间都可以); 将区间 $[a_2, b_2]$ 二等分, 选择 x^k 的无限个元素所在的区间, 表记为 $[a_3, b_3]$; 如此循环这个步骤, 于是得到区间的列:
$$[a_1, b_1], [a_2, b_2], [a_3, b_3], \cdots.$$

其次, 在点列 x^k 的元素中, 选择点 $x^{k_1} \in [a_1, b_1]$, 以 $y^1 = x^{k_1}$; 选择点 $x^{k_2} \in [a_2, b_2]$, 以 $y^2 = x^{k_2}$, 这里 $k_1 < k_2$. 循环此步骤, 得到子点列 y^k. 从点列的选取方法可以知道:
$$a_1 \leqq a_2 \leqq \cdots \leqq a_k \leqq y^k \leqq b_k \leqq \cdots \leqq b_2 \leqq b_1,$$
$$b_k - a_k = \dfrac{b_1 - a_1}{2^{k-1}}.$$

数列 $\{a_k\}$ 和 $\{b_k\}$ 存在极限,且以下的关系成立:
$$\lim_{k\to\infty}a_k = \lim_{k\to\infty}b_k = \lim_{k\to\infty}y^k,$$
这意味着存在收敛的子点列 y^k.

在一般的情况下,空间 R^n 内的点列的各点 x^k 是 n 维向量,在选取子点列时可以首先选择向量 x^k 的第一成分收敛的子点列,然后选择第二成分收敛的子点列,…,循环这个步骤,可以得到向量 x^k 的所有成分都收敛的子点列. 定理得证. ∎

二、紧集

在集合 $X \subset R^n$ 上,X 内的任意点列有收敛于 X 内的点的子点列时,称集合 X 为"紧集"(compact set).

例 4.2.1 两个实数 a,b 满足 $a \leq b$,试证明:闭区间 $[a,b]$ 是紧集.

证明 区间 $[a,b]$ 内的任意点列是有界的,根据定理 4.2.1,有收敛的子点列. 进而因区间 $[a,b]$ 是闭集,故根据定理 4.1.4,收敛的子点列属于 $[a,b]$,命题得证. ∎

定理 4.2.2 空间 R^n 的子集是紧集的充分必要条件是该子集为有界且闭的集合.

证明 (必要性)设集合 $X \subset R^n$ 是紧集. 根据定理 4.1.4 和紧集的定义,可知集合 X 是闭集. 其次,假设集合 X 不是有界的. 于是,存在集合 X 内的点列 x^k,使得
$$\lim_{k\to\infty} \|x^k\| = +\infty,$$
对于这样的点列 x^k 的子点列 y^k,也有
$$\lim_{k\to\infty} \|y^k\| = +\infty.$$
所以,无论什么样的子点列都不收敛. 这与集合 X 为紧集的前提是矛盾的.

(充分性)设集合 $X \subset R^n$ 为有界且闭的集合. 根据有界性和定理 4.2.1,对于集合 X 内的任意点列,都存在收敛的子点列. 进而,根据集合 X 的闭性和定理 4.1.4,收敛的子点列的极限属于集合 X. 本定理得证. ∎

下面,给出紧集的两个例子,它们可以用于许多有关紧集的证明上.

(1) $S_n = \left\{ x \in R^n \,\Big|\, \sum_{i=1}^n x_i = 1, x_i \geq 0 \ (i=1,2,\cdots) \right\}$;

(2) $C_n = \{ x \in R^n \mid \|x\| = 1 \}$.

集合 S_n 被称为"单位单体"(unit simplex),集合 C_n 被称为"单位圆周"(unit circle). 在 1 维、2 维和 3 维的情况下,集合 S_n 分别为:S_1 是点,S_2 是线段,S_3 为三角形;集合 C_n 分别为:C_1 是 2 个点,C_2 是圆周,C_3 是球面. 具体的图例请参考

图 4.7.

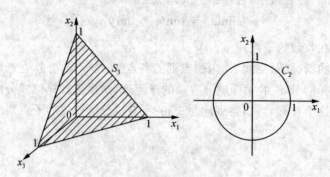

图 4.7　单体和圆周

定理 4.2.3　如果两个子集 $X \subset R^n, Y \subset R^m$ 是紧集,则其直积 $X \times Y$ 亦为紧集.

证明　留作练习,由读者完成.

三、连续映射

设函数 $f: X \to Y, X \subset R^n, Y \subset R^m$. 对于集合 $U \subset X$,定义集合：
$$f(U) = \{y \in Y | y = f(x), x \in U\}.$$
此时,称集合 $f(U)$ 是集合 U 的"映射". 特别地,连续函数的映射,被称为"连续映射".

定理 4.2.4　设函数 $f: X \to Y$ 是连续函数,如果其定义域是紧集,则映射集合 $f(X)$ 也是紧集.

证明　设 y^k 是 $f(X)$ 内的点列. 即：对于各 $k, y^k \in f(X)$. 根据映射集合 $f(X)$ 的定义,对于各点 y^k,存在点 $x^k \in X$,使得 $y^k = f(x^k)$ 成立. 如此做成的点列 x^k,是紧集 X 内的点,故可以选择子点列收敛于集合 X 内. 为了表记上的方便,用相同的记号 x^k 表示这个子点列,它的极限设为 x^0.

对应于子点列 x^k,可以选择点列 y^k 的子点列. 同样地,为了表记上的方便,用记号 y^k 表示它的子点列.

另外,如果设 $y^0 = f(x^0)$,则 $y^0 \in f(X)$. 此时,因为函数 f 是连续的,所以有：
$$\lim_{k \to \infty} y^k = \lim_{k \to \infty} f(x^k) = f(x^0) = y^0$$
成立. 从而,最初的点列 y^k 具有向集合 $f(X)$ 内的点 y^0 收敛的子点列. 根据最初的点列的任意性,可以得知集合 $f(X)$ 是紧集. 定理得证. ∎

定理 4.2.5（维尔斯托拉斯定理）　设 $X \subset R^n$ 是非空的紧集,如果函数 $f: X \to R$ 是连续函数,则函数 f 在 X 上有最大值和最小值,即：存在点 $\underline{x}, \overline{x} \in X$,对

于任意的 $x \in X$，有 $f(\underline{x}) \leq f(x) \leq f(\bar{x})$ 成立.

证明 根据定理 4.2.4，映射的集合 $f(X)$ 是紧集，从而，由定理 4.2.2 可知，$f(X)$ 是有界的闭集. 根据公理 1.1.1，有界实数的集合 $f(X)$ 存在上确界 $\sup f(X)$. 根据上确界的定义，在集合 $f(X)$ 内，有收敛于上确界 $\sup f(X)$ 的点列，即：对于各 k，存在使得 $a^k \in f(X)$ 的点列 a^k，有 $\lim\limits_{k \to \infty} a^k = \sup f(X)$. 映射 $f(X)$ 是闭集，根据定理 4.1.4 可知 $\sup f(X) \in f(X)$. 从而，存在点 $\bar{x}$，使得 $\sup f(X) = f(\bar{x})$ 成立. 同样地可以证明，对于集合 $f(X)$，存在下确界 $\inf f(X)$，并存在点 $\underline{x}$，使得 $\inf f(X) = f(\underline{x})$ 成立. 根据上确界和下确界的定义，对于任意的 $x \in X$，有 $\inf f(X) \leq f(x) \leq \sup f(X)$ 成立，故定理得证. ∎

对于维尔斯托拉斯定理，可以用定义域为一维空间的图 4.8 来说明它的几何意义. 在该图中，$f: R \to R$ 是连续的实数值函数. (a) 中的 $X = [1, 2]$ 是闭的、有界的，也是紧集. 由于 f 是连续的，它的极小值 $f(\underline{x})$ 与极大值 $f(\bar{x})$ 分别与映射集合 $f(X)$ 内的下确界与上确界相等. 此外，我们考虑另外一种情况，即 (b) 所示的情况. 我们设定义域的子集是 $X' = (1, 2)$，它不是紧集，它是有界的，但它并不是一个闭集. 显然，此时在 X' 并不存在 f 的极小值或极大值. 由于 X' 是开的，我们可以无限地接近开区间的任何一个端点，但不会达到端点. 这样的变动被分别映射到 f 的较低值或较高值，但不会达到极小值或极大值.

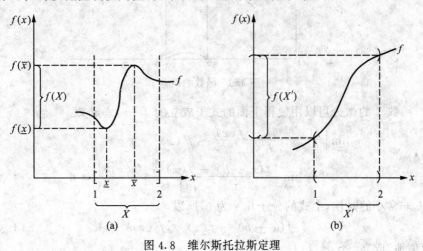

图 4.8 维尔斯托拉斯定理

§4.3 微 分

一、单变量的微分

变量 x, y 为实数，并且满足关系：$y = f(x)$. 如图 4.8，在点 x 处，x 变化为 h

时的变化率为：
$$\frac{f(x+h)-f(x)}{h}. \tag{4.3.1}$$

设 $h \to 0$ 时，上式的极限存在，即：对于任意的 $\varepsilon > 0$，存在实数 $\delta > 0$，如果 $|h| < \delta$，有使得不等式 $\left|\frac{f(x+h)-f(x)}{h} - a\right| < \varepsilon$ 成立的 a 存在，就称函数 f 在"点 x 处可微"，将 a 称为函数 f 的"导数"。记为：f'，或 $\frac{\mathrm{d}f}{\mathrm{d}x}$，或 $\frac{\mathrm{d}y}{\mathrm{d}x}$ 等。即：

$$f'(x) = \lim_{h \to 0} \frac{f(x+h)-f(x)}{h}.$$

函数 f 的图像正如图 4.9 所示。(4.3.1)式的值就是图中直线 AB 的斜率，当 h 趋向于零时，其值近似于函数 f 的图像上的 A 点的切线斜率。即：导数 $f'(x)$ 表示的是函数 f 的斜率。

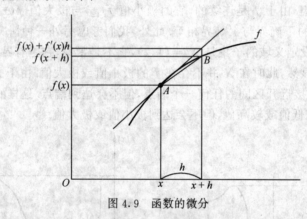

图 4.9 函数的微分

函数 f 的微分可以用使得下面的式子成立的 $f'(x)$ 来定义：

$$\lim_{h \to 0} \left|\frac{f(x+h)-f(x)}{h} - f'(x)\right|$$

$$= \lim_{h \to 0} \frac{|f(x+h)-f(x)-f'(x)h|}{|h|} = 0 \tag{4.3.2}$$

当 h 非常小的时候，上式的分子几乎为 0，所以

$$f(x+h) - f(x) = f'(x)h \tag{4.3.3}$$

"近似地"成立。令

$$\mathrm{d}x = h, \quad \mathrm{d}y = f(x+h) - f(x),$$

我们就可以用变量 x 的无穷小变化 $\mathrm{d}x$ 表示 f 的无穷小变化 $\mathrm{d}y$：

$$\mathrm{d}y = f'(x)\mathrm{d}x.$$

我们称 $\mathrm{d}y$ 和 $\mathrm{d}x$ 为 y 和 x 的"微分"。求微分 $\mathrm{d}y$ 的过程也被称为"微分"。而这个过程与求导数 $\frac{\mathrm{d}y}{\mathrm{d}x}$ 是共生的，故而通常将"微分"一词用于对 x 的求导。

定理 4.3.1[罗尔(Rolle)定理] 设函数 $f:[a,b]\to R$ 是 $[a,b]$ 上定义的连续函数，在开区间 (a,b) 上可微. 如果
$$f(a)=f(b)=K$$
则存在 $c\in(a,b)$, 使得
$$f'(c)=0$$
成立.

证明 由于 $f:[a,b]\to R$ 是连续的，根据定理 4.2.5 的维尔斯托拉斯定理可知，f 在 $[a,b]$ 上达到最大值 M 和最小值 L，从而有
$$M\geqq K\geqq L$$
成立. 并且，如果
$$M=f(c_1)>K,$$
则 $c_1\in(a,b)$. 进而，对于使得 $c_1\pm h\in(a,b)$ 的 $h(>0)$, 有
$$\frac{f(c_1+h)-f(c_1)}{h}\leqq 0,\quad \frac{f(c_1-h)-f(c_1)}{-h}\geqq 0$$
同时成立. 当 h 趋近于 0 时，下式成立：
$$f'(c_1)=0.$$
此时，c_1 是所求的实数. 另外，如果
$$K>L=f(c_2),$$
同样地可以得到
$$f'(c_2)=0$$
成立. 最后，如果
$$M=K=L,$$
无论对任何的 $x\in(a,b)$，都有
$$f'(x)=0$$
成立，故而定理得证. ∎

定理 4.3.2(中值定理) 连续函数 $f:[a,b]\to R$ 在各点 $x\in(a,b)$ 可微，则存在点 $c\in(a,b)$，使得下式成立：
$$f'(c)=\frac{f(b)-f(a)}{b-a}.$$

证明 图 4.10 给出了中值定理的几何解释，以下进行证明. 首先，设
$M=\frac{f(b)-f(a)}{b-a}, a_0=a, b_0=b.$

其次定义 $\{a_k\}$ 和 $\{b_k\}$ 两个数列：对于使得
$$M=\frac{f(b_{k-1})-f(a_{k-1})}{b_{k-1}-a_{k-1}}$$

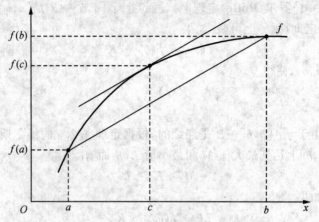

图 4.10 中值定理

的 a_{k-1} 和 b_{k-1}，它们的下一项 a_k 和 b_k 如下定义：

设 $h_{k-1}=\dfrac{b_{k-1}-a_{k-1}}{2}$，并定义函数 $g_{k-1}:[a_{k-1},a_{k-1}+h_{k-1}]\to R$：

$$g_{k-1}(x)=\frac{f(x+h_{k-1})-f(x)}{h_{k-1}},$$

于是可以得到：

$$\frac{1}{2}[g_{k-1}(a_{k-1})+g_{k-1}(a_{k-1}+h_{k-1})]$$
$$=\frac{f(a_{k-1}+h_{k-1})-f(a_{k-1})}{2h_{k-1}}+\frac{f(b_{k-1})-f(a_{k-1}+h_{k-1})}{2h_{k-1}}$$
$$=M.$$

从而，由 M 是 $g_{k-1}(a_{k-1})$ 和 $g_{k-1}(a_{k-1}+h_{k-1})$ 之间的数值这一事实，并根据定理 4.1.1，存在 $a_k\in[a_{k-1},a_{k-1}+h_{k-1}]$，使得

$$g_{k-1}(a_k)=\frac{f(a_k+h_{k-1})-f(a_k)}{h_{k-1}}=M,$$

进而，设 $b_k=a_k+h_{k-1}$．

对于数列 $\{a_k\}$ 和 $\{b_k\}$，根据其构建方法，可以知道

$$a\leq a_1\leq a_2\leq\cdots\leq a_k\leq\cdots b_k\leq\cdots\leq b_2\leq b_1\leq b,$$
$$b_k-a_k=\frac{b-a}{2^k}$$

成立. 根据实数的连续性，存在数列 $\{a_k\}$ 的上确界和数列 $\{b_k\}$ 的下确界，另外，根据数列的构建方法，它们应该是一致的，并且是该两数列的极限. 即：

$$\lim_{k\to\infty}a_k=c=\lim_{k\to\infty}b_k,$$

进而，

$$\left| \frac{f(b_k) - f(a_k)}{b_k - a_k} - f'(c) \right|$$

$$= \left| \frac{b_k - c}{b_k - a_k} \frac{f(b_k) - f(c)}{b_k - c} + \frac{c - a_k}{b_k - a_k} \frac{f(c) - f(a_k)}{c - a_k} - f'(c) \right|$$

$$\leq \frac{b_k - c}{b_k - a_k} \left| \frac{f(b_k) - f(c)}{b_k - c} - f'(c) \right| + \frac{b_k - c}{b_k - a_k} \left| \frac{f(c) - f(a_k)}{c - a_k} - f'(c) \right|$$

$$\leq \left| \frac{f(b_k) - f(c)}{b_k - c} - f'(c) \right| + \left| \frac{f(c) - f(a_k)}{c - a_k} - f'(c) \right|.$$

根据函数 f 可微的条件，有下式成立：

$$\lim_{k \to \infty} \left| \frac{f(b_k) - f(c)}{b_k - c} - f'(c) \right| = 0,$$

$$\lim_{k \to \infty} \left| \frac{f(c) - f(a_k)}{c - a_k} - f'(c) \right| = 0.$$

从而，可以得到：

$$\lim_{k \to \infty} \left| \frac{f(b_k) - f(a_k)}{b_k - a_k} - f'(c) \right| = 0,$$

故得到：

$$f'(c) = \lim_{k \to \infty} \frac{f(b_k) - f(a_k)}{b_k - a_k} = M = \frac{f(b) - f(a)}{b - a}.$$

定理得证. ∎

二、偏微分与全微分

(一) 偏微分

当 y 的取值依存于 n 个变量：$x_1, x_2, \cdots, x_n$ 时，函数关系式可以写成：

$$y = f(x_1, x_2, \cdots, x_n).$$

如果函数 f 关于 x_i 可微，就称函数 f 关于 x_i "可偏微分"，称这个微分为函数 f 关于 x_i 的 "偏导函数" 或 "偏微分"，记为：f_i，或 $\frac{\partial f}{\partial x_i}$，或 $\frac{\partial y}{\partial x_i}$ 等，即：

$$f_i(x_1, x_2, \cdots, x_n) = \lim_{h \to 0} \frac{f(x_1, \cdots, x_{i-1}, x_i + h, x_{i+1}, \cdots, x_n) - f(x_1, \cdots, x_n)}{h}.$$

(二) 全微分

将 $x_1, x_2, \cdots, x_n$ 的各个变量的变化的量记为 $h_1, h_2, \cdots, h_n$ ($\sqrt{h_1^2 + h_2^2 + \cdots + h_n^2} \neq 0$). 对于 n 个数 $a_1, a_2, \cdots, a_n$，考虑下面的算式：

$$\frac{|f(x_1 + h_1, \cdots, x_n + h_n) - f(x_1, \cdots, x_n) - a_1 h_1 - \cdots - a_n h_n|}{\sqrt{h_1^2 + \cdots + h_n^2}}.$$

(4.3.4)

当各个变量的变化量 $h_1, h_2, \cdots, h_n$ 同时趋向 0,上式的极限存在并且为零时,就称函数 f 是"可全微分"的. 这样的定义可以理解成将(4.3.2)式一般化后得到的.

根据偏微分和全微分的定义,可以知道:如果函数是可全微分的,则函数 f 对于 $x_1, x_2, \cdots, x_n$ 均可偏微分. 此时,
$$a_i = f_i(x_1, x_2, \cdots, x_n),$$
所以,变分 $h_1, h_2, \cdots, h_n$ 很小时,(4.3.4)式的分子几乎为 0,故近似地有:
$$f(x_1 + h_1, \cdots, x_n + h_n) - f(x_1, \cdots, x_n)$$
$$= f_1(x_1, \cdots, x_n)h_1 + \cdots + f_n(x_1, \cdots, x_n)h_n.$$
在这个式子中,令
$$\mathrm{d}x_i = h_i,$$
$$\mathrm{d}y = f(x_1 + h_1, \cdots, x_n + h_n) - f(x_1, \cdots, x_n)$$
则上面的等式就可以写成:
$$\mathrm{d}y = f_1(x_1, \cdots, x_n)\mathrm{d}x_1 + \cdots + f_n(x_1, \cdots, x_n)\mathrm{d}x_n. \tag{4.3.5}$$
$\mathrm{d}y$ 就称为函数 f 的"全微分".

例 4.3.1 求函数 $y = x_1^4 + x_2^4 - 4x_1^2 x_2^2$ 的一阶偏微分和全微分.

解 关于 x_1 的偏微分:$\dfrac{\partial y}{\partial x_1} = 4x_1^3 - 8x_1 x_2^2$,

关于 x_2 的偏微分:$\dfrac{\partial y}{\partial x_2} = 4x_2^3 - 8x_1^2 x_2$,

全微分为:$\mathrm{d}y = (4x_1^3 - 8x_1 x_2^2)\mathrm{d}x_1 + (4x_2^3 - 8x_1^2 x_2)\mathrm{d}x_2$.

三、一般条件下的微分

设 U 是 R^n 的子集,函数 $f: U \to R^m$,并且在 $x \in U$ 处,存在实数 $\varepsilon > 0$,对于 $\|h\| < \varepsilon$ 的所有 $h \in R^n$,都有 $x + h \in U$,即:点 x 是定义域 U 中的点,此时,存在规格为 $m \times n$ 的 A 矩阵,使得
$$\lim_{h \to 0} \frac{\|f(x+h) - f(x) - Ah\|}{\|h\|} = 0 \tag{4.3.6}$$
成立,就称函数 f 在点 x 处"可微". 这个可微的定义是对(4.3.2)式单变量情况的一般化定义. (4.3.6)式中的矩阵 A 就被称为函数 f 在点 x 处的"微分"或"导函数",在习惯上又称其为"雅可比(Jacobi)矩阵". 将 A 表示成:$\partial f(x)$,或 $Df(x)$,或 $\dfrac{\partial f}{\partial x}$ 等. ∂f 中的 (i, j) 元素则表示成 $f_{ij}(x)$,或 $\dfrac{\partial f_i}{\partial x_j}$ 等,即:
$$\partial f(x) = \begin{bmatrix} f_{11}(x) & f_{12}(x) & \cdots & f_{1n}(x) \\ f_{21}(x) & f_{22}(x) & \cdots & f_{2n}(x) \\ \vdots & \vdots & \ddots & \vdots \\ f_{m1}(x) & f_{m2}(x) & \cdots & f_{mn}(x) \end{bmatrix}.$$

如果 x 的变化部分 h 充分小,则(4.3.6)式的分子几乎为零,故可以近似地得到:
$$f(x+h) - f(x) = \partial f(x)h. \qquad (4.3.7)$$
从而,微分 $\partial f(x)$ 是在点 x 的近旁,将函数 f 的变化以线性函数近似.

设函数 $f: U \to R^m$,在所有的点 $x \in U$ 处可微,此时,微分 $\partial f(x)$ 的 $m \times n$ 个元素 $f_{ij}(x)$ 就成为集合 U 中点 x 的函数. 从而,这样的对应关系可以看成从集合 U 到空间 $R^{m \times n}$ 的函数:
$$x \in U \to \partial f(x) \in R^{m \times n}.$$
这个函数以 $\partial f: U \to R^{m \times n}$ 表示. 函数 $f: U \to R^m$ 是可微的,并且当微分 $\partial f: U \to R^{m \times n}$ 是连续函数时,函数 $f: U \to R^m$ 就被称为"连续可微"的函数.

定理 4.3.3 函数 $f: U \to R^m$ 在点 $x \in U$ 处可微,则它在 $x \in U$ 处连续.

证明 函数 f 在点 $x \in U$ 处可微,根据(4.3.6)式,点 $h \in R^n$ 向 **0** 收敛时,分母的 $\|h\|$ 向 0 收敛,因此,分子 $\|f(x+h) - f(x) - \partial f(x)h\|$ 也必向 0 收敛. 而 $\partial f(x)h$ 是 h 的连续函数,故向 **0** 收敛. 从而,$f(x+h)$ 向 $f(x)$ 收敛. 即:函数 f 在点 x 处连续. ∎

四、复合函数的微分

设两个函数为 $f: U \to R^m$ 和函数 $g: V \to R^l$. 这里,$U \subset R^n$,$V \subset R^m$,对于任意的 $x \in U$,有 $f(x) \in V$. 将函数 $g \cdot f: U \to R^l$ 定义为:
$$g \cdot f(x) = g(f(x)).$$
此时,我们称 $g \cdot f$ 为函数 f 和函数 g 的"复合函数". 图 4.11 表示了函数 f 和函数 g 的"复合"过程.

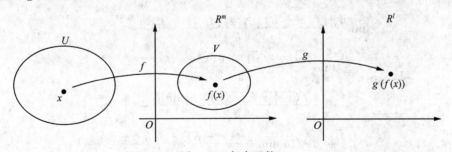

图 4.11 复合函数

例 4.3.2 设 $f(x) = \sin x$,则 $g = \ln f$,就是一个复合函数. 此时,$g \cdot f(x) = \ln \sin x$.

定理 4.3.4 如果函数 f 在点 $x \in U$ 处可微,函数 g 在点 $f(x)$ 处可微,则复合函数 $g \cdot f$ 在点 $x \in U$ 处可微,并且

成立.

证明 设 $v=f(x+h)-f(x), y=f(x), \|h\|>0$.

根据函数 f 和 g 的可微性,存在规格为 $m\times n$ 的矩阵 A 和规格为 $l\times m$ 的矩阵 B,使得

$$\lim_{h\to 0}\frac{\|f(x+h)-f(x)-Ah\|}{\|h\|}=0,$$

$$\lim_{h\to 0}\frac{\|g(y+v)-g(y)-Bv\|}{\|v\|}=0 \qquad (4.3.8)$$

成立. 进而,根据定理 3.2.2 的(3),得到下面的不等式:

$$\|g(f(x+h))-g(f(x))-BAh\|$$
$$=\|g(y+v)-g(y)-Bv+B[f(x+h)-f(x)-Ah]\|$$
$$\leq \frac{\|g(y+v)-g(y)-Bv\|}{\|v\|}\|v-Ah+Ah\|$$
$$+\|B[f(x+h)-f(x)-Ah]\|$$
$$\leq \frac{\|g(y+v)-g(y)-Bv\|}{\|v\|}$$
$$\cdot (\|f(x+h)-f(x)-Ah\|+\overline{A}\sqrt{mn}\|h\|)$$
$$+\overline{B}\sqrt{lm}\|f(x+h)-f(x)-Ah\|,$$

这里,$\overline{A}$ 和 $\overline{B}$ 分别表示矩阵 $\overline{A}$ 和 $\overline{B}$ 的成分的绝对值的最大值. 另外,$\|v\|=0$ 时,上述的不等式的最后项中的第一项不存在. 从而,根据上面的不等式和 (4.3.8)式,可以得到:

$$\lim_{h\to 0}\frac{\|g(f(x+h))-g(f(x))-BAh\|}{\|h\|}$$
$$\leq \lim_{h\to 0}\frac{\|g(y+v)-g(y)-Bv\|}{\|v\|}$$
$$\cdot \left(\frac{\|f(x+h)-f(h)-Ah\|}{\|h\|}+\overline{A}\sqrt{mn}\right)$$
$$+\overline{B}\sqrt{lm}\lim_{h\to 0}\frac{\|f(x+h)-f(h)-Ah\|}{\|h\|}$$
$$=0,$$

即:复合函数 $g\cdot f$ 的微分等于 BA,定理得证. ∎

例 4.3.3 在例 4.3.2 中,$g\cdot f(x)=\ln\sin x$,试求 $g'\cdot f(x)$.

解 根据定理 4.3.4,有:

$$g'\cdot f(x)=g'(f(x))f'(x)=(1/\sin x)\cos x=\operatorname{ctan}x.$$

§4.4 二阶微分

一、梯度和海塞矩阵

(一) 梯度

设函数 $f: U \to R$,是以 $U \subset R^n$ 为定义域的实数值函数,函数 f 在所有的点 $x \in U$ 处可微时,微分 $\partial f(x)$ 是 n 维行向量:

$$\partial f(x) = [f_1(x)\ f_2(x)\ \cdots\ f_n(x)].$$

将向量 $\partial f(x)$ 转置,得到一个列向量:

$$[f'(x)]^T = \begin{bmatrix} f_1(x) \\ f_2(x) \\ \vdots \\ f_n(x) \end{bmatrix}.$$

称 $[f'(x)]^T$ 为在函数 f 点 x 处的"梯度"(gradient),以 $\mathrm{grad} f(x)$ 表记.

(二) 海塞矩阵

设 $U \subset R^n$,函数 $f: U \to R$ 在点 $x \in U$ 处可微. 由于微分 $\partial f(x)$ 是 n 维行向量,将其转置后就可以定义从集合 U 到空间 R^n 的函数:

$$x \in U \to [f'(x)]^T = \begin{bmatrix} f_1(x) \\ f_2(x) \\ \vdots \\ f_n(x) \end{bmatrix} \in R^n.$$

把它表记成 $\partial f: U \to R^n$,此时,进一步将函数 $\partial f: U \to R^n$ 作为在 $x \in U$ 处可微的函数,函数 ∂f 在点 $x \in U$ 处的微分用 $\partial^2 f$ 或 $D^2 f$ 标记,称之为"二阶微分",或"二阶导函数". 二阶微分 $\partial^2 f(x)$ 是一个 n 阶方阵,它的 (i,j) 元素以 $f_{ij}(x)$ 或 $\dfrac{\partial^2 f_i}{\partial x_i \partial x_j}$ 表记,即以

$$\partial^2 f(x) = \begin{bmatrix} f_{11}(x) & f_{12}(x) & \cdots & f_{1n}(x) \\ f_{21}(x) & f_{22}(x) & \cdots & f_{2n}(x) \\ \vdots & \vdots & \ddots & \vdots \\ f_{n1}(x) & f_{n2}(x) & \cdots & f_{nn}(x) \end{bmatrix}$$

来表示,函数 f 的二阶微分 $\partial^2 f(x)$ 被称为"海塞(Hesse)矩阵". 请读者注意这里的 f_{ij} 与雅可比矩阵中的 f_{ij} 的不同.

例 4.4.1 设函数

$$f(x_1, x_2, x_3) = 2x_1^2 + x_1 x_2 + 4x_2^2 + x_1 x_3 + x_3^2,$$

试求函数 f 的海塞行列式.

解 $f_1 = 4x_1 + x_2 + x_3, f_2 = x_1 + 8x_2, f_3 = x_1 + 2x_3$,故而,$f_{11} = 4, f_{12} = 1$,$f_{13} = 1, f_{21} = 1, f_{22} = 8, f_{23} = 0, f_{31} = 1, f_{32} = 0, f_{33} = 2$,所以,所求的海塞行列式 $=$
$$\begin{vmatrix} 4 & 1 & 1 \\ 1 & 8 & 0 \\ 1 & 0 & 2 \end{vmatrix}.$$

二、二阶微分的定义

设 $U \subset R^n$,函数 $f: U \to R$ 在其定义域 U 上的所有点可微,并且函数 $\partial f: U \to R^n$ 在点 $x \in U$ 处可微时,就称函数 f "在点 x 处二次可微";如果函数 ∂f 在 U 的所有点可微时,就称函数 f "二次可微".此时,由于可微函数是连续的,一阶微分得到的结果 $\partial f: U \to R^n$ 是连续函数,所以,函数 f 是连续可微的.如果 $\partial^2 f: U \to R^{n \times n}$ 在点 $x \in U$ 处连续时,就称函数 $f: U \to R$ "在点 x 处连续二次可微".

函数 $f: U \to R$ 的微分是向量 $\partial f(x)$,它的成分 $f_i(x)$ 是函数 f 关于向量 x 成分 x_i 的偏微分;二阶微分 $\partial^2 f(x)$ 的成分 $f_{ij}(x)$ 是 $f_i(x)$ 关于向量 x 成分 x_j 的偏微分.

定理 4.4.1 如果函数 $f: U \to R$ 在点 $x \in U$ 处连续二次可微,则点 x 处的海塞行列式 $\partial^2 f(x)$ 就是对称行列式,即:对于任意的 i 和 $j(i \neq j)$,有 $f_{ij}(x) = f_{ji}(x)$.

证明 这里仅就 f 为两个自变量 x_1, x_2 的函数的情况进行证明,一般的情况也可以按同样的方法进行证明.

此时,f 取决于 x_1, x_2,函数 f 就可以写成:
$$y = f(x_1, x_2).$$
将 x_1 和 x_2 固定,对于两个实数值有
$$h_1 > 0, \quad h_2 > 0.$$
定义以下的 A:
$$A = f(x_1 + h_1, x_2 + h_2) - f(x_1 + h_1, x_2) - f(x_1, x_2 + h_2) + f(x_1, x_2).$$
再定义如下的函数
$$g(x_1) = f(x_1, x_2 + h_2) - f(x_1, x_2).$$
它是一个关于 x_1 的函数,根据中值定理,对于一个 $s_1 \in [x_1, x_1 + h_1]$,有
$$A = g(x_1 + h_1) - g(x_1) = g'(s_1) h_1$$
成立.另外,从偏微分的定义可知
$$g'(s_1) = f_1(s_1, x_2 + h_2) - f_1(s_1, x_2).$$

进而,将上式的 $f_1(s_1,x_2)$ 看成自变量 x_2 的函数,再根据中值定理,对于一个 $s_2 \in [x_2, x_2+h_2]$,有

$$f_1(s_1, x_2+h_2) - f_1(s_1, x_2) = f_{12}(s_1, s_2)h_2$$

成立. 从而,根据上面三个关系式可以得到:

$$A = f_{12}(s_1, s_2)h_1h_2.$$

以同样的方法,将自变量 x_1, x_2 的作用对换并使用中值定理,可以得到:对于 $t_1 \in [x_1, x_1+h_1]$ 和 $t_2 \in [x_2, x_2+h_2]$,有

$$A = f_{21}(t_1, t_2)h_1h_2$$

成立. 故从上述的两个关系式可以得到:

$$f_{12}(s_1, s_2) = f_{21}(t_1, t_2).$$

当 h_1 和 h_2 充分小时,根据 f_{12} 和 f_{21} 的连续性,可以得到:

$$f_{12}(x_1, x_2) = f_{21}(x_1, x_2).$$

定理得证. ∎

三、凸函数和凹函数的性质

关于凸函数或凹函数的连续性有下面的定理 4.4.2 成立,但这里省去证明的过程. 关于这个定理的详细证明,可以参考 W. Fenchel 或 R. T. Rockafellar 的关于凸解析的著作.

定理 4.4.2 如果在凸集合 $U \subset R^n$ 上定义的实数值函数 $f: U \to R$ 是凸函数(或是凹函数),它在定义域 U 的内点连续.

如果以集合 $U \subset R^n$ 为定义域的实数值函数 $f: U \to R$ 是连续二次可微函数, 根据定理 4.4.1,在点 $x \in U$ 处函数 f 的海塞矩阵 $\partial^2 f(x)$ 是对称的,其二次型定义为 $z^T \partial^2 f(x) z$. 关于凸函数或凹函数的海塞矩阵,有定理 4.4.3 成立:

定理 4.4.3 设凸集合 $U \subset R^n$ 上定义的实数值函数 $f: U \to R$ 是在点 $x \in U$ 处连续二次可微的. 如果函数 f 是凸函数,则在点 $x \in U$ 处的海塞矩阵 $\partial^2 f(x)$ 是"半正定"(positive semi-definite)的,即:对于任意的 $z \in R^n$,有

$$z^T \partial^2 f(x) z \geqq 0$$

成立[如果函数 f 是凹函数,则在点 $x \in U$ 处的海塞矩阵 $\partial^2 f(x)$ 是"半负定"(negative semi-definite)的].

证明 取一向量 $z \in R^n$,定义一个函数 g:

$$g(t) = f(x+tz).$$

首先,证明函数 g 是凸函数,并且二阶微分 $\partial^2 g(t)$ 非负.

从函数 f 的凸性,对于两点 t, t' 及任意的满足 $0 < \theta < 1$ 的 θ,有:

$$\theta g(t) + (1-\theta)g(t') = \theta f(x+tz) + (1-\theta)f(x+t'z)$$

$$\geq f(\theta[x+tz]+(1-\theta)[x+t'z])$$
$$= f(x+[\theta t+(1-\theta)t']z)$$
$$= g(\theta t+(1-\theta)t')$$

成立,故函数 g 是凸函数得证. 进而,设 $t_1<t_2<t_3$,由函数 g 的凸性,可以得到:

$$\frac{t_3-t_2}{t_3-t_1}g(t_1)+\frac{t_2-t_1}{t_3-t_1}g(t_3)\geq g(t_2). \quad ①$$

根据这个不等式,能够得到以下的不等式:

$$\frac{g(t_3)-g(t_2)}{t_3-t_2}\geq\frac{g(t_3)-g(t_1)}{t_3-t_1}\geq\frac{g(t_2)-g(t_1)}{t_2-t_1}. \quad ②$$

实际上,对于①式,两边减去 $g(t_3)$ 后除以 (t_2-t_3),就可以得到②式的第一个不等式;两边减去 $g(t_1)$ 后除以 (t_2-t_1),就可以得到②式的第二个不等式. 在②中,由 $t_2\to t_3$ 或 $t_2\to t_1$,可以得到:

$$g'(t_3)\geq\frac{g(t_3)-g(t_1)}{t_3-t_1}\geq g'(t_1),$$

故函数 g 的微分 g' 是一个增函数. 从而,二阶微分 $\partial^2 g(t)$ 非负. 综上所述,有:

$$g'(t)=\partial f(x+tz)z, \quad \partial^2 g(t)=z^T\partial^2 f(x+tz)z$$

成立. 特别地,当 $t=0$ 时,有

$$\partial^2 g(0)=z^T\partial^2 f(x)z\geq 0$$

成立,定理得证. ∎

四、凹函数与拟凹函数

拟凹性是一个比凹性更为弱的限制. 如果一个函数是凹的,那么,它将满足一个拟凹函数的全部性质,但反过来却不成立. 以下的定理揭示了这样的凹函数(严格凹函数)与拟凹函数(严格拟凹函数)之间的关系.

定理 4.4.4 一个凹函数是拟凹函数,一个严格凹函数是严格拟凹函数.

证明 这里,我们给出定理的前半部分的证明,后半部分留作练习.

设 $f:U\to R$ 是凹的. 在 U 内任意取两点 x_1 和 x_2,不失一般性,我们设:

$$f(x_1)\geq f(x_2).$$

根据凹函数的定义,对于 $x=\lambda x_1+(1-\lambda)x_2$,我们有:

$$f(x)\geq\lambda f(x_1)+(1-\lambda)f(x_2),\quad \lambda\in[0,1],$$

即

$$f(x)\geq f(x_2)+\lambda(f(x_1)-f(x_2)),\quad \lambda\in[0,1].$$

因为 $\lambda\geq 0$,并由于 $f(x_1)\geq f(x_2)$,故 $f(x_1)-f(x_2)\geq 0$,所以,上式的最后一项是非负的. 故而,我们得到:

$$f(x)\geq f(x_2).$$

由于 $f(x_1)\geq f(x_2)$,我们又得到

$$f(x_2) = \min[f(x_1), f(x_2)].$$

因此,我们有

$$f(x) \geqq \min[f(x_1), f(x_2)], \quad \lambda \in [0,1].$$

故 f 是拟凹函数.

习 题

A 组

1. 证明定理 4.1.2 的(3).

2. 证明定理 4.2.3.

3. 如果有限个部分集合 $X_1 \subset R^n, X_2 \subset R^n, \cdots, X_k \subset R^n$ 是紧集,试证明直积 $X_1 \times X_2 \times \cdots \times X_k$ 亦是紧集.

4. 证明:凸集的闭包是凸集.

5. 证明:一个严格凹函数是严格拟凹函数.

6. 判别下列命题的正误,并说明你的答案的正确性.

(1) 设 $f(x)$ 是一个单变量递增函数,则 $f(x)$ 为拟凹函数.

(2) 设 $f(x)$ 是一个单变量递减函数,则 $f(x)$ 为拟凹函数.

(3) 设 $f(x)$ 是一个单变量函数,存在一个实数 b 使得 $f(x)$ 在 $(-\infty, b]$ 区间上递减,在 $[b, +\infty)$ 区间上递增时,$f(x)$ 为拟凹函数.

7. 试总结实数值函数之间的凹、凸和拟凹、拟凸之间的关系.

8. 求下列函数的全微分:$u = \sqrt{x^2 + y^2 + z^2}$.

9. 求由方程 $xyz + \sqrt{x^2 + y^2 + z^2} = \sqrt{2}$ 所确定的函数 $z = z(x,y)$ 在点 $P(1, 0, -1)$ 处的全微分.

10. 求 $y = x^{a^a} + a^{x^a} + a^{a^x}, (a > 0)$ 的导数.

B 组

1. 设 X 是内部非空的凸集,试证明:$\mathrm{bd}(\mathrm{cl})X = \mathrm{bd}X$.

2. 设集合 $X \subset R^n$ 是紧集,$Y \subset X$ 在 X 上闭,则 Y 是紧集.

3. 设 $X = (0,1)$ 是 $\mathscr{R}^1$ 上的开区间,令 $\tau = \{(1/n) | n \in N, n > 1\}$,验证:$\tau$ 是 X 的一个拓扑.

4. 利用函数的凹凸性定义,证明 $\dfrac{e^x + e^y}{2} \geqq e^{\frac{x+y}{2}}$.

第五章 极大值条件

本章讲解的极大值条件是微分的一个应用. 本章第一节介绍的是单自变量函数的极大值,从导入泰勒展开式开始,它是后面证明极大值条件不可或缺的预备知识;随后,对极大值的必要条件和充分条件进行了证明. 在论述中,还特别地引入极小值的概念,并介绍与极大值概念同样重要的最大值(最小值)的概念,以及最大值(最小值)与极大值(极小值)的区别与联系.

本章第一节几乎都是数学知识的展开,第二节则回到经济学的领域中. 在本节中,按顺序介绍极大值在经济学中的应用,例如:边际生产力、平均成本和边际成本(最小单位成本)、垄断和寡头垄断,这些也是构成微观经济学的最为重要的内容的一部分. 在这一节的最后一部分,同样是作为极大值在经济学中的应用,介绍经济成长的黄金律.

第三节介绍一般情况下的极大值条件,也就是多变量函数的极大值问题.

§5.1 单变量函数的极大值条件

一、泰勒展开式

现在,设 $x \in R$,将点 x 任意地固定,对于实数 $\varepsilon > 0$,并设函数 $f: (x-\varepsilon, x+\varepsilon) \to R$;$h$ 为 $0 < |h| < \varepsilon$ 的任意实数时,下面的定理成立:

定理 5.1.1(泰勒展开式) 函数 f 满足以下两个条件:

(1) $f: (x-\varepsilon, x+\varepsilon) \to R$,
$f': (x-|h|, x+|h|) \to R$,
$\cdots$,
$f^{(n-1)}: (x-|h|, x+|h|) \to R$ 定义为在闭区间 $[x-|h|, x+|h|]$ 上的连续函数;

(2) $f^{(n)}: (x-|h|, x+|h|) \to R$ 在开区间 $(x-|h|, x+|h|)$ 上存在,此时,存在实数 θ,以下的关系成立:

$$f(x+h) = f(x) + \frac{h}{1!}f'(x) + \frac{h^2}{2!}f''(x) + \cdots + \frac{h^{n-1}}{(n-1)!}f^{(n-1)}(x) + \frac{h^n}{n!}f^{(n)}(x+\theta h),$$

$$0 < \theta < 1.$$

证明 首先定义一个辅助函数 $\phi(t)$：

$$\phi(t) = f(x+h) - \Big[f(t) + \frac{x+h-t}{1!}f'(t) + \cdots$$
$$+ \frac{(x+h-t)^{n-1}}{(n-1)!}f^{(n-1)}(t) + \frac{(x+h-t)^n}{n!}A\Big],$$

这里，

$$A = \frac{n!}{h^n}\Big\{f(x+h) - \Big[f(x) + \frac{h}{1!}f'(x) + \frac{h^2}{2!}f''(x)$$
$$+ \cdots + \frac{h^{n-1}}{(n-1)!}f^{(n-1)}(x)\Big]\Big\},$$

此时，

$$\phi(x) = f(x+h) - \Big[f(x) + \frac{h}{1!}f'(x) + \frac{h^2}{2!}f''(x) + \cdots$$
$$+ \frac{h^{n-1}}{(n-1)!}f^{(n-1)}(x) + \frac{h^n}{n!}A\Big]$$
$$= 0. \tag{5.1.1}$$

成立. 同样地，可以得到：

$$\phi(x+h) = f(x+h) - f(x+h) = 0,$$

$\phi(t)$是在闭区间$[x-|h|, x+|h|]$上的连续，在$(x-|h|, x+|h|)$上可微的函数. 根据定理4.3.1的罗尔定理，存在某一个实数θ，满足

$$\phi'(x+\theta h) = 0, \quad 0 < \theta < 1.$$

另一方面，

$$\phi'(t) = -f'(t) + \Big[-\frac{f'(t)}{1!} + \frac{x+h-t}{1!}f''(t)\Big]$$
$$+ \Big[-\frac{x+h-t}{1!}f''(t) + \frac{(x+h-t)^2}{2!}f'''(x)\Big] + \cdots$$
$$+ \Big[\frac{(x+h-t)^{n-2}}{(n-2)!}f^{(n-1)}(t) + \frac{(x+h-t)^{n-1}}{(n-1)!}f^{(n)}(t)$$
$$- \frac{(x+h-t)^{n-1}}{(n-1)!}A$$
$$= \frac{(x+h-t)^{n-1}}{(n-1)!}[A - f^{(n)}(t)],$$

从而，$0 = \phi'(x+\theta h) = \frac{h^{n-1}(1-\theta)^{n-1}}{(n-1)!}[A - f^{(n)}(x+\theta h)]$，故

$$A = f^{(n)}(x+\theta h). \tag{5.1.2}$$

由(5.1.1)、(5.1.2)两式，定理获证. ∎

二、极大值条件

在这一部分中,首先做一约定:以下的讨论中如果出现"x 近旁"的说法,不失一般性,对应于所指的空间维数,或指开区间,或指开球,不再一一说明.

(一) 极大值定义

设 $f: (a,b) \to R$ 是在开区间 $(a,b) \subset R$ 上定义的函数,存在 $\tilde{x} \in (a,b)$,对于任意的 $x \in N(\tilde{x})$,当

$$f(x) \leqq f(\tilde{x})$$

成立时,称函数 $f: (a,b) \to R$ 在 $\tilde{x}$ 处达到"极大值"(local maximum, relative maximum). 对于极大值的概念,有"极小值"(local minimum)的概念与之对应,其定义是对函数 f 加上负号"$-$"、考察 $-f$ 的极大值便得.

(二) 必要条件

定理 5.1.2 设函数 $f: (a,b) \to R$ 是在开区间 (a,b) 上定义的二次连续可微的函数. 如果函数 $f: (a,b) \to R$ 在 $\tilde{x} \in (a,b)$ 达到极大值,则 (1) $f'(\tilde{x}) = 0$;(2) $f''(\tilde{x}) \leqq 0$ 成立.

证明 (1) 因为 $f(x)$ 在 $\tilde{x} \in (a,b)$ 上达到极大值,故存在某一个近旁 $N(\tilde{x})$,对于满足 $\tilde{x} \pm h \in N(\tilde{x})$ 的任意的 $h(>0)$,有:

$$f(\tilde{x}) \geqq f(\tilde{x}+h), \quad f(\tilde{x}) \geqq f(\tilde{x}-h),$$

成立. 所以,有:

$$0 \leqq \lim_{h \to 0} \frac{f(\tilde{x}-h) - f(\tilde{x})}{-h} = f'(\tilde{x}) = \lim_{h \to 0} \frac{f(\tilde{x}+h) - f(\tilde{x})}{h} \leqq 0,$$

从而得到:

$$f'(\tilde{x}) = 0.$$

(2) 根据泰勒展开式,对于任意的满足 $\tilde{x}+h \in N(\tilde{x})$,$h \neq 0$ 的 h,有下式成立:

$$f(\tilde{x}-h) - f'(\tilde{x}) = hf'(\tilde{x}) + \frac{h^2}{2!}f''(\tilde{x}+\theta h), \quad 0 < \theta < 1,$$

这意味着

$$0 \geqq f''(\tilde{x}+\theta h).$$

根据 $f''(x)$ 的连续性,得到:

$$0 \geqq \lim_{h \to 0} f''(\tilde{x}+\theta h) = f''(\tilde{x}).$$

至此,(2) 获证. ∎

(三) 充分条件

定理 5.1.3 设函数 $f: (a,b) \to R$ 是在开区间 (a,b) 上定义的二次连续可微的函数. 如果

(1) 在 $\tilde{x}\in(a,b)$ 处 $f'(\tilde{x})=0$；
(2) $f''(\tilde{x})<0$；
(3) $f''(x)$ 在 $\tilde{x}$ 的近旁 $N(\tilde{x})$ 连续.

则函数 $f:(a,b)\to R$ 在 $\tilde{x}$ 处达到极大值.

证明 因为 $f''(x)$ 在 $\tilde{x}$ 的近旁 $N(\tilde{x})$ 连续,故存在近旁 $N(\tilde{x})$,对于任意的 $x\in N(\tilde{x})$, $f''(\tilde{x})<0$ 成立. 由于 $f(x)$ 在开区间 (a,b) 上二次连续可微,所以 $f'(x)$ 在开区间 (a,b) 上连续. 从而,根据泰勒展开式,对于任意的 $x\in N(\tilde{x})$,有：

$$f(x)-f(\tilde{x})=hf'(\tilde{x})+\frac{(x-\tilde{x})^2}{2!}f''[\tilde{x}+\theta(x-\tilde{x})],\quad 0<\theta<1$$

成立. 因 $x\in N(\tilde{x})$,可以看成 $\tilde{x}+\theta(x-\tilde{x})\in N(\tilde{x})$（根据"二、达到极大值条件"开始时的约定）,所以,

$$f''[\tilde{x}+\theta(x-\tilde{x})]<0$$

成立. 另一方面,由于 $f'(\tilde{x})=0$,故对于任意的 $x\in N(\tilde{x})$,有

$$f(x)-f(\tilde{x})\leqq 0$$

成立. ∎

至此,我们讲解了极大值（极小值）的概念,但在理论和实际的生活中,还经常地会遇到最大值（最小值）的概念. 设函数 $f:X\to R$ 是以 X 为定义域、R 为值域的函数,对于任意的 $x\in X$,当存在 $\tilde{x}\in X$,且

$$f(x)\leqq(\geqq)f(\tilde{x})$$

成立时,称函数 f 在 $\tilde{x}$ 处达到"最大值（最小值）". 可见,这是一个与极大值（极小值）不同的概念,如上定义所述,其主要的不同点在于 x 的取值范围是整个定义域还是其中的一部分. 在整个定义域上达到的最大的值,称为最大值. 所以,最大值是以极大值为前提的,可以作为达到极大值的必要条件. 如果

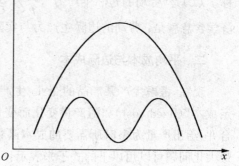

图 5.1 极大值和最大值

用图 5.1 进行说明,下方双峰的图形均表示极大值,而上方的图形表示的是达到最大值.

§5.2 经济学中的极大值应用

一、边际生产力

在第二章第三节里,我们在 n 维的产品空间中讨论过企业的利润最大化的

问题.那时,投入与产出都是归纳在"产品"的概念之下,负者为投入,数量为零者为既非投入又非产出,而正者为产出.现在,考虑一种较为具体的情况:设某企业以劳动的投入量的多少决定产量的状况,为了明确地表示各投入与产出的关系,以 $L \in R_+$ 表示劳动投入量,当 $L = \{x \in R \mid x \geq 0\}$ 时,生产量则以函数 $f: R_+ \to R_+$, $f(L) \in R_+$ 来表示.假定产品的价格 $p > 0$;工资率 $w > 0$;企业的资本设备 K 为一定值,并且其消耗程度 μ 与资本运转率相独立,亦为一定值;资本价格 $r > 0$. 此时,企业获得的纯利润为:

$$pf(L) - wL - \mu r K.$$

企业的行为基准是生产使纯利润最大的生产量,这样的行为可以用下式来表示:

$$\max_{L \in R_+} [pf(L) - wL - \mu r K],$$

这里,$\max\limits_{L \in R_+}$ 表示的是自变量 L 在其取值的范围 R_+ 中变化、使得目标函数 $pf(L) - wL - \mu r K$ 达到最大值.

根据上一节所提到的最大值与极大值的异同关系,如果达到最大值的话,那一定是极大值.所以,设 $\tilde{L}$ 是目标函数的解,如果函数 f 在 $\tilde{L}$ 处是可微的,则可以得到

$$pf'(\tilde{L}) = w,$$

称 $f'(L)$ 是"劳动的边际生产力",$\dfrac{w}{p}$ 为"实际工资率"(real wage rate),上式的经济学含意就是:劳动的边际生产力与实际工资率相等.

二、平均成本与边际成本

现在,考虑生产某产品的企业.生产这个产品的成本包含与产量无关的"固定成本"(fixed cost)和随产量变化而变化的"变动成本"(variable cost).将两者合并,给出产量为 y 时所需要的成本函数 $c: R_+ \to R_+$ 和产品价格 $p > 0$ 时,利润最大化问题可以用以下的式子来表示:

$$\max_{y \in R_+} py - c(y).$$

假定利润最大化在 $\tilde{y}$ 处达到,根据定理 5.1.2,它的必要条件是:

$$p = c'(\tilde{y}),$$

这里,称 $c'(y)$ 是"边际生产成本"(marginal production cost),简称"边际成本".上式意味着:产品价格与边际成本相等.应该注意的是,上式的前提是企业不以市场价格作为自己战略的自变量,即以完全竞争为前提才能成立.

与上述边际生产成本的情况相同,现在考虑单位生产成本(平均成本)的最小化.因为单位成本以 $\dfrac{c(y)}{y}$ 表示,故单位成本最小化的问题就可以写成:

$$\min_{y\in R_+} \frac{c(y)}{y}.$$

如果单位成本最小值在 $\hat{y}$ 处达到,它的必要条件是:

$$\frac{c(\hat{y})}{y} = c'(\hat{y}),$$

即:在平均成本和边际成本相等的状态下实现单位成本的最小化.

三、垄断和寡头市场

到目前为止的讨论都是在给定市场价格的前提下展开的,即问题是以企业自身并不能决定产品价格为前提的. 这种情况的背景是:同种产品的提供者不是一家或少数几家企业,而是许多竞争的企业. 正是由于存在许多的竞争者,故它们都没有支配价格的能力. 如果上述同质产品市场的条件再加上(1) 完全信息,(2) 参与市场的自由性,满足这三个条件的市场就被称为"完全竞争市场"(perfectly competitive market).

现在分析有限个生产企业,并且产品的供给者有支配价格能力的情况. 这样的市场状态的分析被称为"不完全竞争理论"(theory of imperfect competition). 此时,产品的市场价格 p 是产量 y 的函数 $\phi: R_+ \to R_+$.

首先,考虑市场是由 1 家企业垄断的情况. 当给出生产成本函数 $c(y)$ 时,供给者的利润最大化行为由下式给出:

$$\max_{y\in R_+} \phi(y)y - c(y).$$

设上式在 $\tilde{y} > 0$ 处取得最大值,则

$$\phi(\tilde{y}) + \phi'(\tilde{y})\tilde{y} = c'(\tilde{y})$$

就是达到最大值的必要条件. 很明显,这个必要条件与完全竞争市场的必要条件是不一样的. 如果令 $\tilde{p} = \phi(\tilde{y})$,带入上式,必要条件就改写为:

$$\tilde{p}\left(1 + \frac{\phi'(\tilde{y})}{\phi(\tilde{y})}\tilde{y}\right) = c'(\tilde{y}),$$

其中,$\frac{\phi'(\tilde{y})}{\phi(\tilde{y})}\tilde{y}$ 可以看成衡量对市场垄断程度的尺度.

其次,考虑寡头市场. 寡头市场的主要特征是市场上只有数家企业相互竞争. 考虑有 n 个企业,这 n 个企业欲在市场上行使价格的支配权. 此时,它们相互之间都将其他企业看成竞争对手. 如果 n 家企业的供应水平为:$\tilde{y}^1, \tilde{y}^2, \cdots, \tilde{y}^n$,则第 i 家企业的利润最大化行为可以用下式表示:

$$\max_{y\in R_+} \phi(\tilde{y}^1 + \cdots + \tilde{y}^{i-1} + y^i + \tilde{y}^{i+1} + \cdots + \tilde{y}^n)y^i - c(y^i),$$

此时,第 i 家企业设想 j 企业向市场提供的产品量是 $\tilde{y}^j$,故自己则选择最佳产品供给量 $\tilde{y}^i > 0$ 的必要条件为:对于任意的 $i \in \{1, 2, \cdots, n\}$

$$\phi'\left(\sum_{j=1}^{n}\tilde{y}^j\right)\tilde{y}^i + \phi\left(\sum_{j=1}^{n}\tilde{y}^j\right) = c'(\tilde{y}^i). \tag{5.2.1}$$

为了开展下面的讨论，需要做出下列假定：

假定 5.2.1 对于(5.2.1)式中有关函数，假定满足以下的条件：

(1) $\phi' < 0$；

(2) $c'' > 0$；

(3) $\phi'' < 0$。

根据(5.2.1)式，对于任意的 $i,k \in \{1,2,\cdots,n\}$，有下式成立：

$$\phi'\left(\sum_{j=1}^{n}\tilde{y}^j\right)(\tilde{y}^i - \tilde{y}^k) = c'(\tilde{y}^i) - c'(\tilde{y}^k).$$

根据假定 5.2.1(1)和(2)，不存在 $\tilde{y}^i = \tilde{y}^k$ 以外的可能。从而，如果对于任意的 $i \in \{1,2,\cdots,n\}$，设

$$y(n) = \frac{\sum_{j=1}^{n}\tilde{y}^j}{n}, \quad \tilde{y}^i = y(n),$$

则根据(5.2.1)式，便可得到下式：

$$\phi'(Y_n)y(n) + \phi(Y_n) = c'(y(n)), \quad Y_n = ny(n).$$

现在，我们探讨诱发市场上企业数变化的原因。当企业数为 $m(n<m)$ 时，市场均衡条件为：

$$\phi'(Y_m)y(m) + \phi(Y_m) = c'(y(m)), \quad Y_m = my(m).$$

如果假设 $Y_m \leqq Y_n$，则能得到：

$$ny(m) < my(m) \leqq ny(n),$$

就能得到：

$$y(m) \leqq y(n).$$

根据假定 5.2.1(2)，$c'' > 0$，有：

$$c'(y(m)) < c'(y(n)),$$

故有：

$$\phi'(Y_m)y(m) + \phi(Y_m) = c'(y(m)) < c'(y(n))$$
$$= \phi'(Y_n)y(n) + \phi(Y_n). \tag{5.2.2}$$

另一方面，根据假定 5.2.1(1)，$\phi' < 0$，可以得到：

$$\phi(Y_n) \leqq \phi(Y_m).$$

另外，根据 $y(m) \leqq y(n)$，可以得到：

$$\phi'(Y_m)y(n) < \phi'(Y_m)y(m),$$

根据假定 5.2.1(3)，$\phi'' < 0$，可以得到：

$$\phi'(Y_n) \leqq \phi'(Y_m),$$

从而，

$$\phi'(Y_n)y(n) < \phi'(Y_m)y(m),$$

有，
$$\phi'(Y_n)y(n) + \phi(Y_n) < \phi'(Y_m)y(m) + \phi(Y_m).$$
这与(5.2.2)式矛盾,说明当初的假设 $Y_m \leqq Y_n$ 是错误的,便得到:
$$Y_m > Y_n.$$
于是得到结论：在假定 5.2.1 的前提下,随着寡头企业数的增加,市场寡头价格降低.

四、经济成长的黄金律

考虑一国的经济,给出 t 期期初时的资本存量 $K(t)$ 和劳动量 $L(t)$,国民生产总值(Gross National Product)由函数 $F: R_+ \times R_+ \to R_+$ 表示为 $F(K(t),(t))$,可以将 t 看成某一年;劳动的供给能力的年增长由
$$L(t+1) = (1+n)L(t)$$
表示,这里,n 为人口的成长率;以 μ 表示资本折旧率.如果将一国 t 年的消费水平设为 $C(t)$,资本的积累方程可以由下式表示：
$$K(t+1) = (1-\mu)K(t) + F(K(t),L(t)) - C(t). \quad (5.2.3)$$
左边为第二年的期初时的资本存量,右边是从 t 年度期初的资本存量减去折旧部分,再加上国民生产总值中没有消费的部分,左右相等.这里,对于任意的 $(K,L) \in R_{++} \times R_{++}$ 和 $\lambda \in R_+$,设函数 $F: R_+ \times R_+ \to R_+$ 满足下式：
$$F(\lambda K, \lambda L) = \lambda F(K,L),$$
也就是设函数 F 具备一阶齐次性质.利用这个性质,可以定义函数 $f: R_+ \to R_+$,这里,$f(k) = F(k,1), k = \dfrac{K}{L}$;将人均消费量定义为 $c(t) = \dfrac{C(t)}{L(t)}$,从(5.2.3)式便可将 $c(t)$ 变形为:
$$c(t) = f(k(t)) + (1-\mu)k(t) - (1+n)k(t+1).$$
再设人均资本量每年是一定的,每年重复初期的同一状态,并可持续,即
$$k(t) = k(t+1) = k.$$
将年度 t 略去,此时的人均消费量 c 就是下式:
$$c = f(k) + (1-\mu)k - (1+n)k.$$
由于消费是经济成长的一个重要因素,与经济成长呈正比例关系,故经济成长问题就转变求达到可持续人均消费量最大值的条件,即:
$$\max_{k \in R_+} f(k) + (1-\mu)k - (1+n)k.$$
如果目标函数是可微的,设在 $\tilde{k}$ 达到最大值,便得到以下的关系式：
$$f'(\tilde{k}) - \mu = n.$$
这就是所求的条件,被称为"经济成长的黄金律"(golden rule),如果用语言叙述该式的经济意义,那就是："资本的纯收益率(资本的收益率－折旧率)等于人口成长率".这样的情况在当今一些经济发达的国家体现得较为明显,例如美国、日本等,除了这些国家的央行实行低利息政策以外,人口成长率较低也是造成其长

期的低利息的一个因素.

§5.3 一般情况下的极大值条件

一、多变量的泰勒展开式

设 $S \subset R^n$ 是开集合,而函数 $f: S \to R$ 是定义在 S 上的函数,从函数 f 的 1 次偏导函数到 $(m-1)$ 次偏导函数都可微. 此时, $\Delta_h^k f(x), k \in \{0,1,\cdots,n\}$ 的定义由如下的形式归纳:

$$\Delta_h^0 f(x) = f(x),$$

$$\Delta_h^k f(x) = \sum_{i=1}^n \frac{\partial \Delta_h^{k-1} f(x)}{\partial x_i} h_i, \quad h = (h_1, h_2, \cdots, h_n).$$

引理 5.3.1 $\Delta_h^k f(x) = \sum_{i_1=1}^n \sum_{i_2=1}^n \cdots \sum_{i_k=1}^n h_{i_1} \cdots h_{i_k} \frac{\partial^k f(x(t))}{\partial x_{i_1} \cdots \partial x_{i_k}}.$

证明 用归纳法证明.

当 $k=1$ 时,显然地等式成立.

假设当 $j=k-1$ 时,本引理成立,于是:

$$\Delta_h^k f(x) = \sum_{i=1}^n \frac{\partial \left\{ \sum_{i_1=1}^n \sum_{i_2=1}^n \cdots \sum_{i_{k-1}=1}^n h_{i_1} \cdots h_{i_{k-1}} \frac{\partial^{k-1} f(x)}{\partial x_{i_1} \cdots \partial x_{i_{k-1}}} \right\}}{\partial x_i} h_i$$

$$= \sum_{i_1=1}^n \sum_{i_2=1}^n \cdots \sum_{i_k=1}^n h_{i_1} \cdots h_{i_k} \frac{\partial^k f(x(t))}{\partial x_{i_1} \cdots \partial x_{i_k}}.$$

本引理得证. ∎

定理 5.3.1（多元变量的泰勒展开式） 设 $S \subset R^n$ 是开集合,而函数 $f: S \to R$ 是定义在 S 上的函数,并且,函数 f 在点 $x \in S$ 的开球

$$B(x, \varepsilon) = \{x + h \in S \mid \|h\| < \varepsilon\}.$$

上从 1 次偏导数到 m 次偏导数都可微. 此时,对于 $x+h \in B_\varepsilon(x)$,存在实数,使得下式成立:

$$f(x+h) = f(x) + \frac{\Delta_h^1 f(x)}{1!} + \cdots + \frac{\Delta_h^{m-1} f(x)}{(m-1)!} + \frac{\Delta_h^m f(x+\theta h)}{m!}$$

$$(0 < \theta < 1).$$

证明 注意到使 $x+h \in B(x,\varepsilon)$,选择 h. 另外,设 $x = x+th$, t 为实数;其次,令 $T = \left\{ t \mid 0 < t < \frac{\varepsilon}{\|h\|} \right\}$,请注意:$1 \in T$.

在 $t \in T$ 上定义一个函数 $F(t) = f(x(t))$, $x_i(t) = x_i + th_i$ 关于 t 可微. 以下,采用归纳法揭示 $F(t)$ 在 T 上 m 次可微,并且, $F^{(k)}(t) = \Delta_h^k f(x+th)$, $k \in \{1, 2,$

…,n}成立.

当 $k=1$ 时,根据定理 4.3.4,$F.(t)$ 是可微的,并且 $F'(t)=\sum_{i=1}^{n}\frac{\partial f(x(t))}{\partial x_i}h_i$. 这与右边的 $\Delta_h^1 f(x+th)$ 是一致的.

假设关系 $F^{(j)}(t)=\Delta_h^j f(x+th)$ 在 $j=k-1$ 时成立. 根据引理 5.3.1,有下式:

$$\Delta_h^{k-1}f(x) = \sum_{i_1=1}^{n}\sum_{i_2=1}^{n}\cdots\sum_{i_{k-1}=1}^{n} h_{i_1}h_{i_2}\cdots h_{i_{k-1}}\frac{\partial^{k-1}f(x(t))}{\partial x_{i_1}\partial x_{i_2}\cdots\partial x_{i_{k-1}}},$$

$\Delta_h^{k-1}f(x)$ 至少 1 次可微. 从而,根据定理 4.3.4,对于任意的 $t\in T$,下面的等式成立:

$$F^{(k)}(t) = \sum_{i=1}^{n} h_i \frac{\partial \Delta_h^{k-1}f(x+th)}{\partial x_i} h_i = \Delta_h^k f(x+th).$$

这正是将单变量函数的泰勒展开式用于函数 $F(t)$ 而得到的结果. 从而,

$$F(t) = F(0) + tF'(0) + \cdots + \frac{t^{m-1}}{(m-1)!}F^{(m-1)}(0) + \frac{t^m}{m!}F^{(m)}(\theta t)$$
$$(0<\theta<1)$$

成立. 特别地,当 $t=1$ 时,

$$F(1) = F(0) + F'(0) + \cdots + \frac{F^{(m-1)}(0)}{(m-1)!} + \frac{F^{(m)}(\theta)}{m!} \quad (0<\theta<1).$$

另一方面,$F(1)=f(x+h)$,$F^{(k)}(0)=\Delta_h^k f(x)$,并且,$F^{(m)}(\theta)=\Delta_h^m f(x+\theta h)$. 从而,对于满足 $0<\theta<1$ 的实数 θ,可以得到:

$$f(x+h) = f(x) + \frac{\Delta_h^1 f(x)}{1!} + \cdots + \frac{\Delta_h^{m-1}f(x)}{(m-1)!} + \frac{\Delta_h^m f(x+\theta h)}{m!}$$
$$(0<\theta<1),$$

从而,定理得证. ∎

二、多变量函数的极大值条件

设 $S\subset R^n$,函数 $f: S\to R$ 是定义在 S 上的函数,对于 $\tilde{x}\in S$ 和 $\varepsilon>0$,存在开球 $B(x,\varepsilon)=\{\tilde{x}+h\in S|\|h\|<\varepsilon\}$;对于任意的 $x\in B(x,\varepsilon)\cap S, f(x)\leq f(\tilde{x})$ 时,称函数 $f: S\to R$ "在 $\tilde{x}\in S$ 处达到极大值".

与单变量函数的情况相同,对于多变量函数而言,也有最大值与极大值异同的问题. 其考虑方法也是基本相同的,即在整个定义域上达到最大,是判断最大值的重要因素. 当考察的对象是开球的情况下,在开球的内部达到最大值时,同时它也是极大值. 下面给出严格的定义:

设 $S\subset R^n$,函数 $f: S\to R$ 是定义在 S 上的函数,$\tilde{x}\in S$. 对于任意的 $x\in S$,有

$f(x) \leq (\geq) f(\tilde{x})$ 成立时,就称函数 $f: S \to R$ 在 $\tilde{x} \in S$ 处达到"最大值(最小值)".

定理 5.3.2(多变量情况下的极大值的必要条件) 设 $S \subset R^n$,函数 $f: S \to R$ 是定义在 S 上的二次连续可微的函数. $f(x)$ 在 $\tilde{x} \in S$ 处达到极大值时,以下的性质成立:

(1) 令 $f_i(\tilde{x}) = \dfrac{\partial f(\tilde{x})}{\partial x_i}$,则 $f_i(\tilde{x}) = \dfrac{\partial f(\tilde{x})}{\partial x_i} = 0, i \in \{1, 2, \cdots, n\}$.

(2) 对于任意的实数组 $h = (h_1, h_2, \cdots, h_n)$,有 $\Delta_h^2 f(\tilde{x}) \leq 0$ 成立.

证明 因为函数 f 在 $\tilde{x} \in S$ 处达到极大值,根据极大值的定义,存在开球 $B(x, \varepsilon) \subset S$,对于任意的 $h = (h_1, h_2, \cdots, h_n) \in R^n$ 和 $\|h\| < \varepsilon$,有下式成立:
$$f(\tilde{x} + h) - f(\tilde{x}) \leq 0.$$
对于 $\varepsilon > 0$,将满足 $\|h\| < \varepsilon$ 的 h 任意地固定,并定义两个辅助函数:
$$x(t) = \tilde{x} + th, \quad F(t) = f(x(t)), \quad t \in T = \left\{ t \,\middle|\, |t| < \dfrac{\varepsilon}{\|h\|} \right\}.$$
因 $f(x)$ 的一次和二次偏导函数是连续的,所以,$F(t)$ 二次连续可微. 从而,根据定理 4.3.4,有:
$$F'(t) = \sum_{i=1}^n f_i(\tilde{x} + th) h_i, \quad F''(t) = \Delta_h^2 f(\tilde{x} + th).$$
$f(x)$ 在 $\tilde{x}$ 达到极大值就是 $F(t)$ 在 $t = 0$ 达到极大值,故根据定理 5.1.2,可以得到:
$$0 = F'(0) = \sum_{i=1}^n f_i(\tilde{x}) h_i, \quad 0 \geq F''(0) = \Delta_h^2 f(\tilde{x}).$$
因为 $h_1, h_2, \cdots, h_n$ 可以任意地取值,所以,
$$f_i(\tilde{x}) = 0, \quad i \in \{1, 2, \cdots, n\}$$
成立. ∎

定理 5.3.3(多变量情况下的极大值的充分条件) 设 $S \subset R^n$,函数 $f: S \to R$ 是定义在 S 上的二次连续可微的函数. 如果函数 f 在 $\tilde{x} \in S$ 上满足以下的条件 (1), (2),则函数 f 在 $\tilde{x}$ 处达到极大值.

(1) 令 $f_i(\tilde{x}) = \dfrac{\partial f(\tilde{x})}{\partial x_i}$,则 $f_i(\tilde{x}) = \dfrac{\partial f(\tilde{x})}{\partial x_i} = 0, i \in \{1, 2, \cdots, n\}$.

(2) 对于任意的实数组 $h = (h_1, h_2, \cdots, h_n)$,有 $\Delta_h^2 f(\tilde{x}) \leq 0$ 成立.

证明 函数 $f: S \to R$ 在 S 上至二次偏导函数是连续的,因 $\tilde{x} \in S$,故存在正数 ε,对于开球 $B(x, \varepsilon) \subset S$,根据定理 5.3.1 的泰勒展开式,对于满足 $\tilde{x} + h \in B(x, \varepsilon)$ 的任意的 $h = (h_1, h_2, \cdots, h_n)$,有下式
$$f(\tilde{x} + h) - f(\tilde{x}) = \Delta_h^1 f(\tilde{x}) + \frac{1}{2} \Delta_h^2 f(\tilde{x} + \theta h) \quad (0 < \theta < 1)$$

(5.3.1)

成立. 另外, $\Delta_h^2 f(x)$ 对于 x 是连续的. 从而, 根据(2), 存在正数 $\delta(<\varepsilon)$, 对于任意的 $\tilde{x}+h \in B(x,\delta)$, 使得
$$\Delta_h^2 f(\tilde{x}+h) \leqq 0.$$
根据(1)和(5.3.1)式, 有下式成立:

对于
$$\tilde{x}+h \in B(x,\delta)\setminus\{\tilde{x}\}, \quad f(\tilde{x}+h) - f(\tilde{x}) = \frac{1}{2}\Delta_h^2 f(\tilde{x}+\theta h) < 0,$$
所以, 如果 $\tilde{x}+h \in B(x,\delta)$, 则
$$f(\tilde{x}+h) \leqq f(\tilde{x})$$
成立. ∎

习 题

A 组

1. 已知: 函数 $y=f(x)=4x^2-x$, 试求:
   (1) 函数的一阶导数;
   (2) 函数的二阶导数;
   (3) 函数的极值, 并判断它是极大值还是极小值.

2. 某人欲在他的房子边上围长方形一花圃, 另外的三边使用铁丝网. 设此人只有 32 米的铁丝网可用, 问当长方形的长 L 和宽 W 为多少时, 才能使种植的面积为最大? 另外, 如何保证算出的答案是最大面积而不是最小面积?

3. 某企业的总收益和总成本函数分别为 $R(Q)=30Q-Q^2$, $C(Q)=Q^2+2Q+1$, 厂商追求最大利润, 政府对产品征税, 求:
   (1) 厂商纳税前的最大利润及此时产品的产量和价格;
   (2) 征税收益的最大值及此时的税率;
   (3) 在上题的税率下, 厂商税后的最大利润及此时的产品价格.

4. 一企业面临如下平均收益(需求)曲线: $P=100-0.01Q$, 式中, Q 是每周产量; P 是价格, 单位为美元; 该企业的成本函数由 $C=50Q+30\,000$ 给出. 设该厂商要使利润最大化, 请问:
   (1) 产量、价格和每周总利润的水平为多少?
   (2) 政府界定对该产品征收每单位 0.1 美元的税, 新的产量、价格和利润水平为多少?

B 组

1. 函数 $f:[a,\infty) \to R$ 是在开区间 (a,∞) 上的连续可微的函数, 在区间 $[a,\infty)$ 上连续. 如果 f 在 $\hat{x} \in [a,\infty)$ 取得最大值, 试证明: $\lim\limits_{x \to \hat{x}}(\hat{x}-a)f'(x)=0$ 并且 $\lim\limits_{x \to \hat{x}} f'(x) \leqq 0$.

2. 试举出一例, 函数 $f: R \to R$ 在某点 $x \in R$ 处既为极大值又为极小值.

第六章 需求和供给

在本章中主要解说反映消费者行为的需求函数、表示企业行为的供给函数的性质.

首先,为了导入需求理论中重要的斯勒茨基方程,对消费者的支出最小化行为进行分析;定义最小支出函数和补偿需求函数;对于揭示最小支出函数和补偿需求函数之间关系的马肯基引理进行证明;并用这个引理导出斯勒茨基方程.另外,在这一部分里,还介绍了与间接效用有关的罗伊恒等式.

其次,为了对具有一般的生产技术的企业的供给函数进行分析,定义了利润函数,并对揭示利润函数与供给函数之间关系的霍特林引理进行了证明;进而,由霍特林引理导出了供给函数的基本性质.在这一部分,还分析了由生产函数表现生产技术时企业的成本最小化行为;定义了企业的成本函数等.

§6.1 需 求 函 数

一、需求函数

为下节导入斯勒茨基方程,首先考虑消费者的支出最小化问题.和前面的章节一样,设消费者消费集合 $X \subset R^n$,效用函数 $U: X \to R$.对于价格 $p \in R^n$ 和收入 $m \in R$,预算集合以 $B(p, m)$ 表示,需求集合以 $D(p, m)$ 表示,则有
$$B(p, m) = \{x \in X \mid p \cdot x \leqq m\},$$
$$D(p, m) = \{x \in B(p, m) \mid \text{如果 } U(y) > U(x), \text{则 } y \notin B(p, m)\}.$$

在这里进一步设定:所有的产品价格都是正数,并将价格 p 与收入 m 的组合限定在以下的集合范围内:
$$Q = \{(p, m) \in R_{++}^n \times R \mid \text{存在 } x_0 \in X, p \cdot x_0 < m\}.$$

如图 6.1,预算直线的下方价格 p 与收入 m 的组合,是可能消费的点集.

本节的一个基本前提是存在需求函数.即,对于任意的 $(p, m) \in Q$,需求集合 $D(p, m)$ 中的元素只有 1 个.进而,我们假定需求函数 $D: Q \to R^n$ 有以下性质:

假定 6.1.1 (1) 需求函数 $D: Q \to R^n$ 是连续可微的;

(2) 对于任意的 $(p, m) \in Q$,$p \cdot D(p, m) = m$.

假定 6.1.1 的(1)是一个数学假设条件,在价格与收入变化的情况下考察需

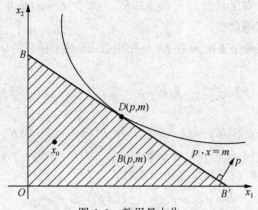

图 6.1　效用最大化

求量的变化时是必不可少的;(2)则意味着消费者收入没有剩余,需求点落在图 6.1 的 BB' 预算线上.假定 6.1.1 的意义为:即使产品消费微量增加也会使消费者效用增加,这一假定被称为"局部非饱和假定".

二、最小支出函数

对于各点 $x \in X$,与点 x 无差异或比 x 偏好的点的集合定义如下(注意与偏好集合的异同):

$$\mathrm{IP}(x) = \{y \in X | U(y) \geqq U(x)\}.$$

对于价格 $p \in R^n_{++}$,定义一个集合如下:

$$F^x(p) = \{y \in \mathrm{IP}(x) | \text{如果} z \in \mathrm{IP}(x), \text{则} p \cdot z \geqq p \cdot y\}.$$

集合 $F^x(p)$ 是集合 $\mathrm{IP}(x)$ 中,支出最小的点的集合.

如图 6.2,$F^x(p)$ 是价格向量 p 的直交平面与集合 $\mathrm{IP}(x)$ 的切点.这个时候,对于 $y \in F^x(p)$,最小支出额由 $p \cdot y$ 表示.故而,最小支出额可以定义为:

$$E^x(p) = p \cdot F^x(p).$$

另一方面,$E^x(p)$ 的值又是为了在价格为 p 时获得至少与点 x 相同程度满足所必需的最小收入,故该收入被称为"补偿收入".补偿收入 $E^x(p)$ 是 p 的函数,我们将函数 E^x 称为"最小支出函数".在以下的讨论中,假设最小支出函数是存在的.

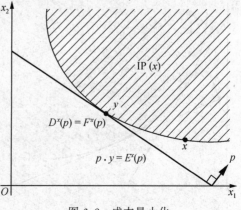

图 6.2　成本最小化

假定 6.1.2 对于任意的价格 $p \in R^n_{++}$,集合 $F^x(p)$ 是非空的,故最小支出额 $E^x(p)$ 是一个有限的值.

定理 6.1.1 最小支出函数 E^x 是凹函数.即对于任意的 $p, p' \in R^n_{++}$ 和满足 $0 < \theta < 1$ 的 θ,有
$$\theta E^x(p) + (1-\theta)E^x(p') \leq E^x(\theta p + (1-\theta)p')$$
成立.

证明 如果 $y \in F^x(\theta p + (1-\theta)p')$,从 $F^x(\theta p + (1-\theta)p')$ 的定义可以得知:
$$E^x(\theta p + (1-\theta)p') = (\theta p + (1-\theta)p') \cdot y, \quad y \in \mathrm{IP}(x),$$
进而,从 $F^x(p)$ 和 $F^x(p')$ 的定义可以得到:
$$E^x(p) \leq p \cdot y, \quad E^x(p') \leq p' \cdot y.$$
由上面的各关系式可以得到:
$$\theta E^x(p) + (1-\theta)E^x(p') \leq (\theta p + (1-\theta)p') \cdot y$$
$$= E^x(\theta p + (1-\theta)p').$$
证明完毕.

三、补偿需求函数

一般地,支出最小化问题的解取决于价格和效用值,它的解就是为了获得一定的效用水平所必要的最小需求量.在经济学上通常地将这样的需求称为"补偿需求".

如果给出消费者的补偿收入 $E^x(p)$,此时的需求量可以表示成:
$$D^x(p) = D(p, E^x(p)),$$
其中,$(p, E^x(p)) \in Q$. 需求量 $D^x(p)$ 是 p 的函数,为了与一般的需求相区别,称其为"补偿需求函数",也称之为"希克斯需求函数"(Hicksian Demand Function). 一般地,价格上升时购买能力下降,效用也下降,之所以称 $D^x(p)$ 为补偿需求函数,是因为 $D^x(p)$ 指的是在新的价格条件下为保持价格变化前的同等效用,而对收入进行补助时所产生的需求,它正是支出最小化问题的解,故而得名. 在二维空间中,价格上升时补偿需求在无差异曲线上变动的状况如图 6.3 所示. 而之所以称之为希克斯需求函数,是因为补偿需求的概念是基于希

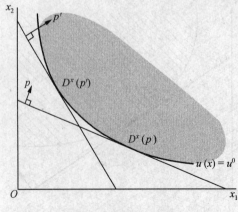

图 6.3 补偿需求的变动

克斯在其著作《价值与资本》中所用的方法进行解释的.

例 6.1.1 消费 $x=(x_1,x_2)$ 的消费者的效用函数为 $u=54x_1^2 x_2$,求该消费者的补偿需求和最小支出函数.

解 设价格向量为 $p=(p_1,p_2)$,则购入 x_1,x_2 的收入为:
$$m = p \cdot x = p_1 x_1 + p_2 x_2. \quad ①$$
从效用函数可得到:
$$x_2 = \frac{1}{54} u x_1^{-2}. \quad ②$$
将②式代入①式,可以得到:
$$m = p_1 x_1 + p_2 \frac{1}{54} u x_1^{-2}.$$
它的一阶条件为:
$$\frac{\mathrm{d}m}{\mathrm{d}x_1} = p_1 - p_2 \frac{1}{27} u x_1^{-3} = 0,$$
故可以解得 x_1 的补偿需求函数:
$$x_1 = \frac{1}{3} u^{\frac{1}{3}} p_1^{-\frac{1}{3}} p_2^{\frac{1}{3}}, \quad ③$$
同理,可以得到 x_2 的补偿需求函数:
$$x_2 = \frac{1}{6} u^{\frac{1}{3}} p_1^{\frac{2}{3}} p_2^{-\frac{2}{3}}. \quad ④$$
将③、④两式代入①式,可以得到最小支出函数:
$$m = \frac{1}{2} u^{\frac{1}{3}} p_1^{\frac{2}{3}} p_2^{\frac{1}{3}}.$$

一般地,$p \in R_{++}^n, x \in X(X \subset R^n)$,根据预算约束式 $p \cdot x = m$ 和效用函数 $U=U(x)$,可以求出最小支出条件,进而可得到需求量,即为补偿需求函数.

从图 6.2 可以看出,在消费者偏好的无差异曲线相对于原点是凸的条件下,补偿需求与支出最小化的点是一致的,即,存在关系
$$D^x(p) = F^x(p).$$
但在一般的情况下,$D^x(p) \subset F^x(p)$.

引理 6.1.1 对于 $(p, E^x(p)) \in Q$ 的价格 $p \in R_{++}^n$,有 $D^x(p) \in F^x(p)$,即:
(1) $E^x(p) = p \cdot D^x(p)$;
(2) $U(x) \leqq U(D^x(p))$
成立.

证明 根据 $D^x(p) = D(p, E^x(p))$ 和假定 6.1.1 的(2),有:
$$p \cdot D^x(p) = p \cdot D(p, E^x(p)) = E^x(p),$$
得到(1). 另外,如果 $y \in F^x(p)$,根据 $F^x(p)$ 的定义,有

$$U(x) \leqslant U(y), \quad p \cdot y = E^x(p)$$

成立. 两点 y 和 $D^x(p)$ 都可以在价格 p 和收入 $E^x(p)$ 的条件下进行消费, 根据需求 $D(p,E^x(p))$ 的定义, 得到

$$U(y) \leqslant U(D^x(p)),$$

从而

$$U(x) \leqslant U(D^x(p)).$$

证毕. ∎

引理 6.1.2 如果 $(p,E^x(p)) \in Q$, 则补偿需求函数 D^x 在点 $p \in R_{++}^n$ 上连续.

证明 根据定理 4.4.2, 我们有结论: 凹函数在其定义域的内点上连续. 所以, 最小支出函数 E^x 是连续的. 又由 $D^x(p) = D(p,E^x(p))$ 和假定 6.1.1 的 (1) 需求函数 $D: Q \to R^n$ 是连续可微的, 即可得知补偿需求函数是连续的. ∎

§6.2 斯勒茨基方程

一、马肯基引理

下面的引理是揭示最小支出函数和补偿需求函数的关系的命题, 被称为 "马肯基 (L. Mckenzie) 引理".

引理 6.2.1 (马肯基引理) 如果 $(p,E^x(p)) \in Q$, 则最小支出函数 E^x 在点 p 是可微的, 并有

$$E_j^x(p) = D_j^x(p) \quad (j = 1,2,\cdots,n)$$

成立, 即: $\partial E^x(p) = [D^x(p)]^T$, 这里, $E_j^x(p) = \dfrac{\partial E^x(p)}{\partial p_j}$, 是函数 E^x 对 p_j 的偏微分.

证明 设 $h \in R^n$, $\|h\| > 0$. 由于函数 E^x 是连续的, 如果向量 h 充分小, 则 $(p+h, E^x(p+h)) \in Q$, 根据引理 6.1.1 和函数 E^x 的定义, 有以下的关系式成立:

$$p \cdot D^x(p) = E^x(p), \quad E^x(p) \leqslant p \cdot D^x(p+h),$$
$$(p+h) \cdot D^x(p+h) = E^x(p+h), \quad E^x(p+h) \leqslant (p+h) \cdot D^x(p),$$

并从这些式子可以得到:

$$h \cdot D^x(p+h) - h \cdot D^x(p) \leqslant E^x(p+h) - E^x(p) - h \cdot D^x(p) \leqslant 0,$$

从而,

$$\left| \frac{h}{\|h\|}(D^x(p+h) - D^x(p)) \right| \geqslant \frac{|E^x(p+h) - E^x(p) - D^x(p)h|}{\|h\|}$$

成立.进而根据柯西-施瓦兹不等式,下式成立:

$$\left\|\frac{h}{\|h\|}\right\| \|D^x(p+h)-D^x(p)\| \geq \left|\frac{h}{\|h\|}(D^x(p+h)-D^x(p))\right|.$$

故而,根据 $\left\|\frac{h}{\|h\|}\right\|=1$ 以及上述两个不等式,可以得到:

$$\|D^x(p+h)-D^x(p)\| \geq \frac{|E^x(p+h)-E^x(p)-D^x(p)h|}{\|h\|}.$$

当 $h \to 0$ 时,根据引理 6.1.2,函数 D^x 是连续的,$D^x(p+h)$ 收敛于 $D^x(p)$,故上式的左边为 0. 根据微分的定义,函数 E^x 在点 p 处的微分

$$\partial E^x(p) = D^x(p)$$

成立. ∎

现在,考虑马肯基引理在 2 种产品经济中的情况. 在图 6.3 中,设补偿需求 $D^x(p)$ 的坐标为 (x_1, x_2),补偿收入 $E^x(p)$ 的值表示为:

$$E^x(p) = p_1 x_1 + p_2 x_2.$$

第 1 种产品的价格上升 1 个单位时,补偿收入的增量 ΔE^x 近似地用 $E^x(p)$ 对 p_1 的偏微分 $E_1^x(p)$ 来表示,根据马肯基引理,它与第 1 种产品的补偿需求量 $D_1^x(p)$ 相等. 即:

$$\Delta E^x = E_1^x(p) = D_1^x(p) = x_1,$$

所以,价格变化后的补偿收入近似变化为:

$$E^x(p) + \Delta E^x = (p_1+1)x_1 + p_2 x_2.$$

这个式子的意义在于:当价格变化后,补偿收入可以购买点 (x_1, x_2),即可以消费价格变化前的补偿需求量 $D^x(p)$. 所以,马肯基引理的意义在于:价格微调时的补偿收入的变化是以能够购买价格变化前的补偿需求而进行的[①].

例 6.2.1 消费产品 x_1, x_2 的消费者的效用为 u,最小支出函数为

$$E^x(p) = \frac{3}{2} u^{\frac{1}{3}} p_1^{\frac{2}{3}} p_2^{\frac{1}{3}},$$

其中,p_1, p_2 为 x_1, x_2 的价格,试求:消费者的效用函数.

解 根据马肯基引理,由最小支出函数可以求出补偿需求函数.

因为 $E_j^x(p) = D_j^x(p)$ $(j=1,2)$,所以有:

$$x_1 = E_1^x(p) = u^{\frac{1}{3}} p_1^{-\frac{1}{3}} p_2^{\frac{1}{3}}, \quad x_2 = E_2^x(p) = \frac{1}{2} u^{\frac{1}{3}} p_1^{\frac{2}{3}} p_2^{-\frac{2}{3}}.$$

从上两个式子中消去 p_1 和 p_2,就可以得到效用函数:

$$u = 2 x_1^2 x_2.$$

[①] 有兴趣的读者可以参考:L. Mckenzie(1957) "Demand Theory without Utility Index", *Review of Economic Studies* vol. 24, pp. 61—116.

二、斯勒茨基方程

（一）命题的证明

一般地，消费者效用最大化的消费行动都伴随支出最小化的行动. 故而，有下面的命题成立：

引理 6.2.2 如果 $x=D(p,m)$，则 $E^x(p)=m, D^x(p)=x$.

证明 设 $x=D(p,m)$. 根据假定 6.1.1(2)，有
$$p \cdot x = m.$$
由于需求集合的元素只有一点，$y \in \mathrm{IP}(x)$ 并且 $y \neq x$，可以得出
$$p \cdot y > m,$$
从而，$x \in F^x(p)(=\{y \in \mathrm{IP}(x) | 如果 z \in \mathrm{IP}(x)，则 p \cdot z \geq p \cdot y\})$，即
$$E^x(p) = p \cdot x = m,$$
也就是
$$D^x(p) = D(p, E^x(p)) = D(p,m) = x.$$
引理得证. ∎

有了上述的准备，我们就可以考察需求函数 $D(p,m)$ 和补偿需求函数 D^x 的关系，以下的命题中的方程之所以被称为"斯勒茨基方程"（Slutsky equation），是因为该方程是俄罗斯的统计学家、经济学家斯勒茨基（Eugen Slutsky）在 1915 年发表的论文中首先提出的.

命题 6.2.1（斯勒茨基方程） 如果 $x=D(p,m)$，则补偿需求函数 D^x 在 p 点可微，并且
$$D_{ij}(p,m) = D^x_{ij}(p) - x_j D_{im}(p,m) \quad (i,j=1,2,\cdots,n),$$
这里，$D_{ij}=\dfrac{\partial D_i}{\partial p_j}$，即，第 i 产品的需求 D_i 关于 p_j 的偏微分；$D_{im}=\dfrac{\partial D_i}{\partial m}$，即，第 i 产品的需求 D_i 关于 m 的偏微分；另外，$D^x_{ij}=\dfrac{\partial D^x_i}{\partial p_j}$ 表示的是第 i 产品的补偿需求关于 p_j 的偏微分.

证明 设 $x=D(p,m)$，根据引理 6.2.2，有 $E^x(p)=m, D^x(p)=x$，故 $(p, E^x(p))=(p,m) \in Q$，再根据马肯基引理，E^x 在点 p 是可微的，由假定 6.1.1(1)，补偿需求函数 D^x 也可微. 第 i 产品的补偿需求函数是
$$D^x_i(p) = D_i(p, E^x(p)),$$
故对 j 产品的价格 p_j 偏微分就可以得到：
$$D^x_{ij}(p) = D_{ij}(p, E^x(p)) + D_{im}(p,m) E^x_j(p).$$
注意到 $E^x(p)=m$ 和马肯基引理
$$E^x_j(p) = D^x_j(p) = x_j,$$

并将此关系代入上式,移项后命题获证.

(二) 斯勒茨基方程的意义

斯勒茨基方程的右边第 1 项 $D_{ij}^x(p)$ 称之为"替代效应"(substitution effect),第 2 项 $x_j D_{im}(p,m)$ 称之为"收入效应"(income effect). 图 6.4 就是表示替代效应和收入效应的图,这是一个 x_1 的价格上升、x_2 价格不变时的情况. 当 x_1 的价格上升后,消费者减少 x_1 的消费,增加 x_2 的消费,在 u 对应的无差异曲线上点 x 移向点 A. 此时,该消费者的效用 u 不改变. 消费者效用要维持在原来的水平上,又要用新的价格比来度量这个不变的效用水平,它的几何表示就是与无差异曲线相切于 A 点的切线 EE'. 点 x 与点 A 对应的 x_1 的消费量之差 $x_1^A - x_1^0$ 就是替代效应,对应于斯勒茨基方程的右边第 1 项 $D_{ij}^x(p)$. 当然,在 x_1 的价格上升的情况下,消费者的实际收入就要适当地降低,于是 EE' 就应该向下平移. 此时,其需求也会

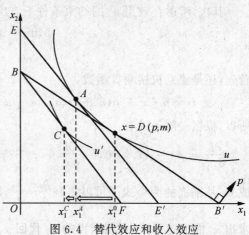

图 6.4 替代效应和收入效应

变化. 如果以效用来衡量实际收入减少的部分,应该是 $u - u'$,故新的预算约束线变成 BF(与 EE' 线平行). 这条直线与效用 $u'(<u)$ 对应的无差异曲线相切于 C,所以,由点 A 向点 C 的 x_1 的消费量之差 $x_1^C - x_1^A$ 就是收入效应,对应于斯勒茨基方程的右边第 2 项 $x_j D_{im}(p,m)$.

例 6.2.2 设 $x = (x_1, x_2)$,效用函数 $u = x_1 x_2$,预算约束条件为 $p \cdot x = m$. 试求需求函数和补偿需求函数;并验证斯勒茨基方程的有效性.

解 问题归结为在预算约束 $p \cdot x = m$ 下的效用函数 u 的最大化:

$$\text{Max } u,$$
$$\text{s.t } p \cdot x = m.$$

首先建立拉格朗日函数:

$$L = u + \lambda(m - p \cdot x) = x_1 x_2 + \lambda(m - p_1 x_1 - p_2 x_2),$$

所以,根据一阶条件有:

$$\frac{\partial L}{\partial x_1} = x_2 - \lambda p_1 = 0, \quad \frac{\partial L}{\partial x_2} = x_1 - \lambda p_2 = 0,$$

$$\frac{\partial L}{\partial \lambda} = m - p_1 x_1 - p_2 x_2 = 0$$

成立. 从前面的两个式子可以得到 $\frac{x_2}{x_1}=\frac{p_1}{p_2}$, 即 $x_2=x_1\frac{p_1}{p_2}$, 并将其代入 $\frac{\partial L}{\partial \lambda}$, 就可以求出 x_2 的表达形式; 再将求得的 x_2 代回 $x_2=x_1\frac{p_1}{p_2}$, 便可求得 x_1, 从而可以求出需求函数：

$$x_1=\frac{m}{2p_1}, \quad x_2=\frac{m}{2p_2}.$$

其次, 考虑在效用 u^0 的约束条件下支出最小化的问题：

$$\text{Min} \, p \cdot x,$$
$$\text{s.t} \, x_1 x_2 = u^0.$$

首先, 还是建立拉格朗日函数：

$$l = p \cdot x + \mu(u^0 - x_1 x_2) = p_1 x_1 + p_2 x_2 + \mu(u^0 - x_1 x_2),$$

所以, 根据一阶条件有：

$$\frac{\partial l}{\partial x_1} = p_1 - \mu x_2 = 0, \quad \frac{\partial l}{\partial x_2} = p_2 - \mu x_1 = 0, \quad \frac{\partial l}{\partial \mu} = u^0 - x_1 x_2 = 0$$

成立. 从前面的两个式子可以得到 $\frac{p_1}{p_2}=\frac{x_2}{x_1}$, 即 $x_2=x_1\frac{p_1}{p_2}$, 并将其代入 $\frac{\partial l}{\partial \mu}$, 就可以求出 x_2 的表达形式; 再将求得的 x_2 代回 $x_2=x_1\frac{p_1}{p_2}$, 便可求得 x_1, 从而可以求出补偿需求函数：

$$x_1^* = \sqrt{\frac{p_2 u^0}{p_1}}, \quad x_2^* = \sqrt{\frac{p_1 u^0}{p_2}}.$$

最后, 验证斯勒茨基方程的有效性. 在此, 仅就 $i=1, j=1$ 的情况进行验证.

$$D_{11}(p,m) = \frac{\partial x_1}{\partial p_1} = -\frac{m}{2p_1^2}, \quad D_{1m}(p,m) = \frac{\partial x_1}{\partial m} = \frac{1}{2p_1},$$

$$D_{11}^x(p) = \frac{\partial x_1^*}{\partial p_1} = -\frac{1}{2p_1}\left(\frac{p_2 u^0}{p_1}\right)^{\frac{1}{2}} = -\frac{1}{2p_1}\left(\frac{p_2 x_1 x_2}{p_1}\right)^{\frac{1}{2}} = -\frac{m}{4p_1^2}$$

所以,

$$D_{11}^x(p) - x_1 D_{1m}(p,m) = -\frac{m}{4p_1^2} - \frac{m}{2p_1}\frac{1}{2p_1} = -\frac{m}{2p_1^2},$$

即：

$$D_{11}(p,m) = D_{11}^x(p) - x_1 D_{1m}(p,m).$$

同理可以验证其他情况.

(三) 替代矩阵

补偿需求函数 D^x 在 p 的微分, 也就是雅可比矩阵如下：

§6.2 斯勒茨基方程

$$\partial D^x(p) = \begin{vmatrix} D_{11}^x(p) & D_{12}^x(p) & \cdots & D_{1n}^x(p) \\ D_{21}^x(p) & D_{22}^x(p) & \cdots & D_{2n}^x(p) \\ \vdots & \vdots & \ddots & \vdots \\ D_{n1}^x(p) & D_{n2}^x(p) & \cdots & D_{nn}^x(p) \end{vmatrix}.$$

这个矩阵被称为"替代矩阵"或"斯勒茨基矩阵". 关于这个矩阵的性质,由下面的定理 6.2.1 给出.

定理 6.2.1 在价格 $p \in R_{++}^n$ 处,$(p, E^x(p)) \in Q$. 此时,替代矩阵 $\partial D^x(p)$ 有以下的性质:

(1) 替代矩阵 $\partial D^x(p)$ 是对称的. 即:$D_{ij}^x(p) = D_{ji}^x(p)$;

(2) 替代矩阵是半负定的. 即:对于任意的 $z \in R^n, z^T \partial D^x(p) z \leqq 0$;

(3) $p^T \partial D^x(p) = \mathbf{0}$,及 $\partial D^x(p) p = \mathbf{0}$.

证明 根据引理 6.1.2,补偿需求函数是连续的. 进而,根据马肯基引理有,

$$\partial E^x(p) = [D^x(p)]^T.$$

故函数 E^x 的微分 ∂E^x 也是连续的,从而函数 E^x 是连续可微的. 再根据补偿需求函数的定义和假定 6.1.1(1),函数 D^x 是连续可微的. 从而,函数 E^x 是二次连续可微的函数,函数 E^x 的二阶微分 $\partial^2 E^x(p)$ 等于函数 D^x 的微分 $\partial D^x(p)$.

根据定理 4.4.1,函数 E^x 的海塞矩阵 $\partial^2 E^x(p)$ 是对称的,故雅可比矩阵 $\partial D^x(p)$ 为对称的. 据此,性质(1)获证.

根据定理 6.1.1,得知函数 E^x 是凹函数,由定理 4.4.3,海塞矩阵 $\partial^2 E^x(p)$ 是半负定的,故而性质(2)获证. 下面证明性质(3).

根据引理 6.1.1(2),有

$$E^x(p) = p \cdot D^x(p).$$

对该式 p 的 j 成分 p_j 进行微分,得到下式:

$$E_j^x(p) = D_j^x(p) + \sum_{i=1}^n p_i D_{ij}^x(p).$$

根据马肯基引理,$E_j^x(p) = D_j^x(p)$,故而得到:

$$\sum_{i=1}^n p_i D_{ij}^x(p) = [p_1 p_2 \cdots p_n] \begin{bmatrix} D_{1j}^x(p) \\ D_{2j}^x(p) \\ \vdots \\ D_{nj}^x(p) \end{bmatrix} = 0$$

$$(j = 1, 2, \cdots, n).$$

上式意味着 $p^T \partial D^x(p) = \mathbf{0}$;从 $\partial D^x(p)$ 的对称性出发可以得到

$$\partial D^x(p) p = \mathbf{0},$$

也就是性质(3)获证. ∎

根据上述的定理 6.2.1,可以得出以下的一些结论:

(1) 根据定理 6.2.1(2)，可以得知
$$D_{ii}^x(p) \leqq 0$$
成立. 这是第 i 产品价格对第 i 产品的需求效应，被称为"自替代效应"，这个自替代效应总是非正的.

(2) 定理 6.2.1(1)是指第 i 产品价格对第 j 产品的需求效应，被称为"交叉替代效应". 特别地，当 $n=2$ 时，根据上述定理(3)，有
$$p_1 D_{11}^x(p) + p_2 D_{21}^x(p) = 0$$
成立，所以
$$D_{12}^x(p) = D_{21}^x(p) \geqq 0$$
成立，结论是交叉替代效应非负.

(3) 根据定理 6.2.1(3)得知，替代矩阵 $\partial D^x(p)$ 的所有列与价格向量正交. 这一点在图 6.4 中也得到体现：从点 x 向 A 的替代效果是沿预算曲线移动，即：朝着与价格向量正交的方向移动.

三、罗伊恒等式

(一) 间接效用函数

设需求函数 D 与效用函数 U 的复合函数为 $V: Q \to R$，称之为"间接效用函数"，即将需求函数代入效用函数，得到的就是间接效用函数. 间接效用函数表示的是在价格水平为 p、消费者消费者收入为 m 的情况下，消费者能够获得最大的效用值.

例 6.2.3 试求例 6.2.2 的间接效用函数.

解 例 6.2.2 中求出的需求函数为：
$$x_1 = \frac{m}{2p_1}, \quad x_2 = \frac{m}{2p_2}.$$
将该需求函数代入效用函数 $u = x_1 x_2$，得到间接效用函数：
$$V = \frac{m}{2p_1} \frac{m}{2p_2} = \frac{m^2}{4p_1 p_2}.$$

表 6.2.1 就我们现在为止接触到的效用函数、需求函数、补偿需求函数、最小支出函数以及间接效用函数的关系进行了归纳.

表 6.2.1 效用函数、需求函数、补偿需求函数、最小支出函数和间接效用函数的关系

	效用最大化	支出最小化
问题	Max u s.t $p \cdot x = m$	Min $p \cdot x$ s.t $u(x) = u$
解	需求函数：$D(p, m)$	补偿需求函数：$D^x(p)$
将解代入目标函数	间接效用函数 $V = V(p, m)$	最小支出函数 $E^x(p) = p \cdot D^x(p)$

(二) 罗伊恒等式

以下的命题表现了间接效用函数 V 和需求函数 D 之间的关系,这个关系就被称为"罗伊(R. Roy)恒等式":

命题 6.2.2(罗伊恒等式) 如果 $x=D(p,m)$,并且效用函数 $U(x)$ 在 x 可微,则:

$$-\frac{V_j(p,m)}{V_m(p,m)} = D_j(p,m) \quad (j=1,2,\cdots,n),$$

这里,V_j 与 V_m 分别为间接效用函数 V 关于 p_j 和 m 的偏微分。

证明 首先,设 $h \in R^n, \|h\| > 0$. 如果向量 h 充分小,则 $(p+h, E^x(p+h)) \in Q$,此时,根据引理 6.2.2 和引理 6.1.1,有下式成立:

$$U(D(p, E^x(p))) = U(D(p,m)) = U(x)$$
$$\leq U(D^x(p+h)) = U(D(p+h), E^x(p+h)),$$

所以,

$$V(p, E^x(p)) \leq V(p+h, E^x(p+h)),$$

并且,$V(p+h, E^x(p+h))$ 在 $h=\mathbf{0}$ 处取得最小值。由于效用函数 U 在 x 可微,根据假定 6.1.1(1) 和马肯基引理,有

$$V(p+h, E^x(p+h)) = U(D(p+h), E^x(p+h))$$

成立,并且在 $h=\mathbf{0}$ 处可微。从而,将 $V(p+h, E^x(p+h))$ 关于 h_j 的偏微分在 $h=\mathbf{0}$ 时为 0,即可以得到:

$$V_j(p, E^x(p)) + V_m(p, E^x(p))E_j^x(p) = 0 \quad (j=1,2,\cdots,n).$$

根据马肯基引理和引理 6.2.2,有

$$E_j^x(p) = D_j^x(p) = x_j = D_j(p,m)$$

成立,命题得证.

从罗伊恒等式,可以立刻得到下面的推论:

推论 6.2.1 在与命题 6.2.3 相同前提下,有以下等式成立:

$$\frac{V_j(p,m)}{V_i(p,m)} = \frac{D_j(p,m)}{D_i(p,m)} \quad (i,j=1,2,\cdots,n).$$

四、效用最大化条件

(一) 概念的导入

如果 $x=D(p,m)$,并且效用函数 U 在 x 可微。如图 6.4,通过点 x 的无差异曲线与预算线在点 x 处相切。设通过 x 的无差异曲线是满足 $U(z)=U(x)$ 的点 z 的集合。就该式对变量 z 进行全微分可以得到:

$$\partial U(z) \cdot \mathrm{d}z = 0,$$

亦可以表达成：
$$\mathrm{grad}U(x) \cdot \mathrm{d}z = 0.$$
另一方面，预算曲线是满足 $p \cdot z = m$ 的点 z 的集合，就此式进行全微分，可以得到：
$$p \cdot \mathrm{d}z = 0.$$
由于无差异曲线与预算曲线是相切的，上面的两个式子必然同时成立. 所以，向量 $\mathrm{grad}U(x)$ 与向量 p 是同向的. 存在实数 $\lambda \neq 0$，使得
$$\mathrm{grad}U(x) = \lambda p, \quad 即：U_i(x) = \lambda p_i \quad (i=1,2,\cdots,n)$$
成立，将此等式称之为"效用最大化的条件". 将效用最大化条件与预算约束式联立，可以求得需求量 x 和 λ（为价格 p 和收入 m 的函数）.

（二）货币的边际效用

这里，介绍效用最大化条件的一个应用——货币的边际效用（marginal utility of money），即每增加一个单位的货币收入所带来的效用，边际效用的递减律适用于货币收入. 对于收入不同的消费者，其货币的边际效用是不同的，但对于同一个消费者来说，只要他的收入不变，他的货币的边际效用就不变. 需求函数 D 要满足预算约束条件
$$p \cdot D(p,m) = m.$$
对上式的 p_j 进行微分，得到：
$$D_j(p,m) + \sum_{i=1}^{n} p_i D_{ij}(p,m) = 0.$$
将效用最大化条件 $U_i(x) = \lambda p_i$ 代入上式，就得到：
$$D_j(p,m) + \frac{1}{\lambda} \sum_{i=1}^{n} U_i(x) D_{ij}(p,m) = 0.$$
另一方面，根据间接效用函数的定义，有：
$$V_j(p,m) = \frac{\partial}{\partial p_j} U(D(p,m)) = \sum_{i=1}^{n} U_i D_{ij}(p,m).$$
根据上式，有
$$V_j(p,m) = \sum_{i=1}^{n} U_i D_{ij}(p,m).$$
从上面的两个式子得到下面的关系：
$$\lambda D_j(p,m) + V_j(p,m) = 0.$$
对上式采用罗伊恒等式变形，可以得到
$$\lambda = V_m(p,m).$$
从而，实数 λ 就是货币的边际效用.

§6.3 供给函数

一、生产集合与价格

供给方面的企业行为用供给函数来表达,下面研究供给函数的性质. 与前面章节中使用的记号相同,企业的生产集合用 $Y \subset R^n$ 来表示;对于价格 $p \in R^n$,供给集合以 $S(p)$、利润集合以 $\pi(p)$ 来表示. 即:
$$S(p) = \{y \in Y \mid \text{如果 } z \in Y, \text{则 } p \cdot z \leqq p \cdot y\},$$
$$\pi(p) = p \cdot S(p),$$
这里,对价格 p 作如下限制:
$$P = \{p \in R^n \mid \text{存在某一个实数 } b, \text{如果 } y \in Y, \text{则 } p \cdot y \leqq b\}.$$
这样做的目的是不让企业的利润变得无限大. 如果企业的利润可以无限大,则会出现企业对产品的供给无限大,或者对投入要素的需求无限大的现象,市场永远达不到均衡. 集合 P 的形状如图 6.5 所示. 如果将生产集合放置在与价格向量 p 正交的平面的另一侧,则在价格 p 的前提下,存在利润的上限;如果生产集合有界,则任意的价格向量都有此性质,故集

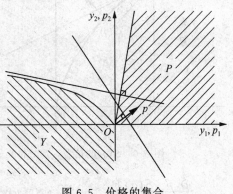

图 6.5 价格的集合

合 P 与全空间 R^n 相等. 对于集合 P 的形状,还有以下的定理成立:

定理 6.3.1 集合 P 是以原点为顶点的凸锥.

证明 如果 $p=\mathbf{0}$,对于任意的 $y \in Y, p \cdot y \leqq 0$,根据集合 P 的定义,可以得知 $\mathbf{0} \in P$,所以,集合 P 包含原点.

设 $p \in P, t>0$. 根据集合 P 的定义,存在某一个实数 b,对于任意的 $y \in Y$,有:
$$p \cdot y \leqq b$$
成立,所以有
$$tp \cdot y \leqq tb$$
成立. 从而,$tp \in P$,集合 P 为一个锥. 下面证明这个锥是一个凸锥.

设 $p, p' \in P, 0<\theta<1$. 根据集合 P 的定义,存在实数 b 和 b',对于任意的 $y \in Y$ 有:
$$p \cdot y \leqq b, \quad p' \cdot y \leqq b'$$

成立.从而,对于任意的 $y\in Y$ 和上面的不等式,可以得到:
$$(\theta p+(1-\theta)p')\cdot y\leqq \theta b+(1-\theta)b',$$
也就是 $(\theta p+(1-\theta)p')\in P$, P 为凸集合,定理获证.

二、供给函数的性质

以下内容的前提是:企业的供给函数定义在价格集合 P 的内点上,现在设点 $p\in P$,为 P 的内点,即,存在 $\varepsilon>0$,使得对于满足 $\|q-p\|<\varepsilon$ 的任意的 q,有 $q\in P$. 集合 P 的所有内点的集合用 $\mathrm{int}P$ 表示. 此时,做以下的假定:

假定 6.3.1 对于任意的点 $p\in \mathrm{int}P$,集合 $S(p)$ 是由单元素构成的集合.

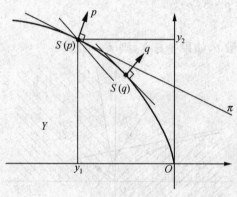

图 6.6 $S(q)$ 的位置

引理 6.3.1 如果供给函数 S 在点 $p\in\mathrm{int}P$ 处可微,则 $p^\mathrm{T}\partial S=\mathbf{0}$.

证明 根据利润函数 π 的定义,对于任意的 $q\in\mathrm{int}P$,有:
$$\pi(p)=p\cdot S(p)\geqq p\cdot S(q)$$
成立.这就意味着在图 6.6 中, $S(q)$ 的位置处于在点 $S(p)$ 处与 Y 相切的平面的右下方, Y 为生产集合.从而, $p\cdot S(q)$ 在 $q=p$ 时取最大值.换言之,这就是对 $p\cdot S(q)$ 中的 q_i 的偏微分在 $q=p$ 处等于 0:

$$\left.\frac{\partial [p\cdot S(q)]}{\partial q_j}\right|_{q=p}=\sum_{i=1}^n p_i S_{ij}(p)$$

$$=[p_1 p_2 \cdots p_n]\begin{bmatrix} S_{1j}(p) \\ S_{2j}(p) \\ \vdots \\ S_{nj}(p) \end{bmatrix}=0 \quad (j=1,2,\cdots,n),$$

从而,可以得到: $p^\mathrm{T}\partial S=\mathbf{0}$.

下面的命题是一个与马肯基引理相对应的命题,被称为"霍特林(H. Hotelling)引理".

命题 6.3.1(霍特林引理) 如果供给函数 S 在点 $p\in \mathrm{int}P$ 处可微,则利润函数 π 在点 p 处可微,

$$\frac{\partial \pi(p)}{\partial p_i}=S_i(p) \quad (i=1,2,\cdots,n)$$

成立.即:
$$\partial \pi(p)=[S(p)]^\mathrm{T}$$

成立.

证明 根据利润函数的定义,有
$$\pi(p) = p \cdot S(p).$$
对该式的 p 进行微分,可以得到
$$\partial \pi(p) = [S(p)]^T + p^T \partial S(p).$$
根据上述引理 6.3.1, $p^T \partial S = \mathbf{0}$,故 $\partial \pi(p) = [S(p)]^T$,命题得证. ∎

在图 6.6 中,供给量 $S(p)$ 的坐标为 (y_1, y_2),利润值为 $\pi(p) = p_1 y_1 + p_2 y_2$. 如果第 1 种产品的价格上升 1 个单位,价格就变成 $q = (p_1+1, p_2)$,此时,根据霍特林引理,利润的增加部分为
$$\Delta \pi = \frac{\partial \pi(p)}{\partial p_1} = S_1(p) = y_1.$$
价格变化后的利润近似地写成:
$$\pi(p) + \Delta \pi = (p_1 + 1) y_1 + p_2 y_2,$$
从而,霍特林引理的含义是:价格微小变化时的利润变化,是维持原生产量 $S(p)$ 所实现的利润的变化. 但是,图 6.6 的价格变化较大,此时,价格变化后的最大利润如图上的 $S(q)$ 的生产量所实现的利润.

引理 6.3.2 利润函数 π 是凸函数,即:对于任意的两点 $p, p' \in \text{int} P$ 和满足关系式 $0 < \theta < 1$ 的实数 θ,
$$\theta \pi(p) + (1-\theta) \pi(p') \geqq \pi(\theta p + (1-\theta) p')$$
成立.

证明 现在,设 $y \in S(\theta p + (1-\theta)p')$,从 $\pi(\theta p + (1-\theta)p')$ 的定义,有
$$\pi(\theta p + (1-\theta)p') = (\theta p + (1-\theta)p') \cdot y, \quad y \in Y.$$
而从 $S(p)$ 和 $S(p')$ 的定义,可以得到:
$$\pi(p) \geqq p \cdot y, \quad \pi(p') \geqq p \cdot y.$$
据此,下式
$$\theta \pi(p) + (1-\theta) \pi(p') \geqq (\theta p + (1-\theta)p') \cdot y = \pi(\theta p + (1-\theta)p')$$
成立,即:函数 π 是凸函数. ∎

下面是有关函数 S 性质的定理,这个定理与有关补偿需求函数性质的定理 6.2.1 是相对应的.

定理 6.3.2 设供给函数 S 在 $\text{int} P$ 上连续可微. 此时,在各点 $p \in \text{int} P$ 的供给函数 S 的微分 $\partial S(p)$ 有以下性质:

(1) 矩阵 $\partial S(p)$ 是对称的,即:$S_{ij}(p) = S_{ji}(p)$;

(2) 矩阵 $\partial S(p)$ 是半负定的,即:对于任意的 $z \in R^n$, $z^T \partial S(p) z \leqq 0$;

(3) $p^T \partial S(p) = \mathbf{0}$,及 $\partial S(p) p = \mathbf{0}$.

证明 根据霍特林引理, $\partial \pi(p) = [S(p)]^T$,所以,由条件可知函数 π 连续二

次可微. 从而
$$\partial^2 \pi(p) = \partial S(p).$$

根据定理 4.4.1，函数 π 的海塞矩阵 $\partial^2 \pi(p)$ 是对称的，故雅可比矩阵 $\partial S(p)$ 也就是对称的，性质(1)获证.

根据引理 6.3.2，函数 π 是凸函数，再由根据定理 4.4.3，海塞矩阵 $\partial^2 \pi(p)$ 是半负定的，性质(2)获证.

最后，根据性质(1)和引理 6.3.1，立刻就能得到性质(3)的证明. ∎

§6.4 成本函数和要素需求

一、成本最小化

在本章的最后一节里，讨论以生产函数表示企业的技术时，由企业的成本最小化行为推导出的要素的需求函数和成本函数的性质.

现在，设企业投入 k 种生产要素生产 1 种产品时的生产函数为 $f: R_+^k \to R_+$. 对于生产量 $q \geq 0$，定义集合：
$$X(q) = \{x \in R_+^k \mid q \leq f(x)\}.$$
这是为了使产量达到 q 以上所投入必要的生产要素的组合的集合；并设各生产要素的价格均为正数，以向量 $w \in R_{++}^k$ 表示.

对于 w 和 $q \geq 0$，定义以下的集合：
$$F^q(w) = \{x \in X(q) \mid \text{对于任意的 } z \in X(q), w \cdot x \leq w \cdot z\},$$
$$C^q(w) = wF^q(w).$$

集合 $F^q(w)$ 是在给出生产要素价格 w 时，为实现生产量 q 而投入的生产要素中，成本最小的投入量的集合，是生产要素的需求量的集合，所以，可以将其称为"要素的需求集合". 而 $C^q(w)$ 是在给出生产要素价格 w、产量为 q 时所花费的最小成本，故将 $C^q(w)$ 称为"最小成本".

图 6.7 反映了当 $k = 2$ 时，集合 $X(q)$、价格要素 w、要素需求集合 $F^q(w)$ 的位置关系. 向量 w 的正交平面与集合 $X(q)$ 相切的部分是集合 $F^q(w)$，图 6.7 表示的是 $F^q(w)$ 由一个元素构成时的情况.

假定 6.4.1 要素需求集合 $F^q(w)$ 是要素价格 $w \in R_{++}^k$ 的函数，在各 w 点处 $F^q(w)$ 是由 1 点构成的

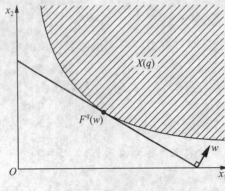

图 6.7 成本最小化

集合.

引理 6.4.1 如果要素需求函数 $F^q(w): R_{++}^k \to R^k$ 在点 $w \in R_{++}^k$ 处可微,则:
$$w^T \partial F^q(w) = \mathbf{0}.$$

证明 本引理的证明方法与引理 6.3.1 的证明方法相同,这里省略. ∎

下面的命题称为"谢泼德(R. W. Shephard)引理",是与霍特林引理、马肯基引理相对应的命题.

命题 6.4.1(谢泼德引理) 如果要素需求函数 F^q 在 w 处可微,则最小成本函数 C^q 在 w 处亦可微,并且
$$\frac{\partial C^q(w)}{\partial w_i} = F^{q_i}(w) \quad (i=1,2,\cdots,n),$$

即:
$$\partial C^q(w) = [F^q(w)]^T$$

成立.

证明 证明方法与霍特林引理的证明方法相同,这里省略. ∎

定理 6.4.1 设要素需求函数 $F^q: R_{++}^k \to R^k$ 在点 $w \in R_{++}^k$ 处可微. 此时,在点 $w \in R_{++}^k$ 处的 F^q 的微分 $\partial F^q(w)$ 具有以下性质:

(1) 矩阵 $\partial F^q(w)$ 是对称的;

(2) 矩阵 $\partial F^q(w)$ 是半负定的;

(3) $w^T \partial F^q(w) = \mathbf{0}, \partial F^q(w) w = \mathbf{0}$.

证明 证明方法与定理 6.3.1 的证明方法相同,这里省略. ∎

二、成本函数

将生产要素的价格 w 固定,如下定义函数 $C: R_+ \to R_+$:
$$C(q) = C^q(w).$$
函数 $c = C(q)$ 是表示企业生产量 q 和总成本 c 之间的关系,通常被称为"成本函数".

定理 6.4.2 如果生产函数 $f: R_+^k \to R_+$ 是凹函数,则成本函数 $c = C(q)$ 是凸函数.

证明 设 $q, q' \geq 0, 0 < \theta < 1$. 根据成本函数的定义,对于某两点 $x, x' \in R_+^k$,有
$$C(q) = w \cdot x, \quad q \leq f(x), \quad C(q') = w \cdot x', \quad q' \leq f(x')$$
成立. 根据上面的不等式和生产函数 f 是凹函数,可以得到下面的不等式:
$$\theta q + (1-\theta) q' \leq \theta f(x) + (1-\theta) f(x') \leq f(\theta x + (1-\theta) x').$$
即:如果投入生产要素 $\theta x + (1-\theta) x'$,则可以生产产品 $\theta q + (1-\theta) q'$. 从而,由

成本函数的定义,就能得到:
$$C(\theta q + (1-\theta)q') \leqq w \cdot (\theta x + (1-\theta)x'),$$
所以,
$$\theta C(q) + (1-\theta)C(q') = w \cdot (\theta x + (1-\theta)x') \geqq C(\theta q + (1-\theta)q').$$
定理获证. ∎

习 题

A 组

1. 消费产品 x_1, x_2 的消费者的效用为 $u = \sqrt{x_1 x_2}$,并设 p_1, p_2 为 x_1, x_2 的价格,消费者的收入为 m.

试求:

(1) 补偿需求函数;

(2) 最小支出函数;

(3) 需求函数;

(4) 验证斯勒茨基方程.

2. 有一消费者,某商品价格上涨 1 000 元时,其间接效用减少 60 个单位;而货币收入增加 1 000 元时,其间接效用增加 5 个单位,问这个消费者对该商品的消费量是多少?

3. 请思考:假定偏好是凹性的,替代效应会是负的吗?

B 组

1. 证明:最小成本函数 $C^q: R^k_{++} \to R^k$ 是一阶齐次的凹函数.

2. 如果生产函数 $f: R^k_+ \to R_+$ 是一阶齐次的函数,试证明:成本函数 f 是线性函数,存在实数 $a > 0$,有 $C(q) = aq$.

第七章 分离定理

本章基于前章所述凸集合的理论,对于在经济学中有重要运用的分离定理(separation theorem)进行解说.首先介绍超平面,然后介绍分离定理,它告诉我们存在将集合外点和集合分离的超平面.分离定理有种种表现的形式,在第二节中,介绍一般性的分离定理,共计 3 种形式.第一种是凸集合与分离超平面相切的情况;第二种是分离超平面在两个凸集合的中间;第三种情况则是与分离超平面正交的向量是非负向量的情况,而这种情况下的分离定理在经济学中应用较多.

分离定理是数学范畴的知识,但它在经济学的理论分析中有较重要的应用,也是当代数理经济学的重要的组成部分.特别是在福利经济学基本定理的证明中,起着不可或缺的作用.

§7.1 分离超平面

对于不为 **0** 的向量 $p \in R^n$ 和实数 b,令
$$H(p,b) = \{x \in R^n | p \cdot x = b\}.$$
这个集合 $H(p,b)$ 被称为 R^n 空间中的"超平面"(hyperplane). 例如,在 $n=1$ 时,超平面就是 R^1 中的 1 点;当 $n=2$ 时,超平面就是 R^2 中的 1 条直线;当 $n=3$ 时,超平面就是 R^3 中的平面.超平面 $H(p,b)$ 将 R^n 分成两个区域,在 $H(p,b)$ 一边的点满足 $p \cdot x \geq b$,而另一边的点则满足 $p \cdot x \leq b$. 另外,我们注意到对于 $H(p,b)$ 中的任意两个向量 x', x'' 有
$$p \cdot (x' - x'') = 0$$
成立,因此,p 与 $H(p,b)$ 中的任意线段都正交,故将 p 称为超平面 $H(p,b)$ 的"法线"(normal),图 7.1 表示了超平面及其法线的例子.

设集合 $X \subset R^n$ 和 $Y \subset R^n$,对于任意的 $x \in X$ 和 $y \in Y$,如果 $p \cdot x \leq b \leq p \cdot y$,则称 $H(p,b)$ "分离"(separated)集合 X 和 Y;如果不等式 $p \cdot x < b < p \cdot y$ 成立,则称 $H(p,b)$ "严格分离"集合 X 和

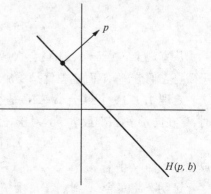

图 7.1 超平面与法线

Y. 不论是分离还是严格分离，X 和 Y 都分属 $H(p,b)$ 的两边，图 7.2 就是严格分离的状况．

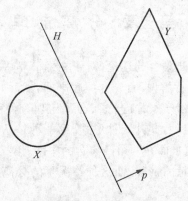

图 7.2 分离超平面

对于凸集合 $X \subset R^n$，如果超平面 $H(p,b)$ 包含 X 的一个边界点，而且整个集合都在 $H(p,b)$ 的同一边，则称超平面为凸集合 X 的"支撑超平面"(supporting hyperplane)，此时，我们又称 $H(p,b)$ 支撑 X. 根据支撑超平面的定义，我们可以知道支撑超平面与凸集合 X 是相切的关系，故而也有文献将其称为"切平面". 图 7.3 表现了支撑超平面 $H(p,b)$ 和集合 X 的关系．

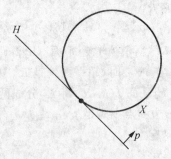

图 7.3 支撑超平面

从直观上，对于一个闭集合 X 及一个不被该集合包含的点 x^0，存在一个超平面将它们分离，下面定理就是要从理论上证明这样的超平面是存在的．

定理 7.1.1 设集合 $X \subset R^n$ 是非空、闭并且是凸集合，点 $x^0 \in R^n, x^0 \notin X$. 此时，存在向量 $p \in R^n$ 且 $p \neq \mathbf{0}$，对于任意的 $x \in X$，有
$$p \cdot x^0 < p \cdot x$$
成立．

证明 将集合 X 到点 x^0 的距离定义为：$d(x^0, X) = \inf\{d(x^0, y) | y \in X\}$，显然地，$d(x^0, X) \geq 0$. 另外，根据下限的定义，对于 $k=1,2,\cdots$ 存在使得 $y^k \in X$，

$d(x^0, y^k)$ 向 $d(x^0, X)$ 收敛的有界点列 y^k,适当地选择其中一子点列,可以使它收敛. 这里,将它的极限设为 y^0. 由于集合 X 是闭集合, $y^0 \in X$,

$$d(x^0, X) = d(x^0, y^0).$$

令向量 $p = y^0 - x^0$,由于 $x^0 \notin X$,故而 $p \neq 0$. 设 $x \in X$,因为集合 X 是凸集合,对于任意满足不等式 $0 \leqq t \leqq 1$ 的实数 t,有 $tx + (1-t)y^0 \in X$,从而有:

$$d(x^0, tx + (1-t)y^0) \geqq d(x^0, y^0).$$

下面定义一个关于 t 的函数:

$$\begin{aligned} f(t) &= [d(x^0, tx + (1-t)y^0)]^2 \\ &= \| tx + (1-t)y^0 - x^0 \|^2 \\ &= \| t(x - x^0) + (1-t)(y^0 - x^0) \|^2 \\ &= t^2 \| x - x^0 \|^2 + 2t(1-t) p \cdot (x - x^0) + (1-t)^2 \| p \|^2. \end{aligned}$$

对此函数进行微分,得到:

$$f'(t) = 2t \| x - x^0 \|^2 + 2(1 - 2t) p \cdot (x - x^0) - 2(1-t) \| p \|^2.$$

当 $t = 0$ 时, $f(t)$ 取得最小值 $[d(x^0, y^0)]^2$,所以, $f'(0) \geqq 0$. 即:

$$f'(0) = 2p \cdot (x - x^0) - 2\| p \|^2 \geqq 0.$$

从上面的不等式可以得到:

$$p \cdot (x - x^0) \geqq \| p \|^2 > 0,$$

从而,对于任意的 $x \in X$, $p \cdot x^0 < p \cdot x$ 成立. ■

§7.2 一般的分离定理

为了得到其他各种分离定理,以下,首先介绍与凸集合性质有关的两个引理.

引理 7.2.1 如果集合 $X \subset R^n$ 是凸集合,则它的闭包 $\text{cl}X$ 也是凸集合.

证明 设两点 x 和 y 是属于闭包 $\text{cl}X$ 的点,实数 θ 满足不等式 $0 < \theta < 1$. 根据定理 4.1.5,在集合 X 内的点列中,存在分别收敛于 x 和 y 的点列 x^k 和 y^k,即: $x^k \in X, y^k \in X$,并且

$$\lim_{k \to \infty} x^k = x, \quad \lim_{k \to \infty} y^k = y.$$

从而,由于集合 X 是凸集合,对于各 k,凸结合 $\theta x^k + (1-\theta)y^k \in X$,并且

$$\lim_{k \to \infty} [\theta x^k + (1-\theta)y^k] = \theta \lim_{k \to \infty} x^k + (1-\theta) \lim_{k \to \infty} y^k = \theta x + (1-\theta)y$$

成立. 再根据定理 4.1.5,上式意味着点 $\theta x + (1-\theta)y$ 属于闭包 $\text{cl}X$,故 $\text{cl}X$ 是凸集合.

本引理获证. ■

点 $v^0, v^1, \cdots, v^n$ 是空间 R^n 上的 $n+1$ 个点,设它们不属于同一超平面.用这些点中的 $k+1$ 点 $v^0, v^1, \cdots, v^k$ 定义集合:$\Delta(v^0, v^1, \cdots, v^k) = \text{co}\{v^0, v^1, \cdots, v^k\}$,称为"$k$ 维单体",按此推算,单位单体 S_n 就应该是 $n-1$ 维单体.

引理 7.2.2 对于任意的凸集合 $X \subset R^n$,$\text{int}(\text{cl}X) = \text{int}X$.

证明 根据定义,$\text{cl}X \supset X$,所以,显然地有 $\text{int}(\text{cl}X) \supset \text{int}X$.

下面只要证明逆包含关系 $\text{int}(\text{cl}X) \subset \text{int}X$ 成立即可.为此,设 $x \in \text{int}(\text{cl}X)$.集合 $\text{int}(\text{cl}X)$ 是开集合,存在充分小的数 $\varepsilon > 0$,$B(x, \varepsilon) \subset \text{int}(\text{cl}X)$.从而,适当地选择不属于同一超平面的 $n+1$ 个点 $v^0, v^1, \cdots, v^n \in \text{cl}X$,用它们定义 n 维单体

$$\Delta(v^0, v^1, \cdots, v^n) = \text{co}\{v^0, v^1, \cdots, v^n\}$$

的内部可以包含点 x,即:$x \in \text{int}\Delta(v^0, v^1, \cdots, v^n)$.根据闭包的定义,各点 v^i 的近旁都有几何 X 内的点存在,不失一般性,将 $v^0, v^1, \cdots, v^n$ 看成集合 X 的点.集合 X 是凸集合,所以,$\Delta(v^0, v^1, \cdots, v^n) \subset X$.这就意味着点 x 是集合 X 的内点,即:$x \in \text{int}X$.由于点 x 是集合 $\text{int}(\text{cl}X)$ 内任意的点,所以,逆包含关系得证. ∎

有了以上的准备,就可以对分离定理进行证明了.

定理 7.2.1 设集合 $X \subset R^n$ 是非空的凸集合,点 $x^0 \in R^n$ 不属于集合 X 的内部,即:$x^0 \notin \text{int}X$.此时,存在向量 $p \in R^n, p \neq \mathbf{0}$,对于任意的 $x \in X$,有 $p \cdot x^0 \leq p \cdot x$ 成立.

证明 根据引理 7.2.2,$x^0 \notin \text{int}(\text{cl}X)$,所以,存在不属于 $\text{cl}X$ 的点列收敛于 x^0,即:存在点列 x^k,对于各 k,$x^k \notin \text{cl}X$ 并且点列 x^k 收敛于 x^0.

根据引理 7.2.1,集合 $\text{cl}X$ 是凸集合,对于各 k,点 x^k 不属于闭集合 $\text{cl}X$.所以,根据定理 7.1.1,对于任意的 $x \in \text{cl}X$,有

$$p^k \cdot x^k \leq p^k \cdot x$$

成立.不失一般性,设 $\|p^k\| = 1$,p^k 是在作为紧集的单位圆周上运动的点列.从而,点列 p^k 的子点列是收敛的,它的极限属于单位圆周.设这样的子点列仍然以 p^k 表记,并且,它的极限是 p.

对于各点 $x \in X$,因为有 $p^k \cdot x^k \leq p^k \cdot x$ 成立,所以,使该不等式沿子点列向极限移动,可以得到 $p \cdot x^0 \leq p \cdot x$.另外,因为 $\|p^k\| = 1, p \neq \mathbf{0}$,即:向量 p 具有本定理要求的性质.本定理获证. ∎

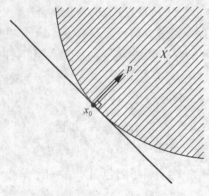

图 7.4 定理 7.2.1 中的支撑平面

图 7.4 表现的是定理 7.2.1 中的支撑平面.如图,x^0 在凸集合 X 的边界上,定理

7.2.1 揭示的是存在与集合 X 相切于 x^0 点的超平面. 根据该定理,可以针对两个没有交集的凸集合的一般情况,给出分离定理的证明.

定理 7.2.2 设两个非空的凸集合 $X,Y \subset R^n$ 的交集为空集,即: $X \cap Y = \emptyset$. 此时,存在向量 $p \in R^n, p \neq \mathbf{0}$,对于任意的 $x \in X, y \in Y$,有 $p \cdot x \leq p \cdot y$ 成立.

证明 设集合 $Z = Y - X$. 即:
$$Z = \{z \in R^n | z = y - x, x \in X, y \in Y\}.$$
可以容易地证明集合 Z 是非空的凸集合,这里就不赘言了. 另外,由于 $X \cap Y = \emptyset$,所以,$\mathbf{0} \notin Z$. 根据定理 7.2.1 可以得知,存在向量 $p \in R^n, p \neq \mathbf{0}$,对于任意的 $z \in Z$,有 $0 \leq p \cdot z$ 成立. 即: 对于任意的 $x \in X, y \in Y$,有 $0 \leq p \cdot (y-x)$ 成立. 本定理获证.

在本章的最后部分,我们要证明在经济学的领域的应用中最为重要的分离定理. 在二维空间中,这个定理的特征如图 7.5 所示: 与分离超平面正交的向量是非负的.

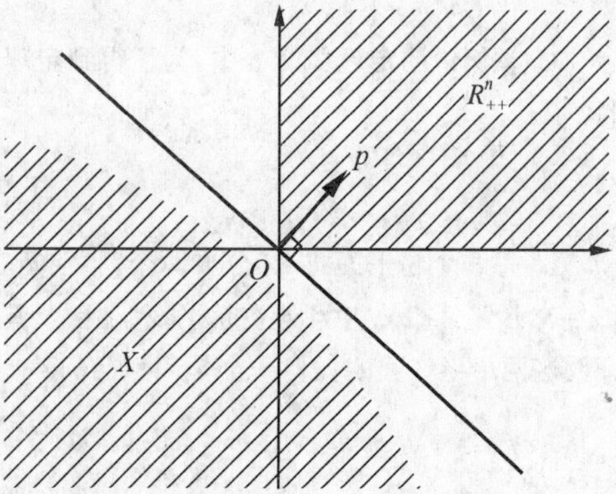

定理 7.2.3 设集合 $X \subset R^n$ 是非空的凸集合,如果 $X \cap R_{++}^n = \emptyset$,存在具有下述性质的向量 $p \in R_+^n, p \neq \mathbf{0}$,对于任意的 $x \in X$,有 $p \cdot x \leq 0$ 成立.

证明 根据定理 7.2.2,存在向量 $p \in R^n, p \neq \mathbf{0}$,对于任意的 $x \in X$ 和 $y \in R_{++}^n$,有 $p \cdot x \leq p \cdot y$ 成立.

图 7.5 与超平面正交的向量为非负

现在,设 $x \in X$,将点列 y^k 定义成为:
$$y^k = \begin{bmatrix} 1/k \\ 1/k \\ \vdots \\ 1/k \end{bmatrix}.$$

对于各 $k=1,2,\cdots$,因 $y^k \in R_{++}^n$,故 $p \cdot x \leq p \cdot y^k$ 成立. 另外,点列 y^k 收敛于 $\mathbf{0}$,从而在其极限可以得到 $p \cdot x \leq 0$. 所以,至此证明了: 对于任意的 $x \in X$, $p \cdot x \leq 0$ 成立.

下面证明 $p \in R_+^n$,采用反证法. 假设向量 p 的第一成分 p_1 为负值,即: $p_1 < 0$. 现在,设 $x \in X$,将点列 y^k 定义成为:

$$y^k = \begin{bmatrix} k \\ 1/k \\ \vdots \\ 1/k \end{bmatrix}.$$

对于各 $k=1,2,\cdots$,因 $y^k \in R_{++}^n$,故 $p \cdot x \leqq p \cdot y^k$ 成立. 但明显地,$p \cdot y^k \to -\infty$ 是发散的. 所以,对于充分大的 k,有 $p \cdot x > p \cdot y^k$ 成立,故出现矛盾. 从而,p_1 为负值的假设不成立,$p_1 \geqq 0$.

同样地,可以证明向量 p 的所有成分都是非负的,定理获证. ∎

习 题

A 组

1. 举例说明定理 7.2.3 中,为了得到定理的结论,条件 "$X \subset R^n$ 是非空的凸集合" 是必要的.

B 组

1. 每一个超平面将 R^n 分成两个 "半空间":处在超平面上及其上方的点的几何为 $H_+ = \{x \in R^n | a \cdot x \geqq b\}$,并且处在超平面 "上以及其下方" 的点的集合为 $H_- = \{x \in R^n | a \cdot x \leqq b\}$. 证明这两个半空间的任何一个是闭且凸的.

第八章 一般均衡

在市场经济中,在需求和供给相等处决定价格是一般的规律.一个经济由各种市场构成,所有的产品价格是相互依存的,由达到全部市场的均衡时决定,这就是瓦尔拉斯(Walras)的"一般均衡理论"的考虑方法.

本章,首先介绍一般均衡模型中最简单的"纯粹交换经济"模型;其后将介绍包含企业生产活动的"生产经济"模型.在这一部分,我们考虑的经济中存在许多消费者和存在许多企业,所有的经济主体都是价格接受者,没有支配价格的能力,在这样的经济中,我们给出"竞争均衡"的定义.随后,将给出一般化的经济模型,定义一般化的竞争均衡.

其次,本章要定义效率性的基本概念——"帕累托最优",介绍"福利经济学第一基本定理"和介绍比竞争均衡的概念要弱一些的"准均衡"的概念.我们要指出帕累托最优就是准均衡,这就是"福利经济学第二基本定理"的主要内容.在证明福利经济学第二基本定理时,使用前章介绍的分离定理.

§8.1 交换经济与生产经济

一、交换经济的竞争均衡

我们考虑一个没有生产的经济,经济主体均由消费者构成,消费者将消费者拥有的物品在市场上进行交换,这样的经济被称为"纯粹交换经济"(pure exchange economy).在这样的经济中有许多消费者,其总数用 I 来表示.对这些消费者进行编号,其号码从 1 到 I,第 i 号的消费者,就称为"消费者i".经济中共有 n 种物品,物品的空间设为 R^n,消费者 i 的消费集合设为 X_i,显然地,$X_i \subset R^n$,其偏好用 $\succ_i$ 来表示,另外,消费者 i 的初期的物品禀赋量设为 e_i.经济用"ε_E"来表示,表记如下:

$$\varepsilon_E = \{X_i, \succ_i, e_i (i = 1, 2, \cdots, I)\}.$$

物品的价格设为 $p, p \subset R^n$,由于消费者 i 的初期的物品禀赋量为 e_i,则消费者 i 所拥有的物品价值 m_i 应该是

$$m_i = pe_i.$$

应该注意的是消费者拥有的物品价值相当于其交换物品的约束条件,与前面章节中的消费者收入相同,为了叙述的方便,我们就将它称为收入.它依赖于价格,

是价格的函数. 在某价格体系下,所有消费者在预算约束下获得最大满足的物品的需求之总和与经济中物品总禀赋量相等时,就称为"竞争均衡"(competitive equilibrium). 经济 ε_E 的竞争均衡定义如下:

定义 8.1.1 价格 $p \in R^n$ 和消费者 i 的物品消费量 $x_i \in X_i$ 的组合 $\{p, x_1, x_2, \cdots, x_I\}$ 在满足以下的条件时,称为经济 ε_E 的竞争均衡:

(1) 对于消费者 i,满足 $p \cdot x_i \leq p \cdot e_i$,并且如果 $z \succ_i x_i$,则 $p \cdot z > p \cdot e_i$ 成立(在预算约束下,消费者在消费集合上的最大满足).

(2) $\sum_{i=1}^{I} x_i = \sum_{i=1}^{I} e_i$ (市场出清,即: 总需求与总供给相等).

以上定义中的价格称为"均衡价格",我们将此时消费者的物品配置 $\{x_1, x_2, \cdots, x_I\}$ 称为"均衡配置".

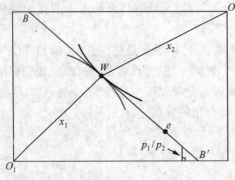

图 8.1 埃奇沃思盒状图

例 8.1.1 在由 2 消费者和 2 物品组成的交换经济中,经济的均衡可以由埃奇沃思(F. Y. Edgeworth)盒状图来表示. 图 8.1 中,消费者 1 所持有的物品量以 O_1 点为原点、消费者 2 所持有的物品量以 O_2 为原点进行度量;盒状图两边的长短是两消费者初期所持物品量的总和;e 点表示两人期初的禀赋量;而均衡点则由 W 表示. 均衡价格比由 BB' 的斜率来表示,它也同时也表示这两消费者的预算曲线.

二、生产经济的竞争均衡

以下,考察进行生产的经济. 所谓"生产经济"(production)就是指包含生产活动的经济,而进行生产活动的经济主体是企业. 现在要考虑的是,在上一节的交换经济 ε_E 中加入生产. 经济中存在许多企业,设它们的总数为 J,对这些企业进行编号,其号码从 1 到 J. 第 j 号的企业就称其为"企业 j";企业 j 的生产集合设为 $Y_j, Y_j \subset R^n$;另外,我们假定,企业获得的利润全部分给消费者,并设企业 j 向消费者 i 分配的利润比例为 $\theta_{ij} \geq 0$,可以将 θ_{ij} 理解成为消费者 i 占有企业 j 的股份比例. 我们还假定

$$\sum_{i=1}^{I} \theta_{ij} = 1 \quad (j = 1, 2, \cdots, J)$$

成立. 如此设定下的企业与消费者关系的经济,习惯上被称为"阿罗-德布鲁经

济"(K. J. Arrow-G. Debreu). 经济由 I 个消费者：消费者1,消费者2,…,消费者 I;J 个企业：企业1,企业2,…,企业 J 构成,以记号 ε_P 表示这个经济,可以写成：

$$\varepsilon_P = \{X_i, \succ_i, e_i, Y_j, \theta_{ij}(i=1,2,\cdots,I;j=1,2,\cdots,J)\}.$$

在产品价格为 $p\in R^n$ 时,企业 j 选择使得利润最大的生产量 $y_j\in Y_j$. 此时,在利润 $p\cdot y_j$ 之中,将 $\theta_{ij}p\cdot y_j$ 分给消费者 i,则消费者收入 m_i 就等于期初产品禀赋量 e_i 的价值加上从企业分得的利润：

$$m_i = p\cdot e_i + \sum_{j=1}^{J}\theta_{ij}p\cdot y_j.$$

因企业的利润最大化行为依存于价格,所以,消费者收入是价格的函数. 在某一价格之下,所有企业利润最大化,所有的消费者在预算约束下得到最大的满足,此时,如果需求总量与供给总量相等,经济就处于均衡的状态. 下面,给出生产经济 ε_P 中严格的竞争均衡的定义：

定义 8.1.2 价格 $p\in R^n$、消费者 i 的物品消费量 $x_i\in X_i$ 以及企业 j 的生产量 $y_j\in Y_j$ 的组合 $\{p,x_1,x_2,\cdots,x_I,y_1,y_2,\cdots,y_J\}$ 在满足以下的条件时,被称为经济 ε_P 的竞争均衡：

(1) 对于消费者 i,满足 $p\cdot x_i\leq p\cdot e_i+\sum_{j=1}^{J}\theta_{ij}p\cdot y_j$,并且如果 $z\succ_i x_i$,则 $p\cdot z > p\cdot e_i+\sum_{j=1}^{J}\theta_{ij}p\cdot y_j$ 成立(在预算约束下,消费者在消费集合上的最大满足).

(2) 对于各企业 j 和任意的 $z\in Y_j$,有 $p\cdot y_j\geq p\cdot z$ 成立(企业在生产集合上的利润最大化).

(3) $\sum_{i=1}^{I}x_i = \sum_{j=1}^{J}y_j + \sum_{i=1}^{I}e_i$(市场出清,即：总需求与总供给相等).

上述定义中的价格 p 是均衡价格,对消费者的消费分配和企业的生产量的组合 $\{x_1,x_2,\cdots,x_I,y_1,y_2,\cdots,y_J\}$ 为经济 ε_P 的均衡配置.

§8.2 一般化的经济模型

为了能够同时考察上一节中所述的交换经济和生产经济,在本节中将给出包含这两种经济的一般化模型定义.

首先,结合均衡价格等新概念对供给与需求做一简单的归纳.

一、供给与需求

(一) 供给

经济的产品空间设为 R^n,经济的生产集合设为 Y,$Y \subset R^n$. 但应该注意到价格和收入对于均衡的重要意义. 例如,使得产品的供给量无限大的价格不能够达到市场均衡;另一方面,人们的收入无限大的状况将使得需求无限大,市场也不能达到均衡. 人们的收入是由经济生产的产品的价值中生成,故而,使得经济均衡成立的价格应使得生产的产品总价值为有限,所以,均衡价格存在的范围就应该是产品价值有界的范围. 这样的思想在 §6.3 中已经叙述过,我们沿用第六章中所用的记号,给出均衡价格存在的范围集合:

$$P = \{p \in R^n \mid \text{存在数 } b > 0, \text{对于任意的 } y \in Y, \text{有 } p \cdot y \leq b\}.$$

在生产活动中,企业选择使产品价值最大的生产量,价格 $p \in P$ 时的供给集合为:

$$S(p) = \{y \in Y \mid \text{对于任意的 } z \in Y, \text{有 } p \cdot z \leq p \cdot y\}.$$

此时,产品的价值是

$$\pi(p) = p \cdot S(p).$$

值 $\pi(p)$ 是以价格 p 评价的生产可能产品的最大值,也是经济全体的财富的总价值.

(二) 需求

与上一节相同,将构成经济的消费者,即消费者的总数设为 I;消费者 i 的消费集合设为 X_i,$X_i \subset R^n$,其偏好用 $\succ_i$ 来表示;并设函数 $m_i: P \to R$ 表示消费者 i 的收入,是价格的函数;数值 $m_i(p)$ 表示的是在价格为 p 时消费者 i 的收入. 对于任意的 $p \in P$,

$$\pi(p) = \sum_{i=1}^{I} m_i(p). \tag{8.2.1}$$

这个条件要求消费者收入的总和应与整个经济生产的产品总价值相等.

消费者在预算约束下需要能够获得最大满足的产品. 在价格 $p \in P$ 时,消费者 i 的预算集合如下:

$$B_i(p) = \{x \in X_i \mid p \cdot x \leq m_i(p)\}.$$

此时的需求集合为:

$$D_i(p) = \{x \in B_i(p) \mid \text{如果 } z \succ_i x, \text{则 } p \cdot z > m_i(p)\}.$$

二、竞争均衡

(一) 定义

上述经济的特征是具备了元素:生产集合 Y、消费者 i 的消费集合 X_i、偏好

关系 $\succ_i$ 和收入函数 m_i,故可以将一般化经济表示成:
$$\varepsilon=\{Y,X_i,\succ_i,m_i(i=1,2,\cdots,I)\}.$$
经济 ε 的均衡定义如下:

定义 8.2.1 价格 $p\in R^n$、消费者 i 的消费量 $x_i\in X_i$ 以及生产量 $y\in Y$ 的组合 $\{p,x_1,x_2,\cdots,x_I,y\}$ 满足以下条件时,称为经济 ε 的竞争均衡:

(1) 对于消费者 i,有 $x_i\in D_i(p)$,即: $p\cdot x_i\leqq m_i(p)$,并且如果 $z\succ_i x_i$,则 $p\cdot z>m_i(p)$(在预算约束下,消费者在消费集合上的最大满足).

(2) $y\in S(p)$,即:对于任意的 $z\in Y$,有 $p\cdot y\geqq p\cdot z$(企业选择产品价值最大的生产量).

(3) $\sum_{i=1}^{I}x_i=y$(市场出清,总需求与总供给相等).

这个定义是上一节所述的两个定义的一般化的形式.它指出了经济处于均衡状态时必须满足的三个条件.其中的条件(1)和(2)反映了几乎所有的经济模型都具有的假设,即行为主体都是在自己力所能及的环境中做到最好;条件(3)则要求在均衡价格下由条件(1)和(2)得到的理想消费水平和生产水平能够相一致.如果存在过剩需求,那么经济就不会处于均衡状态.例如,如果某种商品在某个价格下存在过剩需求,那么,必然有一些消费者得不到理想的消费水平,他们可能会采取提高购买价格的方法,使得卖方先卖此商品给他们以满足他们的需求.同理也可以分析存在过剩供给的情况,一部分卖方会发现降低价格有利可图.

图 8.2 描绘的是 $n=2,I=2$ 时一般化经济 ε 的均衡,它表现了资源在企业生产和消费者消费中的配置同时达到均衡的情况.

对于每一个价格比率,生产部门选择一个使得利润取得最大值的产出组合,埃奇沃思盒状图则描绘了这些产出如何在消费者之间进行配置的.在该图中,消费者 1 持有的物品从 O_1、消费者 2 持有的物品从 O_2 开始测算,O_2 点表示均衡配置时的生产量.均衡价格比

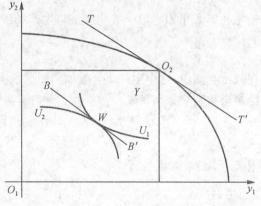

图 8.2 一般化经济模型

由 BB' 的斜率表示,直线 BB' 同时也表示消费者 1 和消费者 2 的预算约束线.W 点是该两消费者都达到满足之点.TT' 与生产集合的边界相交于 O_2,在 O_2 点生产利润达到最大.

该图说明了消费者的决策与企业的决策是内在一致的：在现行的价格体系下，消费者的消费总是等于企业的产出．它反映了如下两条均衡的性质：

(1) 在现行的价格体系下，生产与消费各自独立地达到最优，所有的企业和消费者面对同样的价格体系，所以 BB' 与切线 TT' 的斜率应该相同．

(2) 市场出清，即供给等于需求．

(二) 交换经济与生产经济的关系

经济 ε 是交换经济 ε_E 和生产经济 ε_P 一般化的产物，我们首先考虑交换经济与一般经济的关系．在交换经济中，设

$$Y = \sum_{i=1}^{I} e_i + R_-^n, \quad m_i(p) = p \cdot e_i \quad (i = 1, 2, \cdots, I),$$

这里，$R_-^n = -R_+^n$．在图 8.3 就描绘了二维空间中这样的可交换范围 Y（相当于生产集合）．此时，$P = R_+^n$，价格 $p \in P$ 时，$\sum_{i=1}^{I} e_i \in S(p)$，从而就有下式成立：

$$\sum_{i=1}^{I} m_i(p) = \sum_{i=1}^{I} p \cdot e_i = p \cdot S(p) = \pi(p).$$

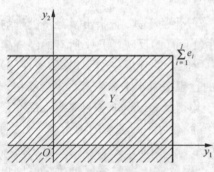

图 8.3　交换经济中的生产集合

上式即为 (8.2.1) 式，表示消费者收入的总和与整个经济的物品总价值相等．

其他的讨论与本节"一、供给与需求"中的有关部分相同，故可以将 ε_E 变形为一般化经济 ε．下面考虑一般化经济与生产经济 ε_P 的关系．将生产集合写成

$$Y = \sum_{i=1}^{I} e_i + \sum_{j=1}^{J} Y_j,$$

在二维空间中，这个生产集合就如同图 8.2 中的 Y．价格 $p \in P$ 时，将企业 j 的供给集合和利润分别写成：

$$S_j(p) = \{y \in Y_j \mid \text{如果 } z \in Y_j, \text{则 } p \cdot z \leqq p \cdot y\},$$
$$\pi_j(p) = p \cdot S_j(p),$$

消费者 i 的收入函数写成：

$$m_i(p) = p \cdot e_i + \sum_{j=1}^{J} \theta_{ij} \pi_j(p).$$

此时，利用 $\sum_{i=1}^{I} \theta_{ij} = 1, (j = 1, 2, \cdots, J)$ 就可以得到：

$$\sum_{i=1}^{I} m_i(p) = \sum_{i=1}^{I} \left[p \cdot e_i + \sum_{j=1}^{J} \theta_{ij} \pi_j(p) \right]$$

$$= \sum_{i=1}^{I} p \cdot e_i + \sum_{j=1}^{J}\left[\left(\sum_{i=1}^{I}\theta_{ij}\right)\pi_j(p)\right]$$

$$= \sum_{i=1}^{I} p \cdot e_i + \sum_{j=1}^{J}\pi_j(p).$$

各企业追求利润最大化的行动,使得利润总和的最大化,即为下式:

$$\pi(p) = p \cdot \sum_{i=1}^{I} e_i + p \cdot \sum_{j=1}^{J} S_i(p)$$

$$= p \cdot \sum_{i=1}^{I} e_i + \sum_{j=1}^{J}\pi_j(p)$$

$$= \sum_{i=1}^{I} m_i(p),$$

也就是(8.2.1)式成立,表示消费者收入的总和与整个经济生产的产品总价值及其物品的禀赋量相等。其他的讨论亦与本节"一、供给与需求"中的有关部分相同,故而生产经济 ε_P 也可以变化为一般化经济 ε.

三、总过剩需求

(一) 总过剩需求的概念

设在价格 $p \in P$ 时,消费者 i 的需求量为 $x_i \in D_i(p)$,则 $\sum_{i=1}^{I} x_i$ 是总需求. 设总供给量为 $y \in S(p)$,总需求与总供给的差:

$$z = \sum_{i=1}^{I} x_i - y,$$

称其为"总过剩需求"(aggregate excess demand). 在价格为 $p \in P$ 时,总过剩需求量可以由以下定义给出:

$$\zeta(p) = \sum_{i=1}^{I} D_i(p) - S(p)$$

$$= \left\{ z \in R^n \middle| z = \sum_{i=1}^{I} x_i - y, x_i \in D_i(p) \right.$$

$$(i = 1, 2, \cdots, I), y \in S(p) \right\},$$

这里的集合 $\zeta(p)$ 就被称为"总过剩需求集合".

例 8.2.1 根据定义 8.2.1 可知,使得 $0 \in \zeta(p)$ 的价格 p 就是经济 ε 的均衡价格.

(二) 总过剩需求的性质

定理 8.2.1 设所有的消费者 i 的收入函数 m_i 是一阶齐次函数,即:对于任意的 $p \in P$ 和 $t>0, m_i(tp) = tm_i(p)$. 此时,总过剩需求集合是零阶齐次函数,即：对于任意的 $p \in P$ 和 $t > 0, \zeta(tp) = \zeta(p)$.

证明 由于每一消费者 i 的需求集合 $D_i(p)$ 和经济的供给集合 $S(p)$ 是零阶齐次的，故可以容易地得到以上结论，以下略. ∎

定理 8.2.2 总过剩需求满足弱瓦尔拉斯(weak Walras' law)法则. 即：对于任意的 $p \in P$，有 $p \cdot \zeta(p) \leq 0$.

证明 首先，每一消费者 i 的需求量 $x_i \in D_i(p)$ 要满足预算约束：
$$p \cdot x_i \leq m_i(p),$$
对于总供给量 $y \in S(p)$，有下式
$$p \cdot y - \pi(p) = 0$$
成立. 根据(8.2.1)式，可以得到：
$$\sum_{i=1}^{I} p \cdot x_i - p \cdot y \leq \sum_{i=1}^{I} m_i(p) - \pi(p) = 0,$$
所以，对于任意的 $z \in \zeta(p), p \cdot z \leq 0$. ∎

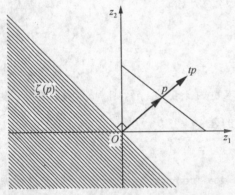

图 8.4 总过剩需求集合 $\zeta(p)$ 所处区域

图 8.4 表示的是 $n = 2$ 时，价格 p 和总过剩需求集合 $\zeta(p)$ 所处的区域，根据弱瓦尔拉斯法则，集合 $\zeta(p)$ 位于与价格向量 p 正交并通过原点的直线的左下方图中阴影区域.

通过上述定理 8.2.2 的证明我们可以知道，如果消费者将所有的收入都用于消费，即
$$p \cdot x_i = m_i(p) \quad (i = 1, 2, \cdots, I)$$
成立时，定理 8.2.2 的结论应该取等号，即：对于任意的 $p \in P$，
$$p \cdot \zeta(p) = 0$$
成立，它表示总过剩需求的价值为零. 该式被称为"瓦尔拉斯法则"(Walras' Law)，是为纪念法国经济学家瓦尔拉斯而命名的. 根据瓦尔拉斯法则我们可以知道，如果 $z \in \zeta(p)$，则 $p \cdot z = 0$. 在某一个价格 $p > 0$ 之下，$n-1$ 个产品市场上实现"市场出清"(总需求等于总供给)，也就是过剩需求向量 z 的 $n-1$ 个分量为 0 时，最后的过剩需求也是 0. 市场出清，即 $z = 0$，在所有的产品市场上都实现均衡. 故而，在面对 n 个市场时，实际只要考虑 $n-1$ 个市场即可. 另外，还有一点值得注意：瓦尔拉斯法则考虑的是，预算约束下取得最大效用的产品组合应该落在预算曲线上，与 p 是不是均衡价格无关.

§8.3 福利经济学基本定理

这一节中,我们要定义经济的资源配置的最佳性,并对"在竞争均衡时的配置是最优的"这一命题进行证明.

一、局部非饱和性

考虑经济
$$\varepsilon = \{Y, X_i, \succ_i, m_i (i = 1, 2, \cdots, I)\},$$
这里,假定消费者偏好可以用效用来代替,即:消费者 i 的效用函数由 $U_i: X_i \to R$ 表示,则:
$$\succ_i = \{(x, y) | U_i(x) > U_i(y)\}.$$
从而,如果 $x \succ_i y$,并且仅限于此时,有 $U_i(x) > U_i(y)$.

有了上述的准备,现在导入局部非饱和性的概念.

局部非饱和性 每一消费者 i 对于任意的 $x \in X_i$ 和 $\eta > 0$,都存在 $z \in X_i$,使得
$$U_i(z) > U_i(x),$$
并且 $\|z - x\| < \eta$.

上述局部非饱和性的概念描述的正是图 8.5 所表示的情况,图中的 x 点的近旁存在比 x 偏好的 z,当消费量向适当的方向发生微小变化时,消费者的效用就会增加.

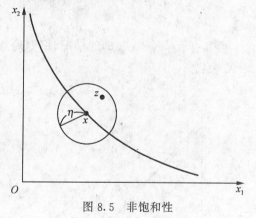

图 8.5 非饱和性

二、第一基本定理

(一)帕累托最优

当消费者 i 的产品消费量 $x_i \in X_i$ 和生产量 $y \in Y$ 的组合 $\{x_1, x_2, \cdots, x_I, y\}$ 满足条件
$$\sum_{i=1}^{I} x_i = y$$
时,它就是可实行的,并称其为经济 ε 的一个"配置".

设现在有一个配置 $\{x_1, x_2, \cdots, x_I, y\}$. 如果满足条件:"对于所有消费者 i 都有:
$$U_i(x_i') \geqq U_i(x_i),$$

并且,至少其中有 1 个消费者取不等号
$$U_i(x_i') > U_i(x_i)$$
的配置 $\{x_1', x_2', \cdots, x_I', y'\}$ 不存在时,称配置 $\{x_1, x_2, \cdots, x_I, y\}$ 为"帕累托最优"(Pareto optimum). 帕累托最优配置的状态是,既不能降低某一个消费者的满足程度,也不能提高任何消费者的满足程度.

(二) 福利经济学第一基本定理

定理 8.3.1(福利经济学第一基本定理) 所有消费者的偏好满足局部非饱和性时,在经济 ε 的竞争均衡处的配置是帕累托最优的.

证明 设满足定义 8.2.1 条件的经济 ε 的均衡为 $\{p, x_1, x_2, \cdots, x_I, y\}$,以下的证明使用反证法.

假设配置 $\{x_1, x_2, \cdots, x_I, y\}$ 不是帕累托最优的,根据帕累托最优的概念,存在配置 $\{x_1', x_2', \cdots, x_I', y'\}$,对于所有的消费者 i,有:
$$U_i(x_i') \geqq U_i(x_i)$$
成立,并且至少其中有 1 消费者取不等号
$$U_i(x_i') > U_i(x_i).$$

假如有 $p \cdot x_i' < m_i(p)$ 的情况,根据局部非饱和性的条件,如图 8.6(a) 存在 $z \in X_i$ 使得
$$U_i(z) > U_i(x_i')$$

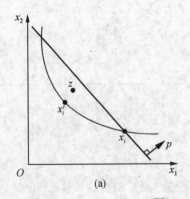
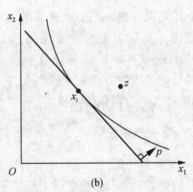

图 8.6 点 z 的位置

并且
$$p \cdot z < m_i(p)$$
成立. 根据这些不等式,我们得到:
$$U_i(z) > U_i(x_i),$$
所以,这与 x_i 是效用最大化的点(定义 8.2.1)相矛盾. 从而,对于所有消费者 i,

应该有：
$$p \cdot x_i' \geqq m_i(p).$$
另外，根据定义 8.2.1(1)，有 $U_i(x_i') > U_i(x_i)$ 成立，并且至少其中有 1 消费者对上式取不等号：
$$p \cdot x_i' > m_i(p).$$
对 i 进行加总，根据配置的定义和预算约束，可得：
$$p \cdot y' = p \cdot \sum_{i=1}^{I} x_i' > \sum_{i=1}^{I} m_i(p) \geqq p \cdot \sum_{i=1}^{I} x_i = p \cdot y.$$
但另一方面，根据定义 8.2.1(2)，应该有
$$p \cdot y \geqq p \cdot y'$$
成立，出现矛盾. 故而配置 $\{x_1, x_2, \cdots, x_I, y\}$ 是帕累托最优的.

应该注意的是，福利经济学第一基本定理并不要求偏好与技术的凸性假定. 若在一个非凸经济中存在均衡(有这样的可能性，因为凸性只是均衡存在的充分条件而非必要条件)，则该均衡配置也是帕累托最优的.

福利经济学第一基本定理是亚当·斯密的"看不见的手可以将经济导引至有效配置"这一基本原理的数学表述. 竞争性均衡将效率配置决策分散化. 价格提供激励，在价格和自利心理的指引下，企业和消费者相互独立地采取行动，最终完成资源的有效配置.

三、第二基本定理

(一) 准均衡

根据福利经济学第一基本定理，处在竞争均衡的配置是帕累托最优的，但是，它的逆命题不一定是正确的，即：不能说帕累托最优的配置就一定是竞争均衡. 事实上，帕累托最优的配置的集合是包含竞争均衡的. 以下的定义是针对一般化竞争均衡作出的，并通过这个定义明确一般化的竞争均衡与帕累托最优之间的关系.

定义 8.3.1 产品价格 $p \in R^n$、消费者 i 的消费量 $x_i \in X_i$ 和生产量 $y \in Y$ 的组合 $\{p, x_1, x_2, \cdots, x_I, y\}$ 满足以下条件时，称其为经济 ε 的"准均衡"(quasi-equilibrium).

(1) 对于每一消费者 i，如果 $z \succ_i x_i$，则 $p \cdot z \geqq p \cdot x_i$ 成立(在消费集合上的消费者最大满足).

(2) 对于任意的 $z \in Y$，有 $p \cdot y \geqq p \cdot z$ 成立(企业选择产品价值最大的生产量).

(3) $\sum_{i=1}^{I} x_i = y$(总需求与总供给相等).

将上述定义 8.3.1 与定义 8.2.1 作对比就会发现它们的异同:
(a) 定义 8.2.1 的(2)和(3)与上述定义的(2)和(3)相同;
(b) 不同之处在于定义 8.2.1(1)和(2)和定义 8.3.1 的(1).

我们将定义 8.3.1(1)与定义 8.2.1(1)和(2)作比较,可以得知:竞争均衡就是准均衡. 在上述定义的(1)中,不等式 $p \cdot z > p \cdot x_i$ 是被满足的,如果加上条件 $p \cdot x_i \leqq m_i(p)$,准均衡就成了竞争均衡. 这也就是说,在准均衡的概念里,在价格为 p 时不能保证消费者 i 的配置 x_i 一定满足预算约束,而这一点在竞争均衡是被满足的. 另外,上述定义的条件(1)是成本最小化的条件,如图 8.6 中的(b)就有这样的一个含义:在价格为 p 时,购买 x_i 的成本与至少能得到同等效用的 z 的购买成本相比较,购买 x_i 的成本为最小.

在各点 $x \in X_i$ 处,集合
$$P_i(x) = \{z \in X_i | U_i(z) > U_i(x_i')\},$$
称为消费者 i 的"偏好集合". 对于偏好集合再追加一个下面的条件:

偏好的凸性 对于每一消费者 i 和任意的 $x \in X_i$,偏好集合 $P_i(x)$ 是凸集合.

(二) 福利经济学第二基本定理

定理 8.3.2(福利经济学第二基本定理) 设所有的消费者偏好满足局部非饱和性,并且,生产集合是凸集合时,帕累托最优的配置是准均衡的配置.

证明 假定配置 $\{x_1, x_2, \cdots, x_I, y\}$ 满足帕累托最优. 根据配置的定义,准均衡的定义条件(3)应自动成立. 为了找出满足定义 8.3.1 的条件(1)和(2)的价格,定义一个集合 X:
$$X = \sum_{i=1}^{I} P_i(x_i).$$

设 $X \cap Y \neq \emptyset$,则存在 $y' \in X \cap Y$. 根据集合 X 的定义,对于各 i,存在点 $x_i' \in P_i(x)$,并且
$$y' = \sum_{i=1}^{I} x_i',$$
这就意味着 $\{x_1', x_2', \cdots, x_I', y'\}$ 是一个配置,而且对于每一消费者 i 都有:
$$U_i(x_i') > U_i(x_i).$$
然而,这样的推断与配置 $\{x_1, x_2, \cdots, x_I, y\}$ 满足帕累托最优的假定相矛盾. 故而:
$$X \cap Y = \emptyset.$$

根据假定 X 与 Y 是凸集合,由分离定理可以得知,存在 $p \in R^n$ 并且 $p \neq \mathbf{0}$,对于任意的 $z \in Y$ 和任意的 $z_i \in P_i(x)$,不等式
$$p \cdot z \leqq p \cdot \sum_{i=1}^{I} z_i \tag{8.3.1}$$
成立. 根据局部非饱和性,对于(8.3.1)式,点 z_i 可以无限接近点 x_i,在极限处得

到：
$$p \cdot z \leqq p \cdot \sum_{i=1}^{I} x_i,$$
即，根据配置的定义，对于任意的 $z \in Y$，都有
$$p \cdot z \leqq p \cdot y$$
成立，至此，准均衡的条件(2)得以证明. 以下进行准均衡条件(1)的证明.

在(8.3.1)式，设 $z=y$，在 $j \neq i$ 时，使得点 z_j 接近 x_j，在极限处可以得到：
$$p \cdot y \leqq p \cdot \sum_{j \neq i} x_j + p \cdot z_i = p \cdot y - p \cdot x_i + p \cdot z_i,$$
即
$$p \cdot x_i \leqq p \cdot z_i,$$
从而，如果 $z_i \in P_i(x)$，就有
$$p \cdot z_i \geqq p \cdot x_i$$
成立，也就是证明了准均衡条件(1). ∎

福利经济学第二基本定理很好地说明了市场经济的资源配置机制. 在偏好和技术的凸性假定下，这个定理主张：对初始资源禀赋恰当地分配后，任何资源的有效配置都可以通过价格机制基础上的分散化决策来实现. 这一结论是研究公共财政问题的理论基础，公共财政理论指出，通过市场机制和一次性税收（相当于恰当地再分配初始资源禀赋），可以得到任何可行的福利分配. 基于此论点，公共行政部门可以通过直接提供某些服务（例如：住房，教育，医疗保健，婴儿保健等）来干预市场的运行. 而且，这些行为并非必定损害市场配置机制的效率. 在保证市场能够有效地利用资源的原则下，制定公共政策的部门应当对收入进行再分配，以确保社会福利达到所期望的状态.

另外，福利经济学第二基本定理主张的是帕累托最优的配置就是准均衡的配置. 准均衡要变成竞争均衡，必须要在消费者之间进行适当的收入转移，以使得预算约束得到满足. 但是，即使仅做了收入转移也未见得就能够达到均衡. 对此，阿罗在1951年发表的研究成果[①]中提出了一个著名的反例，来说明这个问题. 请参考下面的图8.7.

现在我们考虑一个2消费者2物品的纯粹的交换经济. 在图8.7所示的埃奇沃思盒状图中，u 曲线是两消费者物差异曲线相切点的轨迹，被称为"契约曲线"(contract curve). 在阿罗的反例中，这条契约曲线与埃奇沃思盒的横轴相交于 E 点. 很显然，E 是帕累托最优的配置. 消费者2的无差异曲线 $O_1 E u_2$ 在 E 点

---

① 请参考：K. Arrow, "An Extension of the Basic Theorems of Classical Welfare Economics", in J. Neyman (ed), *Proceedings of the Second Berkeley Symposium on Mathematical Statics and Probability*. 1951, Berkeley, University California Press, pp. 507—532.

与横轴相切,于是,消费者 2 的需求为 E 时的收入约束曲线是通过 O_1 的水平直线. 将此时的价格向量设为 $\hat{p} = \begin{bmatrix} 0 \\ \hat{p}_2 \end{bmatrix}$, 第一物品为"自由物品"(free goods). 但在这个收入约束下, 在沿横轴增加第一物品的消费的同时, 消费者 1 的效用也将按 $u_1', u_1'', \cdots$ 的顺序上升. 从而, E 点不是在收入约束下的消费者 1 的需求. 因此, 帕累托最优的配置 E 不能成为竞争均衡点. 因此, 这个反例揭示了这样一个事实: 在帕累托最优配置上, 在消费者 1 对第二物品的需求量为 0 的情况下, 帕累托最优配置未必就是竞争均衡. 但除去阿罗的反例这样一种例外的状况, 进行适当的收入转移, 准均衡就可以变成竞争均衡. 所以, 也有的教材或文献中以"通过适当的收入转移, 帕累托最优的配置可以达到竞争均衡"作为一个更强的命题, 来表达福利经济学第二基本定理.

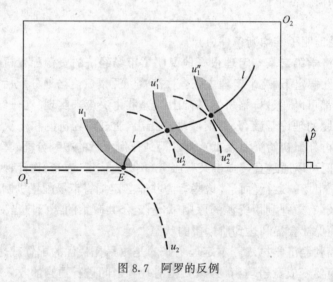

图 8.7 阿罗的反例

例 8.3.1 试证明 2 人 2 物品的交换经济中, 在帕累托最优的配置处 2 消费者的边际替代率相等.

证明 所谓帕累托最优的配置, 就是不能降低任何人的效用, 也不能提升哪一位的效用. 如果在给定了某一人的效用水平时, 考虑上述性质, 也就是使其他人的效用最大化. 从而, 为了求出帕累托最优的配置, 要求出下面的解:

$$\text{Max } u_1(x_{11}, x_{12}),$$
$$\text{s.t. } u_2(x_{21}, x_{22}) = \bar{u}_2,$$
$$\overline{X}_1 = x_{11} + x_{21},$$
$$\overline{X}_2 = x_{12} + x_{22}.$$

将 $\lambda_0, \lambda_1, \lambda_2$ 设为拉格朗日乘数, 可以定义以下的拉格朗日函数:

$$\phi(x_{11},x_{12},x_{21},x_{22}) = u_1(x_{11},x_{12}) + \lambda_0[u_2(x_{21},x_{22}) - \overline{u}_2]$$
$$+ \lambda_1(\overline{X}_1 - x_{11} - x_{21}) + \lambda_2(\overline{X}_2 - x_{12} - x_{22}),$$

并求 ϕ 对于各个变数的偏微分,并令其等于 0,得到:

$$\frac{\partial \phi}{\partial x_{11}} = \frac{\partial u_1}{\partial x_{11}} - \lambda_1 = 0, \qquad \frac{\partial \phi}{\partial x_{12}} = \frac{\partial u_1}{\partial x_{12}} - \lambda_2 = 0,$$

$$\frac{\partial \phi}{\partial x_{21}} = \lambda_0 \frac{\partial u_2}{\partial x_{21}} - \lambda_1 = 0, \qquad \frac{\partial \phi}{\partial x_{22}} = \lambda_0 \frac{\partial u_2}{\partial x_{22}} - \lambda_2 = 0,$$

$$\frac{\partial \phi}{\partial \lambda_0} = u_2(x_{21},x_{22}) - \overline{u}_2 = 0, \qquad \frac{\partial \phi}{\partial \lambda_1} = \overline{X}_1 - x_{11} - x_{21} = 0,$$

$$\frac{\partial \phi}{\partial \lambda_2} = \overline{X}_2 - x_{12} - x_{22} = 0.$$

从上面的前 4 个方程就可以得到: $\dfrac{\partial u_1}{\partial x_{11}} \Big/ \dfrac{\partial \phi}{\partial x_{12}} = \lambda_1/\lambda_2 = \dfrac{\partial u_2}{\partial x_{21}} \Big/ \dfrac{\partial u_2}{\partial x_{22}}.$

习 题

A 组

1. 在 2 人 2 物品的交换经济中,消费者 1 和消费者 2 的效用函数分别为 $u^1 = (x_1^1 x_2^1)^2$, $u^2 = \log x_1^2 + \log x_2^2$;初期禀赋量分别为 $(2,2),(7,1)$.

(1) 埃奇沃思盒状图中描绘契约曲线;

(2) 试求竞争均衡的价格比;

(3) 试求竞争配置.

2. 请回答以下各问题

(1) 是否有可能存在这样一种帕累托最优的配置,这时的每一消费者的境况比在非帕累托最优的配置时更差?

(2) 假如 10 个市场中有 8 个的过剩需求值等于零,那么,剩下的 2 个市场的必然结果如何?

(3) 假如我们知道一条契约曲线,我们就可以知道任何交易的结果. 对否?

3. 小麦和大米的价格分别是每公斤 p_1 和 p_2;它们的市场需求曲线分别是 $D_1 = 4 - 10p_1 + 7p_2, D_2 = 3 + 7p_1 - 5p_2$;市场供给曲线分别是 $S_1 = 7 + p_1 - p_2, S_2 = -27 - 7p_1 + 2p_2$;试求:

(1) 均衡价格 (p_1^*, p_2^*);

(2) 对小麦和大米每公斤向生产者分别课以 t_1 和 t_2 的税时的新均衡价格 (p_1^{**}, p_2^{**}).

B 组

1. 在 2 人 2 物品的交换经济中,消费者 1 的效用函数为 $u^1 = (x_1^1)^2 x_2^1$,物品的初期禀赋量为 $(\overline{x}_1^1, \overline{x}_2^1)$,消费者 2 的效用函数为 $u^2 = x_1^2 x_2^2$,物品的初期禀赋量为 $(\overline{x}_1^2, \overline{x}_2^2)$. 在这样的条件下,试证明:竞争均衡是唯一存在的.

第九章 不动点定理

与分离定理相同，不动点定理也是数学范畴的知识，但它在经济学中有着极为重要的应用．尤其在竞争均衡存在性的证明上，不动点定理有不可代替的作用．除了证明竞争均衡的存在性之外，不动点定理在其他的经济学的有关领域中还有许多应用，所以，在数理经济学这门课程中不动点定理是必不可少的部分．

不动点定理的内容是极为明了和单纯的，但要证明它却不容易．现在，从初等方法到使用高度的拓扑学知识，有许多种证明的方法，但都已经超出本书所预定的读者群——经济管理学或商学的本科生或硕士低年级学生所应具备的基础知识范围，故在此只作对定理的内容作介绍，省去证明部分．如果读者对其证明的过程有兴趣，可以查阅 Border(1985,ch.2—6)的有关论述．近年，还有一些文献中从特殊的情况给出了不动点定理的证明，例如：(1) Ross M. Starr (1997)，*General Equilibrium Theory*, Published by the Press Syndicate of the University of Cambridge．(中译本：鲁昌、许永国译，《一般均衡理论》，上海财经大学出版社 2003 年版)(2) Angel de la Fuente(2000)，*Mathematical Methods and Models for Economists*, Published by the Press Syndicate of the University of Cambridge．(中译本：朱保华、钱晓明译，《经济数学方法与模型》，上海财经大学出版社 2003 年版)等．

在本章的开始部分，介绍与连续函数理论有关的、不动点定理的基础部分——布劳威尔不动点定理．其次，定义将连续函数一般化的"闭对应"，解说角谷不动点定理，这个定理是闭对应的不动点定理．另外，还要解说将函数概念一般化的关系"上半连续性"及"下半连续性"的概念，解说上半连续性与闭的性质的关系；上半连续性与"选择定理"的关系，本书省略该定理证明的过程，但将证明根据选择定理导出的其他的不动点定理，而这个不动点定理将在证明竞争均衡存在中将发挥作用．

§9.1 函数的不动点

一、不动点

设集合 $X \subset R^n$，从集合 X 向自身的一个映射为 $f: X \to X$．对于点 $x^* \in X$，$f(x^*) = x^*$ 成立时，称 x^* 为函数 f 的"不动点"(fixed point)．

以下的定理被称为"布劳威尔(L. E. J. Brouwer)不动点定理".

定理 9.1.1(布劳威尔不动点定理) 集合 $X \subset R^n$ 是一个非空的致密的集合(即有界闭集合),如果函数 f 是连续的,则存在不动点. 即, 存在点 $x^* \in X, f(x^*) = x^*$ 成立.

图 9.1 描述的是 $X = [a, b]$ 的一维空间中的布劳威尔不动点定理的情况,即 f 是从一个闭区间$[a, b]$到同一个闭区间的连续映射,此时,布劳威尔不动点定理保证 f 的图形将在$[a, b] \times [a, b]$内至少穿过 45°线 1 次. 在图 9.1 所示的例中,f 的曲线穿过 45°线 3 次.

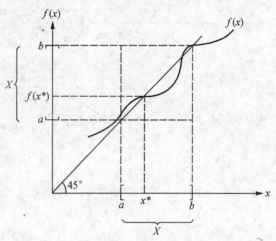

图 9.1 布劳威尔不动点

当涉及的函数定义在维数大于 1 的集合上时,就很难进行几何考察了.

二、角谷不动点定理

(一) 对应

设有两个集合 $X \subset R^n$ 和 $Y \subset R^m$,集合 Y 的幂集合(由 Y 所有的子集合所组成的集合)用 2^Y 表示,

$$2^Y = \{U | U \subset Y\}.$$

现在,设映射 $F: X \to 2^Y$,为了简单地表示这个关系,可以写成:$F: X \to Y$. 对于这个关系 $F: X \to Y$,如果任意的 $x \in X$ 都有 $F(x) \neq \emptyset$,就称关系 $F: X \to Y$ 为"对应"(correspondence).

关系 $F: X \to Y$ 的图像可以由

$$G(F) = \{(x, y) \in X \times Y | y \in F(x)\}$$

定义. $G(F)$ 在 $X \times Y$ 上是闭集合时,关系 $F: X \to Y$ 就被称为"闭"(closed). 另外,对于所有的 $x \in X, F(x)$ 满足凸性时,被称为"凸值"(convex-valued).

下面的定理被称为"角谷不动点定理".

(二) 角谷不动点定理

定理 9.1.2(角谷不动点定理) 集合 $X \subset R^n$ 是非空的紧集. 如果对应 $F: X \to X$ 闭而且为凸值时,存在不动点. 即:存在点 $x^* \in X, F(x^*) = x^*$ 成立.

图 9.2 是 $X = [0, 1]$ 时描绘的角谷不动点定理的情况. 与布劳威尔不动点相

同,角谷不动点定理也保证关系 F 的图像与 45°线的相交.

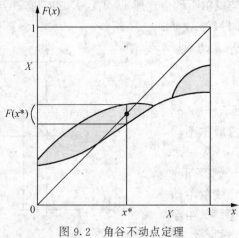

图 9.2 角谷不动点定理

三、关系的上半连续性

有两个集合 $X \subset R^n$ 和 $Y \subset R^m$,对于这两个定义关系 $F: X \rightarrow Y$. 在点 $x^0 \in X$ 处,如果 $F(x^0) \neq \emptyset$,并且点列 x^k 收敛于 x^0,点列 y^k 对于任意的 $k=1,2,\cdots$ 都有 $y^k \in F(x^k)$ 时,设点 y^k 和集合 $F(x^0)$ 之间的距离必然收敛于 0. 如果用数式表达点 y^k 和集合 $F(x^0)$ 之间的距离,就有:

$$d(y^k, F(x^0)) = \inf\{d(y^k, y) | y \in F(x^0)\},$$

于是设

$$\lim_{k \to \infty} d(y^k, F(x^0)) = 0.$$

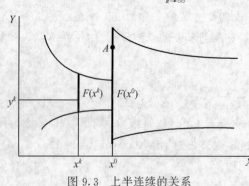

图 9.3 上半连续的关系

此时,称关系 F "在点 x^0 处上半连续"(upper semi-continuous). 并且,关系 $F: X \rightarrow Y$ 在任意的点 $x \in X$ 上上半连续时,称关系 F 是"上半连续"的.

图 9.3 是上半连续的例子. 当我们从 x^0 向左移动时,关系 F 突然变得很小,即便如此,上半连续性保证了在点 x^0 的近旁 $F(x)$ 不会在 x^0 处突然变小. 如果关系 F 是函数,这就是函数的连续性. 故函数的连续性与关系的上半连续是等价的.

在关系 $F: X \rightarrow Y$ 中,如果对于所有的点 $x \in X, F(x)$ 在 Y 上是闭集合,则关

系 $F: X \to Y$ 被称为"闭值". 在以下的两个定理中, 阐述了"闭"与上半连续的关系.

定理 9.1.3 如果关系 $F: X \to Y$ 是上半连续并且是闭值, 那么, 它是闭集合.

证明 设在关系 F 的图形内部运动的点列 (x^k, y^k) 收敛于点 $(x^0, y^0) \in X \times Y$. 对于各 $k = 1, 2, \cdots$, 因 $y^k \in F(x^k)$, 故根据关系 $F: X \to Y$ 的上半连续性, 可以得知, 点 y^k 和集合 $F(x^0)$ 的距离收敛于 0. 从而, 点 y^0 和集合 $F(x^0)$ 的距离为 0. 又因集合 $F(x^0)$ 是闭集合, 这就意味着 $y^0 \in F(x^0)$. 即: 点 (x^0, y^0) 属于关系 F 的图形中. 根据点列 (x^k, y^k) 的任意性, 可以得到关系 F 是闭集合的结论. ∎

定理 9.1.4 设关系 $F: X \to Y$ 具有闭性质, 如果集合 Y 是紧集, 则它是上半连续的.

证明 设: 点 $x^0 \in X, F(x^0) \neq \emptyset$, 点列 x^k 收敛于点 x^0; 对于点列 y^k 和各 $k = 1, 2, \cdots$, 点 $y^k \in F(x^k)$.

用反证法. 假设点 y^k 与集合 $F(x^0)$ 的距离不收敛于 0. 在这样的情形下, 存在点列 y^k 的子点列与集合 $F(x^0)$ 的距离大于某一定值. 根据集合 Y 的紧集性质, 可以选择子点列收敛于 $y^0 \in Y$, 此时, $y^0 \notin F(x^0)$.

另一方面, 与这样的子点列相对应, 考虑点列 (x^k, y^k) 时, 它应收敛于 (x^0, y^0). 从而, 对应于关系 F 的闭性质, (x^0, y^0) 属于关系 F 的图形中. 即: $y^0 \in F(x^0)$, 出现矛盾. 也就是点 y^k 与集合 $F(x^0)$ 的距离收敛于 0. ∎

在角谷不动点定理中, 因为有假定关系 $F: X \to X$ 的值域上存在紧集 X, 根据定理 9.1.4, 关系 $F: X \to X$ 的闭的性质就意味着上半连续性, 所以, 如果关系是函数, 那么, 具有闭的性质就意味着函数的连续性. 因此, 也可以认为, 角谷不动点定理是将布劳威尔不动点定理一般化的定理.

但是, 在一般情况下, 某关系即使具有闭的性质也不能保证就一定是上半连续的. 请参考图 9.4.

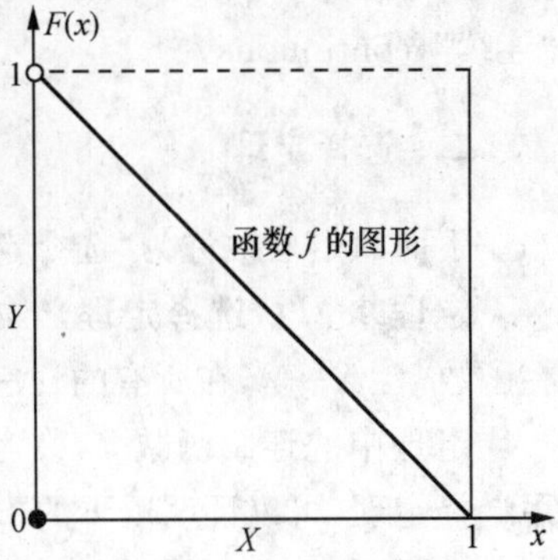

图 9.4 是闭的, 但并非上半连续

如图 9.4, $X = [0, 1], Y = [0, 1]$, 定义如下的函数 $f(x)$:

$$f(x) = \begin{cases} 0 & (x = 0 \text{ 时}), \\ 1 - x & (0 < x \leq 1 \text{ 时}). \end{cases}$$

这个函数是闭的, 但它不是连续函数. 因而, 也不是上半连续的关系.

§9.2 不动点定理的应用——选择定理*

一、下半连续

设对于两个集合 $X \subset R^n, Y \subset R^m$,定义了关系 $F: X \to Y$。在 $x^0 \in X$ 处,如果点列 x^k 收敛于 x^0,并且 $y^0 \in F(x^0)$,则设:在收敛于 y^0 的点列 y^k 中,对于充分大的 k,一定存在 $y^k \in F(x^k)$。此时,称关系 $F: X \to Y$ 在"点 x^0 处下半连续"(lower semi-continuous),如果关系 $F: X \to Y$ 在任意的 $x \in X$ 处下半连续时,则称关系 F 是"下半连续"的。

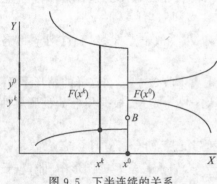

图 9.5 下半连续的关系

图 9.5 是描述下半连续的。当我们从 x^0 向左移动时,$F(x)$ 将会"爆炸",即突然变得很大。下半连续保证了在点 x^0 的近旁的 $F(x)$ 不会在 x^0 处突然变大。图 9.3 表示的关系不是下半连续的,例如,在 A 点,就找不到满足下半连续条件的点列 y^k。反之,图 9.5 表示的关系不是上半连续的,例如,对于收敛于 B 点的图形内的点列,不能满足上半连续的条件。

如果关系 $F: X \to Y$ 是上半连续的,又是下半连续时,如果关系 F 就被称为"连续"(continuous)的。

二、选择定理

下面的定理被称为"选择定理",由迈克尔(E. Michael)最先给出证明。

定理 9.2.1(选择定理) 如果关系 $F: X \to Y$ 为凸值,并且下半连续,则存在函数 $f: X \to Y$,在所有的 $x \in X$ 处,$f(x) \in F(x)$。

定理中的连续函数 f,称为关系"F 的连续选择"(continuous selection)。使用选择定理,可以证明以下的不动点定理。

定理 9.2.2 设集合 $X \subset R^n$ 是非空的凸紧集。如果关系 $F: X \to Y$ 是凸值,并且是下半连续的,在点 $x^* \in X$ 处,$x^* \in F(x^*)$ 或者 $F(x^*) = \varnothing$。

证明 定义集合 $U \subset R^n$:
$$U = \{x \in X | F(x) \neq \varnothing\}.$$
将关系 F 的定义域限定于集合 U,于是,根据定理 9.2.1 的选择定理,存在连续函数 $f: U \to X$,在所有的 $x \in U$ 处,有 $f(x) \in F(x)$ 成立。此时,定义一个对应 $G: X \to X$:

§9.2 不动点定理的应用——选择定理*

$$G(x) = \begin{cases} f(x) & (x \in U \text{ 时}), \\ X_i & (x \in X \backslash U \text{ 时}). \end{cases}$$

首先证明集合 U 在 X 上是开的,即集合 $X \backslash U$ 是闭的.

设集合 $X \backslash U$ 内的点列 x^k 收敛于 x^0, 由于 $x^k \in X \backslash U$, 故根据集合 U 的定义, 有:

$$F(x^k) = \emptyset$$

成立. 如果假设 $F(x^k) \neq \emptyset$, 根据关系 F 的下半连续性,对于充分大的 k, 存在点 $y^k \in F(x^k)$, 故产生矛盾. 所以有

$$F(x^k) = \emptyset,$$

也就是 $x^0 \in X \backslash U$. 因此, 可以判断出集合 $X \backslash U$ 是闭的.

其次,证明对应 G 是闭映射.

设对应 G 的图形内的点列 (x^k, y^k) 收敛于点 $(x^0, y^0) \in X \times Y$. 此时, 对于各 k, 有 $y^k \in G(x^k)$. 如果 $x^0 \in X \backslash U$, 则:

$$G(x^0) = X$$

成立, 故显然地有 $y^0 \in G(x^0)$.

另外, 如果 $x^0 \in U$, 集合 U 在 X 上是开的, 故对于充分大的 k, 有点 $x^k \in U$, 故:

$$y^k = f(x^k)$$

成立. 从而

$$y^0 = f(x^0)$$

成立, 即 $y^0 \in G(x^0)$. 所以, 不论如何, 点 (x^0, y^0) 属于对应 G 的图形, 因此, 对应 G 是闭的.

因为关系 G 是凸值, 根据角谷不动点定理, 存在点 $x^* \in G(x^*)$. 根据关系 G 的定义, 如果 $x^* \in U$, 则:

$$x^* = f(x^*) \in F(x^*)$$

成立. 如果 $x^* \in X \backslash U$, 则:

$$F(x^*) = \emptyset$$

成立, 本定理获证. ∎

下面的定理是选择定理的一个特殊情况.

定理 9.2.3 对于各 $i = 1, 2, \cdots, m$, 集合 $X_i \subset R^n$ 是凸集合, 并且是非空的紧集, 设 $X = X_1 \times X_2 \times \cdots \times X_m$. 如果关系 $F_i: X \to X_i$ 是凸值和下半连续的, 则在点 $x^* = (x_1^*, x_2^*, \cdots, x_m^*) \in X$ 处, 对于各 i, 有 $x_i^* \in F_i(x^*)$, 或者 $F_i(x^*) = \emptyset$.

证明 定义集合 $U_i \subset R^n$ 为:

$$U_i = \{x \in X | F_i(x) \neq \emptyset\}.$$

与定理 9.2.2 的证明过程类似,可以得知集合 U_i 在 X 上是开的,即,集合 $X\setminus U_i$ 是闭的.

将映射 F_i 的定义域限定于集合 U_i,根据选择定理可知,存在连续函数 $f_i: U_i \to X_i$,在所有的 $x \in U_i$ 处,有 $f_i(x) \in F_i(x)$ 成立. 此时,定义对应 $G_i: X \to X_i$:

$$G_i(x) = \begin{cases} f_i(x) & (x \in U_i \text{ 时}), \\ X_i & (x \in X\setminus U_i \text{ 时}). \end{cases}$$

与定理 9.2.2 的证明过程类似,可以证明关系 G_i 是闭映射. 另外,明显地关系 G_i 是凸值.

定义关系 $G: X \to X$:

$$G(x) = G_1(x) \times G_2(x) \times \cdots \times G_m(x).$$

因各关系 G_i 是闭的,所以,关系 G 也是闭的;各关系 G_i 是凸值,故关系 G 也是凸值. 从而,根据角谷不动点定理,存在 x^*,使得 $x^* \in G(x^*)$.

根据关系 G 的定义,如果 $x^* \in U_i$,就有:

$$x_i^* = f_i(x^*) \in F_i(x^*).$$

如果 $x^* \in X\setminus U_i$,就有:

$$F_i(x^*) = \varnothing$$

成立,定理获证. ∎

习 题

A 组

1. 应用布劳威尔不动点定理证明 $\cos(x) - x - \dfrac{1}{2} = 0$ 在 $0 \leq x \leq \dfrac{\pi}{4}$ 的区间上有一个解.

B 组

1. 设 $f(x) = x^2$,并且 $S = (0, 1)$. 试证明:函数 f 不存在不动点.

第十章 竞争均衡的存在与稳定性*

本章前两节的目的是证明本书第八章所述的经济中竞争均衡的存在性,证明的对象是一般化的经济模型,故而也就包含了纯交换经济和生产经济这两种特殊情况.

人们对均衡的直觉是"表示消费者行为的需求曲线和表示生产者行为的供给曲线相交"的概念. 所以,要存在均衡,就要求需求曲线和供给曲线是连续的. 保证消费者行为的连续性的是偏好的连续性和凸性;而生产者行为的连续性则由生产集合的闭性可以得到. 所以,本章就从消费者的需求关系(需求函数)和企业的供给关系(供给函数)以及利润函数的连续性的证明开始.

经济主体行为的连续性和存在均衡,都要求经济是有界的. 而经济中存在均衡的数学条件是经济的集合具有连续性、凸性和有界性. 另外,前章说明的不动点定理将在本章得到应用.

本章的第 3、第 4 节主要讨论竞争均衡的稳定性.

市场是决定价格的场所. 在市场中需求量多于供给量时价格上升,反之价格下降. 这样的价格调整过程决定了使需求与供给趋于均衡的价格. 这就是被称为"瓦尔拉斯的摸索过程"的市场价格的调整机能. 但是,这样的价格调整是不是能够稳定地达到均衡,即均衡的稳定性问题,也是本章要讨论的另一主要内容.

在论述的顺序上,首先,以所有市场的"总过剩需求函数"来表示经济,解说作为总过剩需求函数的性质的"粗替代性". 即:各商品价格的上升都会增加其他商品的过剩需求这样的性质. 并要揭示满足粗替代性条件的经济里均衡是唯一存在的.

其次,揭示以根据总过剩需求函数组成的微分方程式来表示的价格调整过程. 证明内容为总过剩需求函数满足粗替代性时,调整过程是稳定的定理. 在证明中,要用到总过剩需求函数的微分——雅可比矩阵是"对角占优矩阵"的性质. 在证明的方法上,采用"李雅普洛夫方法".

§10.1 需求和供给的连续性

一、偏好映射

用映射可以表示消费者的偏好. 设某消费者的消费集合 $X \subset R^n$,偏好关系

$\succ \subset X \times X$. 对于各点 $x \in X$, 偏好集合 $P(x)$ 如下定义:
$$P(x) = \{y \in X | y \succ x\}.$$
集合 $P(x)$ 表示比点 x 偏好的点的集合. 由集合 X 的所有子集合构成的集合以 2^X 表记, 根据上述集合定义的映射用同样的记号 $P: X \to 2^X$ 来表示. 这样的映射被称为"偏好映射". 偏好关系 $\succ$ 与映射 P 的图形相同, 即:
$$\succ = \{(y,x) \in X \times X | y \in P(x)\}.$$
反之, 也可以根据偏好映射 P 来定义偏好关系 $\succ$. 因此, 可以将偏好关系 $\succ$ 和映射 P 视为等同.

偏好关系 $\succ$ 满足下面的条件时, 称关系 $\succ$ 是"连续"的.

连续性 对于各点 $x \in X$, 集合 $\{y \in X | y \succ x\}$ 和 $\{y \in X | x \succ y\}$ 在 X 上是开的.

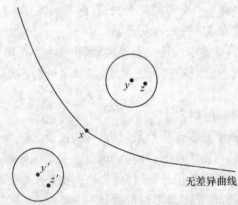

图 10.1 偏好的连续性

这个条件意味着: 产品的消费量的变化很小时, 消费者的满足程度几乎不变化. 如图 10.1 所示, $y \succ x$ 成立时, 如果点 z 充分地接近点 y, 连续性的条件意味着 $z \succ x$; 反之, $x \succ y'$ 成立时, 若点 z' 充分地接近点 y', 连续性就意味着 $x \succ z'$. 如果偏好关系是连续的, 对于消费者在消费量相近的点都有同样的评价. 偏好映射 P 的性质有以下两条:

开值性 偏好映射 $P: X \to 2^X$ 是"开值"(open-valued)的. 即: 对于所有的点 $x \in X$, 集合 $P(x)$ 在 X 上是开集合.

下半连续性 偏好映射 $P: X \to 2^X$ 是下半连续的. 即: 如果 $y^0 \in P(x^0)$, 集合 X 内的点列 x^k 收敛于 x^0, 则在收敛于点 y^0 的点列 y^k 中, 对于充分大的 k, 存在点列 $y^k \in P(x^k)$.

以上的两个条件是关于偏好关系的连续性的条件. 实际上有下面的定理成立.

定理 10.1.1 如果偏好关系 $\succ$ 是连续的, 则其对应的偏好映射 $P: X \to 2^X$ 是开值和下半连续的.

证明 对于任意 $x \in X$, 因为
$$P(x) = \{y \in X | y \succ x\}$$
在 X 上是开集合, 故映射 P 是开值. 现在设 $y^0 \in P(x^0)$, 集合 X 内的点列 x^k 收敛于 x^0. 由于 $y^0 \succ x^0$, 所以对于充分大的 k, 有

成立,因此,对于充分大的 k 有 $y^k \in P(x^k)$,故映射 P 是下半连续的. ∎

这个定理的逆命题不一定成立. 实际上, $y^0 \in P(x^0)$ 并且 $y^0 \in \mathrm{bd} X$ 时,可以容易地找到点 x^0 不是集合 $\{x \in X | y^0 \succ x\}$ 内点的例子.

二、需求集合的非空性

设价格 $p \in R^n$,收入 $m \in R$,消费者的预算集合和需求集合分别定义为:
$$B(p,m) = \{x \in X | p \cdot x \leq m\},$$
$$D(p,m) = \{x \in B(p,m) | P(x) \cap B(p,m) = \varnothing\},$$
价格 p 和收入 m 的组合集合定义如下:
$$Q = \{(p,m) \in R^n_{++} \times R | \text{对于} x \in X, p \cdot x < m\}.$$
假定消费集合 X 满足以下三条基本性质:

凸性 集合 X 是凸集合.

闭性 集合 X 是闭集合.

下方有界性 存在 $b \in R^n$,对于任意的 $x \in X$,有 $b \leq x$.

在这些条件下,对于预算集合有下面的定理成立:

定理 10.1.2 设消费集合 X 是闭、凸并且下方有界时,对于任意的 $(p,m) \in Q$,预算集合 $B(p,m)$ 是非空的紧集,并且是凸的.

证明 显然地,预算集合是非空、凸、有界、闭的集合. ∎

定理 10.1.3 设消费集合 X 是凸集合,偏好映射 $P: X \to 2^X$ 是开值时,对于 $(p,m) \in Q$ 和 $x \in B(p,m)$,如果
$$P(x) \cap \{y | p \cdot y < m\} = \varnothing,$$
则 $x \in D(p,m)$.

证明 使用反证法. 假设 $x \notin D(p,m)$,于是存在点 $x', x' \in P(x)$ 并且 $p \cdot x' \leq m$ 成立. 另外,由于 $(p,m) \in Q$,故对于点 $x^0 \in X$,有
$$p \cdot x^0 < m$$
成立. 因消费集合 X 是凸的和 $P(x)$ 是开的,故两点 x', x^0 的连线上,存在使得 $z \in P(x)$ 并且满足 $p \cdot z < m$ 的点 z(可参考图 10.2). 这与假设矛盾. ∎

偏好关系 $\succ$ 的反射性和凸性条件,在偏好映射 $P: X \to 2^X$

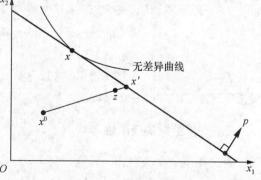

图 10.2 向量 z 的存在

上,有以下的性质:

非反射性 对于所有的点 $x\in X, x\not\in P(x)$.

凸性 偏好关系 $P: X\to 2^X$ 是"凸值"(convex-valued)的. 即:对于所有的点 $x\in X$,集合 $P(x)$ 是凸集合.

定理 10.1.4 设消费集合 X 是下方有界的凸闭集合,偏好映射 $P: X\to 2^X$ 具有非反射、凸值、开值、下半连续的性质. 此时,对于所有的 $(p,m)\in Q$ 需求集合 $D(p,m)$ 是非空的.

证明 根据消费集合 X 的凸性,预算集合 $B(p,m)$ 是凸集合. 这里,设 $Z=B(p,m)$,对于各点 $x\in Z$,如下定义一个映射 $F: Z\to 2^X$:

$$F(x) = P(x) \cap \{y | p\cdot y < m\}.$$

以下证明映射 $F: Z\to 2^X$ 是下半连续的.

设点列 x^k 收敛于 $x^0, y^0\in F(x^0)$. 根据映射 F 的定义,有

$$y^0 \in P(x^0)$$

和

$$p\cdot y^0 < m$$

成立. 由于映射 $P: X\to 2^X$ 是下半连续的,故存在收敛于 y^0 的点列 y^k,对于充分大的 k,有 $y^k\in P(x^k)$ 成立. 另外,由于点列 y^k 收敛于点 y^0,对于充分大的 k,有

$$p\cdot y^k < m$$

成立. 从而,对于充分大的 k, $y^k\in F(x^k)$. 至此,证明了映射 F 是下半连续的.

由于映射 $P: X\to 2^X$ 是凸值的,所以,映射 $F: Z\to 2^X$ 也是凸值的. 从而,根据不动点定理(定理 9.2.2)存在点 $x^*\in Z$,

$$x^* \in F(x^*)$$

或者

$$F(x^*) = \varnothing.$$

如果 $x^*\in F(x^*)$,则 $x^*\in P(x^*)$,这与映射 P 的反射性相矛盾. 所以,只有

$$F(x^*) = \varnothing,$$

即:

$$P(x^*) \cap \{y | p\cdot y < m\} = \varnothing.$$

根据定理 10.1.3, $x^*\in D(p,m)$. ∎

三、需求函数的连续性

定义如下一个映射:

$$(p,m) \in Q \to D(p,m) \subset X.$$

这个映射用记号 D, $D: Q\to 2^X$ 表记,称之为"需求关系"(demand relation). 至

此,我们已经揭示了需求关系 D 是对应的条件,也就是对于各 $(p,m)\in Q$,需求集合 $D(p,m)$ 是非空的. 根据定理 10.1.4,消费集合 X 是凸、闭和下方有界的;偏好映射 $P: X\to 2^X$ 具有非反射的、凸值、开值、下半连续的性质,此时的需求关系是对应.

下面,我们要证明需求关系 D 的连续性.

定理 10.1.5 设消费集合是闭凸集合,偏好映射 $P: X\to 2^X$ 是开值、下半连续的. 此时,需求关系 $D: Q\to 2^X$ 是闭的.

证明 设点列 (p^k, m^k) 收敛于 $(p^0, m^0)\in Q$,点列 x^k 收敛于 x^0,对于各 k,$x^k\in D(p^k, m^k)$.

由于对于各 k,
$$x^k\in X, \quad p^k\cdot x^k\leqq m^k$$
成立. 故在其极限处亦有
$$x^0\in X, \quad p^0\cdot x^0\leqq m^0$$
成立,也就是 $x^0\in B(p^0, m^0)$.

假设,对于点 y^0,有 $y^0\in P(x^0)$,$p^0\cdot x^0<m^0$. 根据映射 P 的下半连续性,存在收敛于点 y^0 的点列 y^k,对于充分大的 k,$y^k\in P(x^k)$ 成立. 另外,对于充分大的 k,有:
$$p^k\cdot x^k<m^k$$
成立. 但是,这与 $x^k\in D(p^k, m^k)$ 相矛盾. 这就意味着
$$P(x^0)\cap\{y|p^0\cdot y<m^0\}=\varnothing$$
成立,根据定理 10.1.3,$x^0\in D(p^0, m^0)$. ∎

定理 10.1.6 设消费集合 X 是闭、凸并且是下方有界的,偏好映射 $P: X\to 2^X$ 是开值、下半连续的. 此时,需求集合需求关系 $D: Q\to 2^X$ 是上半连续的.

证明 对于点 $(p^k, m^k)\in Q$,取包含点 (p^0, m^0) 近旁的紧集 $K\subset Q$. 由于 $p^0\in R_{++}$ 和消费集合 X 下方有界性,对于所有的点 $(p,m)\in K$,可以很容易地知道预算集合 $B(p,m)$ 包含在一个有界的集合中. 因此,如果限定点 (p^0, m^0) 的近旁,需求关系 D 的值域是紧集. 故而,根据定理 10.1.5 和上一章的定理 9.1.4,可以得出需求关系 D 是上半连续的结论. 本定理获证. ∎

如果关系是函数的情况下,上半连续性就意味着连续性,由上面的定理,立即便可获得下面的定理,这里省略证明过程:

定理 10.1.7 在与定理 10.1.6 的前提相同的前提下,如果需求关系 $D: Q\to 2^X$ 是函数,则它是连续的.

四、供给函数的连续性

某企业的生产集合设为 $Y\subset R^n$,假定生产集合有以下的性质:

闭性 集合 Y 是闭集合.

设价格集合为：
$$P = \{p \in R^n | \text{存在实数} b, \text{如果} y \in Y, \text{则} p \cdot y \leq b\}.$$

集合 P 的内部以 $\mathrm{int}P$ 表示. 当价格 $p \in P$ 时, 企业利润和供给集合定义如下：
$$\pi(p) = \sup\{p \cdot y | y \in Y\}, \quad S(p) = \{y \in Y | p \cdot y = \pi(p)\}.$$

此时, 如下定义一个映射：
$$p \in \mathrm{int}P \to S(p) \subset Y.$$

这个映射用记号 $S, S: \mathrm{int}P \to 2^X$ 表记, 称之为"供给关系"(supply relation).

定理 10.1.8 对于任意的点 $z^0 \in Y$ 与紧集 $K \subset \mathrm{int}P$, 集合
$$\{y \in Y | p \in K, p \cdot y \geqq p \cdot z^0\}$$
是有界的.

证明 用反证法证明.

假设存在点列 y^k 和 p^k, 对于各 k, 有
$$y^k \in Y, \quad p^k \in K, \quad p^k \cdot y^k \geqq p \cdot z^0$$
成立, 并且, 点列 y^k 不是有界的. 选择子点列, 使得 $\|y^k\| \to +\infty$, p^k 收敛于 $p^0 \in K$. 进而, 由于点列 $\dfrac{y^k}{\|y^k\|}$ 在单位圆上运动, 选择子点列, 可以假设 $\dfrac{y^k}{\|y^k\|}$ 收敛于 $\bar{y}$. 此时, 因对于各 k, 有
$$p^k \cdot \frac{y^k}{\|y^k\|} \geqq p^k \cdot \frac{z^0}{\|y^k\|}$$
成立, 故在极限处可以得到：
$$p^0 \cdot \bar{y} \geqq 0.$$

从而, 由于 $p^0 \in \mathrm{int}P$, 存在正数 $\varepsilon > 0$, 接近于 p^0 的适当的点 $p^* \in \mathrm{int}P$, 使得
$$p^* \cdot \bar{y} \geqq \varepsilon$$
成立. 而 $\dfrac{y^k}{\|y^k\|}$ 收敛于 $\bar{y}$, 对于充分大的 k, 有：
$$p^k \cdot \frac{y^k}{\|y^k\|} \geqq \varepsilon$$
成立, 故而有
$$p^* \cdot y^k \geqq \varepsilon \|y^k\|$$
成立, $p^* \cdot y^k \to +\infty$. 这样的结论是与 $p^* \in \mathrm{int}P$ 相矛盾的. ∎

通过以下的映射
$$p \in \mathrm{int}P \to \pi(p) \in R$$
定义一个函数 $\pi: \mathrm{int}P \to R$, 称这个函数为"利润函数".

定理 10.1.9 设生产集合 Y 是非空的闭集合时, 对于所有的 $p \in \mathrm{int}P$, 供给集合 $S(p)$ 是非空的.

证明 设点 $z^0 \in Y$ 和 $p^0 \in \text{int}P$，并定义一个集合 Y'：
$$Y' = \{y \in Y | p^0 \cdot y \geqq p^0 \cdot z^0\}.$$

根据定理 10.1.8，可以知道这个集合是有界的。从而，根据集合 P 的定义可知，对于各 k，存在 $y^k \in Y'$，并且使得 $p^0 \cdot y^k$ 收敛于 $\pi(p^0)$ 的点列 y^k。因点列 y^k 是有界的，选择子点列，可以使得其收敛于某点 y^0。故在极限处得到
$$y^0 \in Y, \quad p^0 \cdot y^0 = \pi(p^0),$$
即：$y^0 \in S(p^0)$。

定理 10.1.10 设生产集合 Y 是闭集合。此时，供给关系 $S: P \to 2^X$ 是闭的。

证明 设点列 $p^k \in P$ 收敛于 p^0，点列 $y^k \in Y$ 收敛于 y^0，对于各 k 有 $y^k \in S(p^k)$。并设，$z \in Y$。因为对于各 k，有
$$y^k \in Y, \quad p^k \cdot y^k \geqq p^k \cdot z$$
成立。所以在极限处亦有
$$y^0 \in Y, \quad p^0 \cdot y^0 \geqq p^0 \cdot z$$
成立。根据点 z 的任意性，可以得出 $y^0 \in S(p^0)$。故而，供给关系 S 是闭的，定理获证。

定理 10.1.11 设生产集合 Y 是闭集合时，供给关系 $S: \text{int}P \to 2^X$ 是上半连续的。

证明 设 $p^0 \in \text{int}P$，并且 $z^0 \in S(p^0)$。取包含点 p^0 近旁的紧集 $K \subset \text{int}P$。根据定理 10.1.8，对于点 $z^0 \in Y$ 和紧集 $K \subset \text{int}P$，有集合
$$\{y \in Y | p \in K, p \cdot y \geqq p \cdot z^0\}$$
是有界集合，因此，限定于点 p^0 的近旁，供给关系 S 的值域是紧集。故由定理 10.1.10 可知，供给关系 S 在点 p^0 处是上半连续的。而点 p^0 是任意的，所以供给关系 S 是上半连续的。

在关系是函数的情况下，上半连续性意味着连续性，故而由定理 10.1.11 可以立即得到以下的定理（省略证明）：

定理 10.1.12 在与定理 10.1.11 相同的前提下，如果供给关系 S 是函数，则函数是连续的。

根据定理 10.1.9，定义函数 $\pi: \text{int}P \to R$，并称之为"利润函数"。

定理 10.1.13 设生产集合 Y 是非空的闭集合时，利润函数 $\pi: \text{int}P \to R$ 是连续的。

证明 设点列 p^k 收敛于点 $p^0 \in \text{int}P$。根据定理 10.1.9，对于各 k，存在 $y^k \in S(p^k)$，使得
$$p^k \cdot y^k = \pi(p^k)$$
成立。如同定理 10.1.11 的证明过程中揭示的那样，限定于点 p^0 的近旁，供给关

系 S 的值域是紧集,所以点列是有界的.

假设 $\pi(p^k)$ 收敛于 $\pi(p^0)$,从点列 y^k 选择适当的部分,使得其收敛于 y^0. 另外,可以设

$$\lim_{k\to\infty}\pi(p^k) = \lim_{k\to\infty} p^k \cdot y^k = p^0 \cdot y^0 \neq \pi(p^0).$$

但是,根据定理 10.1.10,关系 S 是闭的,所以 $y^0 \in S(p^0)$,也就是

$$p^0 \cdot y^0 = \pi(p^0),$$

故出现矛盾. 故而,$\pi(p^k)$ 收敛于 $\pi(p^0)$. ∎

§10.2 均衡的存在性

一、模型

本节对于一般均衡模型给出均衡存在性的证明. 首先,对证明的对象进行再梳理.

在第八章第 2 节中给出的一般化经济以下面的 ε 来表记:

$$\varepsilon = \{Y, X_i, P_i, m_i (i = 1, 2, \cdots, I)\},$$

也就是经济里有 n 种物品,故物品空间为 R^n;经济的生产可能集合 $Y \subset R^n$;构成经济的消费者总数为 I,消费者 i 的消费集合 $X_i \subset R^n$;消费者的偏好映射以 P_i: $X_i \to 2^X$ 表示,这是本章使用的一般化经济与第八章表记的不同之处.

物品的价格集合如下:

$$P = \{p \in R^n \mid 存在数 b > 0, 对于任意的 y \in Y, 有 p \cdot y \leqq b\}.$$

消费者 i 的收入是定义在 P 上的函数 m_i,其值 $m_i(p)$ 为当价格 $p \in P$ 时的消费者 i 的收入. 价格 $p \in P$ 时的供给集合和产品的价值分别为:

$$S(p) = \{y \in Y \mid 对于任意的 z \in Y, 有 p \cdot z \leqq p \cdot y\},$$

$$\pi(p) = p \cdot S(p).$$

对于任意的 $p \in P$,设定下式成立:

$$\pi(p) = \sum_{i=1}^{I} m_i(p). \tag{10.2.1}$$

下面对经济的均衡作出定义.

定义 10.2.1 价格 $p \in R^n$、消费者 i 的物品消费量 $x_i \in X_i$ 以及生产量 $y \in Y$ 的组合 $\{p, x_1, x_2, \cdots, x_I, y\}$ 满足以下条件时,称为经济 ε 的竞争均衡:

(1) 对于消费者 i,有 $p \cdot x_i \leqq m_i(p)$;如果 $z \in P_i$,则 $p \cdot z > m_i(p)$ 成立;

(2) $y \in S(p)$,即:对于任意的 $z \in Y$,有 $p \cdot y \geqq p \cdot z$;

(3) $\sum_{i=1}^{I} x_i = y.$

证明均衡存在所必需的条件如下：

假定 10.2.1 设经济 ε 满足以下诸条件：

(1) 生产集合 Y 非空、闭、凸，并且 $Y \supset R_-^n$，这里 $R_-^n = -R_+^n$，集合 $Y \cap R_+^n$ 有界。

(2) 各消费者 i 的消费集合 X_i 是非空、闭、凸的，并且下方有界。

(3) 各消费者 i 的偏好映射 $P_i: X_i \to 2^X$ 满足非反射、非空值、开值、凸值，并且是下半连续的条件。

(4) 各消费者 i 的收入函数 $m_i: P \to R$ 是连续的。另外，对于所有的 $p \in P$ 和 $p \neq \mathbf{0}$，存在 $x \in X_i$ 使得 $m_i(p) > p \cdot x$ 成立。

条件(1)的 $Y \supset R_-^n$ 是自由处置的假设，$Y \cap R_+^n$ 的有界性是为了约束生产在有限的范围的内进行而设立的。条件(3)的偏好映射 $P_i: X_i \to 2^X$ 的非空值性意味着偏好的非饱和性。条件(4)意味着不论在什么样的价格条件下，消费者都有充分的收入，即：消费集合内的预算曲线的下方中，存在可以消费的点，即所谓的"廉价点假设"(cheaper point assumption)条件成立。

二、价格范围

这里，设定寻求均衡价格的范围。

因消费集合下方有界，对于任意的 $x_i \in X_i (i=1,2,\cdots,I)$，存在非正向量 $e \in R^n$，使得 $e < \sum_{i=1}^{I} x_i$ 成立，即：存在向量 $e \in R^n$，使得

$$e < \sum_{i=1}^{I} X_i, \quad e \leqq \mathbf{0} \qquad (10.2.2)$$

成立。如下定义集合 Y^*：

$$Y^* = \{y \in Y | e \leqq y\}.$$

将价格限定在下面的集合中：

$$P' = \{p \in P | \text{对于 } y \in Y^*, p \cdot y = \pi(p) \text{ 成立}\}.$$

定理 10.2.1 集合 P' 为非空并且是闭的。

证明 因集合 $Y \cap R_+^n$ 是有界的，容易找到从原点出发的向量向正方向延伸，使得

$$Y \cap \{y \in R_+^n | z_0 < y\} = \varnothing$$

的点 $z_0 \in Y^*$。从而，根据分离定理（定理 7.2.3），存在 $p^0 \in R_+^n$ 和 $p^0 \neq \mathbf{0}$，对于任意的 $y \in Y$，有

$$p^0 \cdot y \leqq p^0 \cdot z^0$$

成立。即：$p^0 \in P'$，集合 P' 是非空的。

下面证明集合 P' 是闭的。

设点列 $p^k \in P'$ 收敛于 p^0. 由 P' 的定义可知, 存在使得

$$p^k \cdot y^k = \pi(p^k)$$

成立的点列 $y^k \in Y$. 根据集合 Y^* 的紧集性, 可以假设点列 y^k 收敛于某一点 $y^0 \in Y$. 根据(10.2.1)和(10.2.2)两式可知 π 是连续的. 故在极限处

$$p^0 \cdot y^0 = \pi(p^0)$$

成立, 因此 $p^0 \in P'$, 故集合 P' 是闭的. ■

如下定义一个集合 Δ:

$$\Delta = \left\{ p \in R_+^n \,\Big|\, \sum_{i=1}^n p_i = 1 \right\}.$$

根据假定 10.2.1 的条件(1)中的 $Y \supset R_-^n$, 有 $P \subset R_+^n$; 进而将价格限定在以下的集合中:

$$\Delta' = P' \cap \Delta,$$

并如下定义集合 Δ^*:

$$\Delta^* = \operatorname{co}\Delta'.$$

根据上面的定理, Δ^* 是非空、凸的紧集. 另外, 根据定理 6.3.1, 集合 P 是凸集合, 故而可知 $\Delta^* \subset P$.

三、适用于不动点定理的映射

对于各 $i=1,2,\cdots,I$, 如下定义关系 $F_i: \Delta^* \times X_i \to X_i$.

$$F_i(p,x) = \begin{cases} \{y \in X_i | p \cdot y < m_i(p)\} & (p \cdot x > m_i(p) \text{ 时}), \\ \{y \in X_i | p \cdot y < m_i(p) \cap P_i(x)\} & (p \cdot x \leqq m_i(p) \text{ 时}). \end{cases}$$

在图 10.3 中, $p \cdot x \leqq m_i(p)$ 时的集合 $F_i(p,x)$ 是用有斜线的部分来表示的.

定理 10.2.2 对于各 $i=1,2,\cdots,I$, 关系 F_i 是凸值和下半连续的.

证明 关系 F_i 是凸值的证明, 只需从集合 $\{y \in X_i | p \cdot y < m_i(p)\}$ 和 $P_i(x)$ 的凸性便可获知.

以下证明关系 F_i 是下半连续的.

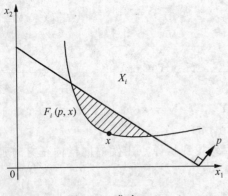

图 10.3 集合 $F_i(p,x)$

设点列 (p^k, x^k) 收敛于 $(p^0, x^0) \in \Delta^* \times X_i$, $y^0 \in F_i(p^0, x^0)$. 根据 $F_i(p^0, x^0)$ 的定义,

$$p^0 \cdot y^0 < m_i(p^0) \tag{10.2.3}$$

成立. 如果 $p^0 \cdot y^0 > m_i(p^0)$, 对于充分大的所有的 k, 有

§10.2 均衡的存在性

成立,所以,
$$p^k \cdot y^k > m(p^k)$$
$$F_i(p^k, x^k) = \{y \in X_i | p^k \cdot y < m_i(p^k)\}$$
成立. 另外,根据(10.2.3)式,对于充分大的所有的 k,
$$p^k \cdot y^0 < m_i(p^k),$$
从而有
$$y^0 \in F_i(p^k, x^k)$$
成立. 故而,当点列 y^k 置于 $y^k = y^0$ 时,有 $y^k \in F_i(p^k, x^k)$,从而可知关系 F_i 的下半连续的.

其次,设 $p^0 \cdot y^0 \leqq m_i(p^0)$. 在这种情况下,根据 $F_i(p^0, x^0)$ 的定义,有
$$y^0 \in P_i(x^0)$$
成立. 从而,由于关系 P_i 是下半连续的,存在收敛于点 y^0 的点列 y^k,对于充分大的所有的 k,有
$$y^k \in P_i(x^k)$$
成立. 另外,根据(10.2.3)式,对于充分大的所有的 k,有
$$y^k < m_i(p^k),$$
故而对于充分大的所有的 k,有
$$p^k \cdot y^k < m_i(p^k)$$
成立. 从而,在 $p^0 \cdot y^0 \leqq m_i(p^0)$ 的情况下,我们也证明了关系 F_i 同样具有下半连续性,定理获证. ■

如下定义一个关系 $F_0: R^n \to \Delta^*$
$$F_0(y) = \{p \in \Delta^* | p \cdot y > \pi(p)\}.$$

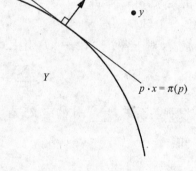

图 10.4 向量 p 与 y

图 10.4 描绘了 $p \in F_0(y)$ 时的向量 p 与 y 的关系.

定理 10.2.3 关系 F_0 是凸值和下半连续的.

证明 根据引理 6.3.2,利润函数 π 是凸函数,故容易证明关系 F_0 是凸值的. 另外,根据利润函数 π 的连续性可以容易地证明关系 F_0 的下半连续性. ■

如下定义关系 $F: \Delta^* \times X_1 \times X_2 \times \cdots \times X_I \to \Delta^* \times X_1 \times X_2 \times \cdots \times X_I$:
$$F(p, x_1, x_2, \cdots, x_I)$$
$$= F_0\left(\sum_{i=1}^{I} x_i\right) \times F_1(p, x_1) \times F_2(p, x_2) \times \cdots \times F_I(p, x_I).$$

在这里,我们先做以下的假定,其理由将在以后的叙述中给出说明.

假定 10.2.2 对于各 $i = 1, 2, \cdots, I$,消费集合 X_i 是上有界的.

定理 10.2.4 在 $(p, x_1, x_2, \cdots, x_I) \in \Delta^* \times X_1 \times X_2 \times \cdots \times X_I$ 上,
$$F_0\left(\sum_{i=1}^I x_i\right) = \varnothing, \quad F_1(p, x_1) = \varnothing, \quad F_2(p, x_2) = \varnothing, \quad \cdots, \quad F_I(p, x_I) = \varnothing$$
成立.

证明 可以将关系 $F_0, F_1, F_2, \cdots, F_I$ 看成是定义在 $\Delta^* \times X_1 \times X_2 \times \cdots \times X_I$ 上的关系. 另外, 根据定理 10.2.2 和定理 10.2.3, 它们都是凸值和下半连续的. 从而, 根据不动点定理(定理 9.2.3)可知, 对于点 $(p, x_1, x_2, \cdots, x_I) \in \Delta^* \times X_1 \times X_2 \times \cdots \times X_I$, 以下的各式成立:

$$p \in F_0\left(\sum_{i=1}^I x_i\right), \quad \text{或者} \quad F_0\left(\sum_{i=1}^I x_i\right) = \varnothing, \quad (10.2.4)$$

$$x_i \in F_i(p, x_i), \quad \text{或者} \quad F_i(p, x_i) = \varnothing \quad (i = 1, 2, \cdots, I). \quad (10.2.5)$$

对于各 $i = 1, 2, \cdots, I$, 根据关系 $F_i(p, x_i)$ 的定义, 可知 $x_i \notin F_i(p, x_i)$, 故由 (10.2.5)式, 一定有

$$F_i(p, x_i) = \varnothing.$$

另外, 根据假定 10.2.2, 因 $\{y \in X_i \mid p \cdot y < m_i(p)\} \neq \varnothing$, 根据关系 $F_i(p, x_i)$ 的定义, 有

$$p \cdot x_i \leqq m_i(p)$$

成立. 对于各 $i = 1, 2, \cdots, I$, 对上式两边求和, 就有:

$$p \cdot \sum_{i=1}^I x_i \leqq \sum_{i=1}^I m_i(p) = \pi(p).$$

根据关系 $F_0\left(\sum_{i=1}^I x_i\right)$ 的定义, 有 $p \notin F_0\left(\sum_{i=1}^I x_i\right)$. 从而, 根据(10.2.4)式, 我们可知:

$$F_0\left(\sum_{i=1}^I x_i\right) = \varnothing. \quad \blacksquare$$

假定 10.2.3 消费量 $x_i \in X_i (i = 1, 2, \cdots, I)$ 和生产量 $y \in Y$ 的组合 $\{x_1, x_2, \cdots, x_I, y\}$ 满足 $\sum_{i=1}^I x_i = y$, 在各 $i = 1, 2, \cdots, I$ 处, 对于任意的 $\varepsilon > 0$, 存在点 $z \in X_i$, 有 $z \in P_i(x_i)$, 并且 $\|z - x_i\| < \varepsilon$ 成立.

有了上面的准备, 就可以证明下面的定理:

定理 10.2.5 经济 ε 存在竞争均衡.

证明 将 $\{p, x_1, x_2, \cdots, x_I\}$ 作为满足定理 10.2.4 的组合, 并且, 以 $y = \sum_{i=1}^I x_i$. 此时, 我们要证明组合 $\{p, x_1, x_2, \cdots, x_I, y\}$ 是竞争均衡.

根据式(10.2.2)定义的 e, 有 $e < y$. 如果假设 $y \notin Y$, 根据分离定理, 有

$$F_0(y) \neq \varnothing$$

成立,这与 $F_0\left(\sum_{i=1}^{I} x_i\right) = \varnothing$ 相矛盾. 所以, $y \in Y$. 其次, 由假定 10.2.1 的条件(4)和 $F_i(p, x_i) = \varnothing$, 有:

$$p \cdot x_i \leqq m_i(p), \quad P_i(x_i) \cap \{z_i \in X_i | p \cdot z < m_i(p)\} = \varnothing.$$
(10.2.6)

根据假定 10.2.3, 有

$$p \cdot x_i = m_i(p),$$

所以,

$$p \cdot y = p \cdot \sum_{i=1}^{I} x_i = \sum_{i=1}^{I} m_i(p) = \pi(p).$$

竞争均衡的定义 10.2.1 的(2)成立. 进而, 根据(10.2.6)式和映射 P_i 的开值性, 与定理 10.1.3 的证明类似, 可以得到均衡条件(1)成立. ■

四、经济的有界性

基于假定 10.2.2 和假定 10.2.3, 我们对上面的竞争均衡存在性进行了证明. 下面, 我们就要说明这样的假定, 并不影响竞争均衡存在性证明的一般性.

假定 10.2.1 的条件(1)的集合 $Y \cap R_+^n$ 的有界性, 可以知道集合 Y^* 是上方有界的. 即: 对于任意的 $y \in Y^*$, 存在向量 $f \in R^n$, 使得 $y < f$ 成立. 因而, 可实行的消费者消费量也是上方有界的. 即, 存在向量 $r \in R^n$, 在消费者 i 的物品消费量 $x_i \in X_i$ 和生产量 $y \in Y$ 的组合 $\{x_1, x_2, \cdots, x_I, y\}$ 上, 如果

$$\sum_{i=1}^{I} x_i = y,$$

则

$$x_i < r \quad (i = 1, 2, \cdots, I) \tag{10.2.7}$$

成立. 从而, 在寻找均衡时, 从均衡的条件(3), 可以将消费者的消费集合限定于以下集合:

$$X_i^* = \{x_i \in X_i | x \leqq r\}.$$

这就是使用假定 10.2.2 的理由.

对于假定 10.2.1 的条件(4), 有以下的定理成立:

定理 10.2.6 如果向量 r 充分大, 对于任意的 $p \in \Delta^*$, 有:

$$\{x_i \in X_i | p \cdot x < m_i(p)\} \neq \varnothing$$

成立.

证明 用反证法.

假设对于任意大的向量 r^k, 存在 $p^k \in \Delta^*$, 集合

$$\{x_i \in X_i | p^k \cdot x < m_i(p^k), x \leqq r^k\}$$

是空集. 因集合 Δ^* 是紧集, 故不失一般性, 可以假定点列 p^k 收敛于点 $p^0 \in \Delta^*$. 根据假定 10.2.1(4), 存在点 $x^0 \in X_i$, 使得

$$p^0 \cdot x^0 < m_i(p^0)$$

成立. 从而, 对于所有的从分大的 k, 有

$$p^k \cdot x^0 < m_i(p^k)$$

成立. 另一方面, 对于所有的充分大的 k, 有

$$x^0 < r^k$$

成立, 这与上述的集合是空集的前提相矛盾. ∎

其次, 将各消费者 i 的偏好映射 $P_i: X_i \to 2^{X_i}$ 到映射 $P_i^*: X_i \to 2^{X_i}$ 定义如下:
$$P_i^*(x) = \{w \in X_i | w = tz + (1-t)x, z \in P_i(x), 0 < t \leqq 1, w < r\}.$$

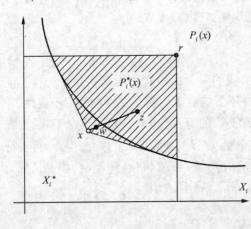

图 10.5 偏好映射的变更

在图 10.5 中, 集合 $P_i^*(x)$ 就是阴影的部分.

现在, 我们就来确认由映射 P_i^* 替代映射 $P_i: X_i \to 2^{X_i}$ 后, 自假定 10.2.2 起行文至此的各定理的证明有没有受到影响. 首先, 很显然地映射 P_i^* 是非反射、凸值、下半连续的; 映射 P_i^* 的非空性却不一定是成立的, 但是映射 P_i 的非空性在相关定理的证明中都没有用到, 所以不需要这一条性质. 另外, 根据 (10.2.7) 式, 映射 P_i 的非空性意味着映射 P_i^* 满足假定 10.2.3.

其实, 映射 P_i^* 的开值性也不一定成立. 但是, 开值性条件一直到定理 10.2.6 的证明中的 (10.2.6) 式为止都没有使用到, 所以, (10.2.6) 式对于映射 P_i^* 也是成立的. 于是, 可以得到:

$$p \cdot x_i < m_i(p), \quad P_i^*(x) \cap \{z \in X_i | p \cdot z < m_i(p)\} = \emptyset.$$

以下, 我们就来推导 (10.2.6) 式.

根据 (10.2.7) 式, 因

$$x_i < r,$$

如果 $w \in P_i^*(x) \cap \{z \in X_i | p \cdot z < m_i(p)\}$, 则存在实数 t 满足 $0 < t \leqq 1$, 使得

$$tz + (1-t)x_i < r, \quad p \cdot (tw + (1-t)x_i) < m_i(p)$$

成立. 即

$$P_i^*(x) \cap \{z \in X_i | p \cdot z < m_i(p)\} = \emptyset$$

成立,从而得到(10.2.6)式.

综上所述,在假定 10.2.2 和假定 10.2.3 的前提下的证明都是可行的.

§10.3 市 场 均 衡

一、总过剩需求

设经济中有 n 种物品,第 i 种物品价格为 p_i,所有的价格都为正值.第 i 种物品的市场需求和供给的差,也就是总过剩需求量依存于价格,以

$$z_i = f_i(p_1, p_2, \cdots, p_n) \quad (i = 1, 2, \cdots, n) \tag{10.3.1}$$

表示.函数 f_i 是定义在 R_{++}^n 上的实数值函数.

物品价格以向量 p 表示,总过剩需求量以向量 $f(p)$ 来表示,即:

$$p = \begin{bmatrix} p_1 \\ p_2 \\ \vdots \\ p_n \end{bmatrix}, \quad f(p) = \begin{bmatrix} f_1(p) \\ f_2(p) \\ \vdots \\ f_n(p) \end{bmatrix} = \begin{bmatrix} f_1(p_1, p_2, \cdots, p_n) \\ f_2(p_1, p_2, \cdots, p_n) \\ \vdots \\ f_n(p_1, p_2, \cdots, p_n) \end{bmatrix},$$

则函数 $f: R_{++}^n \to R^n$ 被称为"总过剩需求函数".

我们在 §8.2 中揭示了总过剩需求函数所具备的以下性质:

零阶齐次性 对于任意的价格 $p \in R_{++}^n$ 和数 $\lambda > 0$,有 $f(\lambda p) = f(p)$ 成立.

瓦尔拉斯法则 对于任意的价格 $p \in R_{++}^n$,有 $p \cdot f(p) = 0$ 成立.

经济均衡时在所有的市场上要求供需相等,也就是处于

$$f_i(p_1, p_2, \cdots, p_n) = 0 \quad (i = 1, 2, \cdots, n) \tag{10.3.2}$$

的状态.根据瓦尔拉斯法则,如果这里的 n 个方程式中的 $n-1$ 个是成立的,则剩下的方程式也成立.从而,均衡价格就是同时满足上述的 $n-1$ 个方程式的价格.

但是,n 个价格 $p_1, p_2, \cdots, p_n$ 却不能由上述的 $n-1$ 个方程式来决定.这是因为总过剩需求函数是零阶齐次函数,所以为了决定绝对价格水平,设第 1 物品作为"价值尺度物品"(numeraire),故可假定 $p_1 = 1$.将价格向量的长度调节称为"价格的标准化"(normalization).此时,均衡价格可以由(10.3.2)式的任意 $n-1$ 个方程式和标准化条件 $p_1 = 1$ 共 n 个方程式决定.

正如上面说明的那样,n 个均衡价格由 n 个方程决定.从数学意义上讲,n 个方程能够决定 n 个未知数,但是,方程的个数与未知数相等的时候,不一定就肯定能有解.事实上,方程的个数与未知数相等,既非是有解的必要条件又非是有解的充分条件.

二、均衡价格的唯一性

对于总过剩需求函数 f 做以下的假定：

粗替代性 如果 $p,q \in R_{++}^n, p_j = q_j, p \leqq q$，则
$$f_j(p) < f_j(q)$$
成立。

这里，记号"$p \leqq q$"意味着对于所有的 i，有
$$p_i \leqq q_i,$$
并且至少对于一个 i，有
$$p_i < q_i$$
成立。上面的假定意味着不论哪个物品的过剩需求量，其他物品的价格上升时，都会增加。换言之，价格的交叉效果为正。包含收入效果的替代效果为正。从而，所有的物品都是"粗替代物品"(gross substitutes)。

根据总过剩需求函数的零阶齐次性，可以对价格进行标准化。故而，所有的价格表现为以下定义的集合中的元素：
$$S = \{p \in R_{++}^n \mid \|p\| = 1\}.$$
如图 10.6 所示，集合 S 是以原点为中心半径为 1 的圆周与第一象限的公共部分。

定理 10.3.1 总过剩需求函数 $f: R_{++}^n \to R^n$ 满足粗替代性时，如果均衡价格存在，则其是唯一的。即：在集合 S 内使得 $f(p)=\mathbf{0}$ 的价格 p 只有一个。

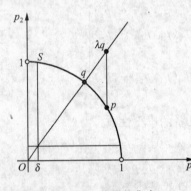

图 10.6 价格的集合

证明 用反证法证明。

假设 $p,q \in S, p \neq q, f(p)=\mathbf{0}, f(q)=\mathbf{0}$。并设，价格比例 $\dfrac{p_i}{q_i}$ 中最大的是
$$\frac{p_j}{q_j} = \lambda,$$
即
$$\frac{p_i}{q_i} \leqq \lambda = \frac{p_j}{q_j}.$$
另外，由于 $p \neq q$，至少对于一个 i，严格不等号 < 是成立的，故而可以得到：
$$p_j = \lambda q_j, \quad p \leqq \lambda q.$$
根据粗替代性的假定，有
$$0 = f_j(p) < f_j(\lambda q)$$

成立. 另外,根据零阶齐次条件,
$$f_j(\lambda q) = f_j(q) = 0.$$
这是矛盾的. ∎

§10.4 稳 定 性

一、摸索过程

如果市场处于过剩需求的状态,就会导致价格上升;过剩供给时,价格就会下降. 在市场上,这样的价格调整过程被称为"瓦尔拉斯的摸索过程". 瓦尔拉斯认为,如果即便初始时的价格不是均衡价格,但根据这样的调整最终可以达到均衡价格,那么均衡就是稳定的. 瓦尔拉斯的价格调整过程可以由以下的微分方程来表示:

$$\frac{\mathrm{d}p_i}{\mathrm{d}t} = f_i(p_1, p_2, \cdots, p_n) \quad (i = 1, 2, \cdots, n), \tag{10.4.1}$$

这里,变量 t 为时间. 在这个过程中,如果第 i 物品的过剩需求量是正值,第 i 物品价格的变分 $\frac{\mathrm{d}p_i}{\mathrm{d}t}$ 就是正的,价格 p_i 上升;反之,过剩需求量为负,价格下降.

设物品价格的变分以向量 $\dot{p}$ 表示,即:

$$\dot{p} = \begin{bmatrix} \dfrac{\mathrm{d}p_1}{\mathrm{d}t} \\ \dfrac{\mathrm{d}p_2}{\mathrm{d}t} \\ \vdots \\ \dfrac{\mathrm{d}p_n}{\mathrm{d}t} \end{bmatrix},$$

则上面的微分方程式可以写成:

$$\dot{p} = f(p). \tag{10.4.2}$$

这里,作为总过剩需求函数的基本性质,假定以下两条件成立:

境界条件 存在数 $\delta > 0$,如果 $p \in S, p_i \leq \delta$,则 $f_i(p) > 0$.

连续可微性 总过剩需求函数 $f: R_{++}^n \to R^n$ 是连续可微的.

所谓境界条件,就是某一物品的价格趋向于 0 时,该物品的需求量增加,市场处于过剩需求的状态. 从而,价格集合 S 的境界附近不存在均衡价格;而连续可微性的条件则是纯数学上的要求.

在以下的议论中,我们假定微分方程(10.4.2)的解存在,这个解可以用以下的函数表示:

$$p: [0, +\infty) \to R^n.$$

区间$[0,+\infty)$表示的是时间空间,在时刻$t\in[0,+\infty)$的价格表示为$p(t)$. 设初期值$p(0)\in S, p_i(0)>\delta(i=1,2,\cdots,n)$.

微分方程的解对于时间t是连续的,并且是连续可微的.

定理 10.4.1 在所有的时刻$t, p(t)\in S, p_i(t)>\delta(i=1,2,\cdots,n)$成立.

证明 根据(10.4.2)式和瓦尔拉斯法则,可以得到:

$$\frac{d(\|p(t)\|^2)}{dt} = \frac{d(p(t)\cdot p(t))}{dt}$$

$$= 2p(t)\cdot \dot{p}(t) = 2p(t)\cdot f(p(t)) = 0,$$

从而,

$$\|p(t)\| = \|p(0)\| = 1,$$

进而,如果$p_i(t)\leq\delta$,则由境界条件,有

$$\dot{p}_i(t) = f_i(p(t)) > 0$$

成立. 从而由初期条件,对于所有的时刻t,有

$$p_i(t) > \delta$$

成立. ∎

如图10.7所示,根据瓦尔拉斯法则,价格的运动方向$\dot{p}$与过剩需求量$f(p)$相等的、属于集合S的p点处的切线方向相同,价格在集合S内移动.

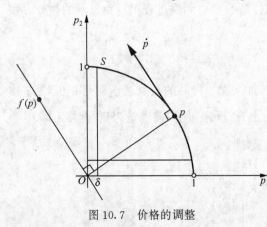

图 10.7 价格的调整

二、对角占优矩阵

设矩阵$A=[a_{ij}]$为k阶正方矩阵. 存在向量$b\in R^k_{++}$,当

$$b_j|a_{jj}| > \sum_{i\neq j} b_i|a_{ij}| \quad (j=1,2,\cdots,k)$$

时,矩阵A被称为"对角占优矩阵"(dominant diagonal).

设矩阵A、以向量b的成分做成的对角矩阵B如下:

$$A = \begin{bmatrix} a_{11} & a_{12} & \cdots & a_{1k} \\ a_{21} & a_{22} & \cdots & a_{2k} \\ \vdots & \vdots & \ddots & \vdots \\ a_{k1} & a_{k2} & \cdots & a_{kk} \end{bmatrix}, \quad B = \begin{bmatrix} b_1 & 0 & \cdots & 0 \\ 0 & b_2 & \cdots & 0 \\ \vdots & \vdots & \ddots & \vdots \\ 0 & 0 & \cdots & b_k \end{bmatrix}.$$

考虑下面的矩阵:

$$BA = \begin{bmatrix} b_1 a_{11} & b_1 a_{12} & \cdots & b_1 a_{1k} \\ b_2 a_{21} & b_2 a_{22} & \cdots & b_2 a_{2k} \\ \vdots & \vdots & \ddots & \vdots \\ b_k a_{k1} & b_k a_{k2} & \cdots & b_k a_{kk} \end{bmatrix}.$$

当矩阵 A 是对角占优矩阵时,在矩阵 BA 的各列中,对角线上元素的绝对值比其他成分绝对值的和大.

定理 10.4.2　k 阶正方矩阵 $A=[a_{ij}]$ 为对角占优矩阵时,$|A|\neq 0$.

证明　当矩阵 A 为对角占优矩阵时,对于向量 $b \in R_{++}^n$,如下定义对角矩阵 B 和矩阵 $C=[c_{ij}]$:

$$B = \begin{bmatrix} b_1 & 0 & \cdots & 0 \\ 0 & b_2 & \cdots & 0 \\ \vdots & \vdots & \ddots & \vdots \\ 0 & 0 & \cdots & b_k \end{bmatrix}, \quad C = BA = \begin{bmatrix} b_1 a_{11} & b_1 a_{12} & \cdots & b_1 a_{1k} \\ b_2 a_{21} & b_2 a_{22} & \cdots & b_2 a_{2k} \\ \vdots & \vdots & \ddots & \vdots \\ b_k a_{k1} & b_k a_{k2} & \cdots & b_k a_{kk} \end{bmatrix},$$

因为矩阵 A 是对角占优矩阵,故

$$|c_{jj}| = b_j [a_{jj}] > \sum_{i \neq j} b_i |a_{ij}| = \sum_{i \neq j} |c_{ij}|. \tag{10.4.3}$$

假设 $|A|=0$,根据定理 3.4.3,有

$$|C| = |B||A| = 0$$

成立.故矩阵 C 是奇异的,根据推论 3.4.1,行向量是线性相关的.从而,存在 $q \in R^k, q \neq \mathbf{0}$,使得:

$$q^T C = \mathbf{0},$$

即:

$$-q_j c_{jj} = \sum_{i \neq j} q_i c_{ij} \quad (j=1,2,\cdots,k)$$

成立.对于该式取绝对值,对于使得 $|q_j|$ 的值为最大的 j,有下式成立:

$$|q_j||c_{jj}| \leq \sum_{i \neq j} |q_i||c_{ij}| \leq |q_j| \sum_{i \neq j} |c_{ij}|,$$

从而,根据(10.4.3)式,有

$$|q_j| = 0$$

成立.这与 $q \neq \mathbf{0}$ 是矛盾的,故而,$|A| \neq 0$.　∎

定理 10.4.3　设 k 阶正方矩阵 A 为对角占优矩阵,如果矩阵 A 的对角成分全部为正(负)值,则矩阵 A 为正(负)定.

证明　对于数 $s \in [0,1]$,将矩阵 $A(s)$ 定义如下:

$$A(s) = \begin{bmatrix} a_{11} & 0 & \cdots & 0 \\ 0 & a_{22} & \cdots & 0 \\ \vdots & \vdots & \ddots & \vdots \\ 0 & 0 & \cdots & a_{kk} \end{bmatrix} + s \begin{bmatrix} 0 & a_{12} & \cdots & a_{1k} \\ a_{21} & 0 & \cdots & a_{2k} \\ \vdots & \vdots & \ddots & \vdots \\ a_{k1} & a_{k2} & \cdots & 0 \end{bmatrix},$$

$A(1)=A$,另外,明显地$|A(0)|\neq 0$.

因矩阵 A 是对角占优矩阵,所以矩阵 $A(s)$ 也是对角占优矩阵.根据定理 11.2.2,有下式成立:
$$|A(s)|\neq 0$$
$|A(s)|$对于 s 是连续的,所以,$|A(s)|$与$|A(0)|$持有相同的符号.进而,因为 $A(s)$的任意主子式也是对角占优矩阵,所以 $A(s)$的任意主子式不为 0.根据同样的推论,$A(s)$的任意主子式与其对应的 $A(0)$的主子式具有相同的符号.

如果 $A(0)$的对角元素均为正值,则 $A(0)$的任意主子式为正值,从而,$A(s)$的任意主子式为正值.根据定理 3.4.6,有这样性质的矩阵是正定的.

另外,如果 $A(0)$的对角成分均为负值,那么$-A$是正定的,则 A 为负定. ∎

三、替代性与对角占优矩阵

以 ∂f 作为总过剩需求函数 $f: R_{++}^n \to R^n$ 的微分,即:
$$\partial f(p) = \begin{bmatrix} f_{11}(p) & f_{12}(p) & \cdots & f_{1n}(p) \\ f_{21}(p) & f_{22}(p) & \cdots & f_{2n}(p) \\ \vdots & \vdots & \ddots & \vdots \\ f_{n1}(p) & f_{n2}(p) & \cdots & f_{nn}(p) \end{bmatrix}.$$

另外,作为替代条件,给出以下的假定条件:

粗替代性 $i\neq j$ 时,$f_{ij}(p)>0$.即矩阵 $\partial f(p)$的非对角成分均为正值.

在价格 p 之下,定义总过剩需求为正的物品的集合如下:
$$\Lambda(p) = \{i \mid f_i(p) > 0\}.$$
此时,除去不属于微分 ∂f 的 $\Lambda(p)$的行和列,得到的主子式以
$$D(p) = [f_{ij}(p)]_{i\in\Lambda(p), j\in\Lambda(p)}$$
定义.

定理 10.4.4 矩阵 $D(p)$是负定的,即对于任意的 $z\neq \mathbf{0}$,$z^{\mathrm{T}}D(p)z<0$.

证明 因为总过剩需求函数 $f: R_{++}^n \to R^n$ 是零阶齐次的,对于各 j 和任意的数 $\lambda>0$,
$$f_j(\lambda p) = f_j(p)$$
成立.对 λ 求微分,并且令 $\lambda=1$,便可以得到:
$$\sum_{i=1}^n p_i f_{ji}(p) = 0 \quad (j=1,2,\cdots,n),$$
并根据替代性的条件,可以得到:
$$f_{jj}(p) < 0,$$
进而,对于各 $j\in\Lambda(p)$,

$$\sum_{i\in \Lambda(p)} p_i f_{ji}(p) = -\sum_{i\notin \Lambda(p)} p_i f_{ji}(p) < 0$$

成立. 从而, 矩阵 $D(p)$ 的转置矩阵 $D(p)^T$ 是对角占优矩阵.

就瓦尔拉斯法则 $p \cdot f(p) = 0$ 对 p_j 进行微分, 便得到:

$$f_j(p) + \sum_{i=1}^{n} p_i f_{ij}(p) = 0 \quad (j=1,2,\cdots,n).$$

对于各 $j \in \Lambda(p)$, 由粗替代性可以得到:

$$\sum_{i\in \Lambda(p)} p_i f_{ij}(p) = -f_j(p) - \sum_{i\notin \Lambda(p)} p_i f_{ij}(p) < 0.$$

所以, 矩阵 $D(p)$ 也是对角占优矩阵.

矩阵 $D(p) + D(p)^T$ 是对角占优矩阵、对称的, 其对角线元素皆为负数, 故根据定理 10.4.3, 为负定. 从而, 对于任意的 $z \neq \mathbf{0}$, 有

$$z^T[D(p) + D(p)^T]z = z^T D(p) z + z^T D(p)^T z$$
$$= 2z^T D(p) z < 0$$

成立, 定理获证. ∎

四、李雅普洛夫方法

定义函数 $V: S \to R$ 如下:

$$V(p) = \sum_{i=1}^{n} [\max\{f_i(p), 0\}]^2. \tag{10.4.4}$$

实际上, 函数 V 可以定义成:

$$V(p) = \sum_{i \in \Lambda(p)} f_i^2(p). \tag{10.4.5}$$

在 (10.4.5) 上, 如果 $\dot{p} = f(p) = \mathbf{0}$, 则显然地 $V(p) = 0$. 反之, 如果设 $V(p) = 0$, 则:

$$f(p) \leqq \mathbf{0}$$

成立. 根据瓦尔拉斯法则 $p \cdot f(p) = 0$ 和 $p > 0$, 有

$$f(p) = \dot{p} = \mathbf{0}.$$

从而, $\dot{p} = \mathbf{0}$ 的充分必要条件是:

$$V(p) = 0.$$

对于微分方程体系 $\dot{p} = f(p)$, 具有这样性质的函数 V 被称为"李雅普洛夫(A. H. Liapounoff)函数".

定理 10.4.5 $V(p(t))$ 关于时间 t 可微, 并且

$$\frac{dV(p(t))}{dt} = 2\left(\sum_{i\in \Lambda(p(t))} \sum_{j=1}^{n} f_i(p(t)) f_{ij}(p(t)) f_j(p(t))\right) < 0$$

成立.

证明 函数 $y = [\max\{x, 0\}]^2$ 可微, 其微分是:

总过剩需求函数 f 也是可微的,故 $V(p(t))$ 关于 $p(t)$ 可微. 从而,根据(10.4.4)式和(10.4.5)式,有:

$$\frac{\mathrm{d}V(p(t))}{\mathrm{d}t} = \sum_{i=1}^{n} \max\{2f_i(p(t)), 0\} \sum_{j=1}^{n} f_{ij}(p(t)) \frac{\mathrm{d}p_i}{\mathrm{d}t}$$

$$= \sum_{i \in \Lambda(p(t))} 2f_i(p(t)) \sum_{j=1}^{n} f_i(p(t)) f_{ij}(p(t)) f_j(p(t))$$

$$= 2\left(\sum_{i \in \Lambda(p(t))} \sum_{j=1}^{n} f_i(p(t)) f_{ij}(p(t)) f_j(p(t))\right).$$

如果 $i \in \Lambda(p)$ 并且 $j \notin \Lambda(p)$,则

$$f_i(p) > 0,$$

并且

$$f_j(p) \leq 0.$$

根据粗替代性的假定,有以下的不等式成立:

$$f_{ij}(p) > 0,$$

从而,

$$\sum_{i \in \Lambda(p(t))} \sum_{j \notin \Lambda(p(t))} f_i(p(t)) f_{ij}(p(t)) f_j(p(t)) \leq 0.$$

根据定理 10.4.4,$D(p) = [f_{ij}(p)]_{i \in \Lambda(p), j \in \Lambda(p)}$ 是负定的,所以,

$$\sum_{i \in \Lambda(p(t))} \sum_{j \in \Lambda(p(t))} f_i(p(t)) f_{ij}(p(t)) f_j(p(t)) < 0.$$

从而本定理获证. ∎

下面的命题是本节的重点.

命题 10.4.1 存在均衡价格 p^*,有 $\lim_{t \to +\infty} p(t) = p^*$ 成立.

证明 如下定义价格集合:

$$S_\delta = \{p \in S \mid p_i \geq \delta \ (i = 1, 2, \cdots, n)\}.$$

集合 S_δ 是紧集. 根据定理 10.4.1,在所有的时刻 t,$p(t) \in S_\delta$. 对于实数 $\varepsilon > 0$,定义价格集合如下:

$$U_\varepsilon = \{p \in S_\delta \mid V(p) < \varepsilon\}.$$

根据定理 10.4.5,如果 $t < t'$,则有

$$V(p(t)) > V(p(t'))$$

成立. 假定对于某一正数 $\varepsilon > 0$,在所有的时刻 t,$V(p(t)) \geq \varepsilon$. 这个假定的意味着调整路径在集合 U_ε 之外,价格 $p(t) \in S_\delta \setminus U_\varepsilon$. 集合 $S_\delta \setminus U_\varepsilon$ 是紧集,根据定理 10.4.5,$\dfrac{\mathrm{d}V(p(t))}{\mathrm{d}t}$ 关于 $p(t)$ 是连续的. 从而,存在数 $\lambda > 0$,使得:

$$\frac{\mathrm{d}V(p(t))}{\mathrm{d}t} \leqq -\lambda.$$

据此,我们有:

$$V(p(t)) = V(p(0)) + \int_0^t \frac{\mathrm{d}V(p(t))}{\mathrm{d}t}\mathrm{d}t \leqq V(p(0)) - \lambda t.$$

对于充分大的时刻 t,有

$$V(p(t)) < \varepsilon$$

成立,这与上述的假定相矛盾. 从而,$V(p(t))$ 收敛于 0.

设时刻的点列 $t_k \to +\infty$,点列 $p(t_k)$ 是紧集 S_δ 内的点列,取适当的子点列可以使其收敛,设其极限为 p^*. 而 $V(p(t_k))$ 收敛于 0,所以,由函数 V 的连续性,有

$$V(p^*) = 0,$$

从而,有

$$f(p^*) = \mathbf{0}.$$

p^* 就是均衡价格. 根据定理 10.3.1,p^* 具有唯一性. 从而,不存在收敛于不同于 p^* 的点的点列 $p(t_k)$,即 $p(t)$ 收敛于 p^*. ∎

习 题

A 组

1. 对于总过剩需求函数 f,设瓦尔拉斯的价格调整遵循以下规则:

$$\dot{p} = [Df(p)]^{-1}f(p).$$

试证明:$V(p) = -f(p)f(p)$ 是该动态系统的一个李雅普诺夫函数.

B 组

1. 消费者 1,2 的效用函数分别为 $u^1 = \sqrt{x_1^1}x_2^1, u^2 = x_1^2\sqrt{x_2^2}$;消费者 1,2 的初期禀赋量分别为 $(0,1),(1,0)$. 试求:

(1) 过剩需求函数;

(2) 均衡相对价格;

(3) 均衡需求量.

第十一章 经济的核*

在前面的章节中,我们对经济主体在市场上交易商品的行为进行了解说,并介绍了在供需均衡时决定价格的市场均衡机制.但是,作为经济主体的消费者不一定在单一的价格下进行经济活动,消费者可以自由地与他人进行交易.埃奇沃思对这样的一般状况中的全部交易进行了分析,对埃奇沃思契约曲线概念的进行了推广,这就是本章的中心内容"核",他所建立的理论在现代的博弈理论中对应于核的概念.明确交换经济中核与竞争均衡的关系是学习本章的目的之一.

首先,我们在交换经济中定义核配置的概念,在竞争均衡处的配置就是核配置.同时,由于核配置是帕累托最优,故可以导出福利经济学第一基本定理.其次,定义消费者数量翻番的"复制经济"的概念,揭示经济变大,核就缩小的规律.另外,我们还要证明在核配置之下,"对同类型人分配等量物品"的核的同等待遇性质.最后,我们还要证明极限定理,即经济变大,就可以导出"在极限处核配置与竞争均衡的配置是一致的"结果.

§11.1 交换经济的核

一、经济模型

首先,定义被称之为经济的"核"的概念.以下,我们考虑一个第八章中已经说明过的没有生产的交换经济 ε_E,其中唯一的活动就是交易初始禀赋资源.很显然,这是一种特殊情形,然而,它却非常有助于分析问题,并便于将各种结论推广到具有线性生产函数的经济中去.设经济 ε_E 由 I 位消费者构成,以

$$\varepsilon_E = \{X_i, \succ_i, e_i \quad (i=1,2,\cdots,I)\}$$

表示.消费者 i 的消费集合 X_i 是 n 维欧几里得空间 R^n 的子空间,偏好集合 $\succ_i$ 是消费集合 X_i 上的二元关系.消费者 i 的初期禀赋量是向量 $e_i \in R^n_+$.对于消费者 i 的偏好关系 $\succ_i$,我们如下定义"偏好·无差异关系 $\succsim_i$":

对于两点 x 和 $y \in X_i$,"不是 $y \succ_i x$"可以用 $x \succsim_i y$ 表记.

"无差异关系 $\sim_i$"如下定义:

对于两点 x 和 $y \in X_i$,"$x \succsim_i y$ 并且 $y \succsim_i x$"可以用 $x \sim_i y$ 表记.

各个消费者 i 的物品消费量以 $x_i \in X_i$ 表记,它们的组合 $\{x_1, x_2, \cdots, x_I\}$ 满足以下条件时,称为经济 ε_E 的"配置":

$$\sum_{i=1}^{I} x_i = \sum_{i=1}^{I} e_i. \tag{11.1.1}$$

二、竞争均衡

在某价格体系之下,所有消费者对于物品需求是在预算约束下获得最大满足,此时的总需求量与经济中所存在的物品总禀赋量相等时,就达到竞争均衡. 根据定义 8.1.1,在经济 ε_E 的竞争均衡处的配置可以如下定义:

定义 11.1.1 经济 ε_E 的某一个配置 $\{x_1, x_2, \cdots, x_I\}$ 在价格向量 $p \in R^n$,具有以下性质时,称为经济 ε_E 的"竞争均衡配置":

对于所有的消费者 i,以下的结论成立:

(1) $p \cdot x_i \leqq p \cdot e_i$;
(2) 如果 $y \succ_i x$,则 $p \cdot y > p \cdot e_i$.

经济 ε_E 的所有的竞争均衡配置集合记为 W,条件(1)意味着各消费者 i 得到的物品量 x_i 在价格 p 下满足预算约束;条件(2)则意味着在满足预算约束的条件下,没有比 x_i 更偏好的. 图 11.1 描绘的是消费者 i 的状况,图中曲线 AA' 是无差异曲线,BB' 则是预算曲线.

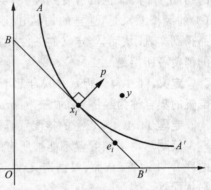

图 11.1 消费者 i 的状况

三、帕累托最优配置

我们对帕累托最优配置进行如下定义:

定义 11.1.2 对于经济 ε_E 的某一个配置 $\{x_1, x_2, \cdots, x_I\}$,不存在满足以下条件的其他配置 $\{y_1, y_2, \cdots, y_I\}$,这一配置就被称为"帕累托最优配置":

(1) 对于所有的消费者 i,有 $y_i \succsim_i x_i$ 成立;
(2) 至少有一消费者 i 有 $y_i \succ_i x_i$ 成立.

福利经济学第一基本定理认为竞争均衡是帕累托最优,在以下的讨论中我们还会再次接触到它的证明.

四、核配置

所有消费者的集合用 A 表示,即:
$$A = \{1, 2, \cdots, I\}.$$
集合 G 是集合 A 的非空子集合,即,$G \neq \varnothing$,并且 $G \subset A$ 时,将集合 G 称为"联合"(coalition).

定义 11.1.3 对于经济 ε_E 的某一个配置 $\{x_1, x_2, \cdots, x_I\}$ 和某个联合 G，以下的条件成立时，视为联合 G"改善"配置 $\{x_1, x_2, \cdots, x_I\}$：

对于各 i，存在 $y_i \in X_i$，以下的条件成立：

(1) 对于所有的消费者 $i \in G$，有 $y_i \succsim_i x_i$ 成立；

(2) 至少有一消费者 i 有 $y_i \succ_i x_i$ 成立；

(3) $\sum_{i \in G} y_i = \sum_{i \in G} e_i$.

在以上的定义中，条件(1)和(2)表示属于联合 G 的各消费者 i 接受新分配的物品 y_i 时，谁也没有受到损失，至少还有一消费者的效用水平提高了；条件(3)的经济意义是，这样的物品分配可以由属于联合 G 的消费者最初的禀赋物品得到实现. 从而，当定义的条件成立时，配置 $\{x_1, x_2, \cdots, x_I\}$ 将会被属于联合 G 的消费者所拒绝.

定义 11.1.4 所有的联合都不能改善的配置，被称为"核配置"；所有的核配置的集合称为经济 ε_E 的"核"(core)，用 l 来表记.

定理 11.1.1 任意的核配置都是帕累托最优的.

证明 由于核配置不能被所有的联合改善，因而也不能被所有消费者参与的联合 A 改善. 从而，根据定义 11.1.2 的帕累托最优的定义，其配置是帕累托最优配置.

为了证明竞争均衡配置是核配置，需要假设消费者的偏好关系具有局部非饱和性，即：

假定 11.1.1 对于如果消费者 i，有 $y_i \succsim_i x_i$ 成立，则对于任意的 $\varepsilon > 0$，存在点 $z \in X_i$，使得 $d(y, z) < \varepsilon$，并且 $z \succ_i x$.

这个假定的思想是少许改变物品的消费量，就能够提高消费者的满足，在几何的图中表现为无差异曲线没有宽度.

定理 11.1.1 在假定 11.1.1 的前提下，所有的竞争均衡配置是核配置. 即：$W \subset l$.

证明 设配置 $\{x_1, x_2, \cdots, x_I\}$ 是竞争均衡，根据定义 11.1.1，存在适当的价格向量 $p \in R^n$，对于所有的消费者 i，

$$\text{"如果 } y \succ_i x_i \text{，则 } p \cdot y > p \cdot e_i \text{"} \tag{11.1.2}$$

成立.

假设，配置 $\{x_1, x_2, \cdots, x_I\}$ 不是核配置. 根据定义 11.1.3 和定义 11.1.4，存在某一个联合 G 可以改善配置 $\{x_1, x_2, \cdots, x_I\}$，即：对于各 i，存在 $y_i \in X_i$，以下的条件成立：

$$\text{"对于所有的 } i \in G \text{，有 } y_i \succsim_i x_i \text{ 成立."} \tag{11.1.3}$$

$$\text{"存在 } i \in G \text{，使得 } y_i \succ_i x_i \text{ 成立."} \tag{11.1.4}$$

$$“\sum_{i\in G} y_i = \sum_{i\in G} e_i”. \tag{11.1.5}$$

根据假定 11.1.1 与(11.1.3)式,在各 $i \in G$,如图 11.2 所示,对于任意的 $\varepsilon > 0$,存在点 $z \in X_i$,使得 $d(y_i, z) < \varepsilon$,并且 $z \succ_i x$. 根据(11.1.2)式,有

$$p \cdot z > p \cdot e_i$$

成立. 当 ε 趋向于 0 时,z 无限接近于 y_i,在极限处有:

$$p \cdot y_i \geqq p \cdot e_i$$

成立. 从而,上面的不等式对于所有的 $i \in G$ 成立. 另外,根据(11.1.4)和(11.1.2)式,存在 $i \in G$,上式对于严格的不等号 $>$ 成立. 故而,

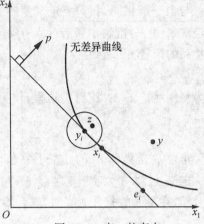

图 11.2 点 z 的存在

$$p \cdot \sum_{i\in G} y_i > p \cdot \sum_{i\in G} e_i$$

成立. 这个结果与(11.1.5)式矛盾. ■

作为这个定理的推论,可以得到福利经济学第一基本定理.

定理 11.1.2 所有的竞争均衡配置是帕累托最优的.

证明 根据定理 11.1.2,竞争均衡配置是核配置,由定理 11.1.1 可知,它是帕累托最优的. ■

§11.2 复制经济

为了分析大经济里的核配置与竞争均衡的关系,我们扩大经济 ε_E. 其方法是在经济 ε_E 上加上数个相同的经济,即:经济 ε_E 加上经济 ε_E 得到 2 重的经济 ε_E;如果在这个基础上再加上经济 ε_E 就得到 3 重的经济 ε_E;…. 如此这般,扩大了 r 重的经济就称为"r 重复制经济",表记为"ε_E^r". 特别地,当 $r=1$ 时,$\varepsilon_E^1 = \varepsilon_E$.

原来的经济 ε_E 中由 I 个消费者构成,r 重复制经济 ε_E^r 就共有 $I \times r$ 个消费者构成. 复制经济 ε_E^r 有 I 种类型的消费者,每种类型里有相同偏好关系和初期禀赋的消费者 r 人. 所有的消费者的集合以 A^r 表记,定义为:

$$A^r = \{(i,j) | i = 1,2,\cdots,I; j = 1,2,\cdots,r\}.$$

在消费者 (i,j) 处,i 表示消费者的类型,j 则是类型中的序号. 消费者 (i,j) 的消费集合记为 X_{ij};偏好关系记为 $\succ_{ij}$;初期的禀赋记为 e_{ij},于是有:

$$\succ_{ij} = \succ_i, \quad e_{ij} = e_i, \quad X_{ij} = X_i$$

成立. 另外, 相对于偏好关系 $\succ_{ij}$ 的偏好·无差异关系记为 $\succsim_{ij}$, 无差异关系记为 $\sim_{ij}$.

与上一节相同, 我们要定义复制经济 ε_E^r 里的核配置和竞争均衡配置. 在复制经济 ε_E^r 里, 分配给消费者 (i,j) 的物品分配量记为 $x_{ij} \in X_{ij}$, 分配给全部消费者的物品的配置方法记为

$$\{x_{ij} | i = 1, 2, \cdots, I; j = 1, 2, \cdots, r\},$$

称为复制经济 ε_E^r 的"配置". 这里, 作为实施可能的条件, 配置满足以下条件:

$$\sum_{i=1}^{I} \sum_{j=1}^{r} x_{ij} = r \sum_{i=1}^{I} e_i. \tag{11.2.1}$$

集合 G 是集合 A^r 的非空子集合时, 称集合 G 为复制经济 ε_E^r 的"联合".

定义 11.2.1 对于复制经济 ε_E^r 的配置 $\{x_{ij} | i=1,2,\cdots,I; j=1,2,\cdots,r\}$ 和联合 G, 在下面的条件成立时, 联合 G "改善"配置 $\{x_{ij} | i=1,2,\cdots,I; j=1,2,\cdots,r\}$.

对于各 $(i,j) \in G$, 存在 $y_{ij} \in X_{ij}$, 以下的条件成立:

(1) 对于所有的消费者 $(i,j) \in G$, 有 $y_{ij} \succsim_{ij} x_{ij}$ 成立;

(2) 至少有一个消费者 $(i,j) \in G$, 有 $y_{ij} \succ_{ij} x_{ij}$ 成立;

(3) $\sum_{(i,j) \in G} y_{ij} = \sum_{(i,j) \in G} e_{ij}$.

定义 11.2.2 当所有的联合也不能改善经济 ε_E^r 的配置时, 被称为经济 ε_E^r 的"核配置". 经济 ε_E^r 的所有核配置的集合被称为"复制经济 ε_E^r 的核", 记为 l^r.

为了分析经济 ε_E^r 的核的基本性质, 对于各类型 $i \in A$ 的偏好关系 $\succ_i$ 做出以下的假定:

假定 11.2.1 偏好关系 $\succ_i$ 是非反射的, 并且是推移的.

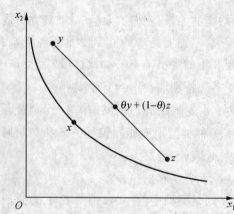

图 11.3 严格凸的无差异曲线

假定 11.2.2 设 3 点 $x, y, z \in X_i$ 对于偏好关系 $\succ_i$ 有 $y \succsim_i x, z \succsim_i x$. 这里, $x \neq y$, 并且 $x \neq z$. 此时, 对于任意的满足 $0 < \theta < 1$ 的数 θ, 有

$$\theta y + (1 - \theta) z \succ_i x$$

成立.

假定 11.2.1 表明消费者偏好不具备反射性, 消费者偏好是合理的; 假设 11.2.2 意味着消费集合 X_i 是凸的, 图 11.3 所示的无差异曲线是严格凸的曲线.

§11.2 复制经济

定理 11.2.1 给出消费集合 X_i 内的任意有限个点时,在这些点中存在偏好关系 $\succ_i$ 最下位的点. 即:任意的 r 个点 $x_1, x_2, \cdots, x_r$ 中选择某一点,不失一般性,设此点为 x_1,则有

$$x_j \succsim_i x_1 \quad (j = 2, 3, \cdots, r)$$

成立.

证明 从 r 个点中的任意的点 x 出发,如果存在处于偏好关系 $\succ_i$ 下位的点 x',即:如果存在使得 $x \succ_i x'$ 成立的点 x',则向点 x' 移动. 反复操作这个步骤. 根据假设偏好关系 $\succ_i$ 是非反射的、传递的性质,故不会退回到以前选过的点. 另外,因为是在有限个点中移动,最终会停止在其中的某一点,被选择的点就是偏好关系 $\succ_i$ 的最下位的点. ∎

定理 11.2.2 设 r 个点 $x_1, x_2, \cdots, x_r \in X_i$,对于偏好关系 $\succ_i$,x_1 是最下位的,另外,在点 $x_1, x_2, \cdots, x_r$ 中包含不同的点. 此时,

$$\frac{1}{r} \sum_{j=1}^{r} x_j \succ_i x_1$$

成立.

证明 通过替换序号,不失一般性,可以得到 $x_1 \neq x_2$. 如下定义点 $z_k (k=1, 2, \cdots, r)$:

$$z_k = \frac{1}{k} \sum_{j=1}^{k} x_j.$$

此时,可以容易地确认以下的等式成立:

$$z_1 = x_1, \quad z_k = \left(1 - \frac{1}{k}\right) z_{k-1} + \frac{1}{k} x_k.$$

最初,因为 $x_1 \neq x_2$ 并且 $x_2 \succsim_i x_1$,根据假设 11.2.2 $\Big($ 令 $x = z = x_1, y = x_2, \theta = \frac{1}{2} \Big)$,有下式

$$z_2 = \frac{1}{2}(x_1 + x_2) \succ_i x_1$$

成立. 其次,根据反射性的假设有 $x_1 \neq x_2$ 和 $x_3 \succsim_i x_1$,再根据假设 11.2.2 $\Big($ 令 $x = x_1, y = x_3, \theta = \frac{2}{3} \Big)$,有下式

$$z_3 = \frac{1}{3}(x_1 + x_2 + x_3) = \frac{2}{3} z_2 + \frac{1}{3} x_3 \succ_i x_1$$

成立. 如此重复上述的过程,最终可以得到:

$$z_r \succ_i x_1.$$

定理获证. ∎

定理 11.2.3 在假定 11.2.1 和假定 11.2.2 的前提下,如果配置 $\{x_{ij} | i = 1,$

$2,\cdots,I; j=1,2,\cdots,r\}$是核配置,则相同类型的人获得相同量的物品分配. 即：对于所有类型 $i \in A$,有

$$x_{i1} = x_{i2} = \cdots = x_{ir}$$

成立.

证明 设配置$\{x_{ij}|i=1,2,\cdots,I; j=1,2,\cdots,r\}$是核配置. 根据定理 11.2.2,类型 i 的消费者接受的配置 $x_{i1},x_{i2},\cdots,x_{ir}$中对于偏好关系$\succ_i$而言,其顺序有最下位,不失一般性,设为各类型 i 中的第 1 号消费者,即：假设消费者$(i,1)$接受最下位的配置,如果用数式表示,则可以用下式表达：

$$x_{ij} \succsim_i x_{i1} \quad (j=2,3,\cdots,r).$$

各类型中接受最下位配置的消费者所组成的联合设为 G,即 G 是由如下 I 人组成的联合：

$$G = \{(1,1),(2,1),\cdots,(I,1)\}.$$

分配给联合 G 里的消费者$(i,1)$物品为：

$$y_{ij} = \frac{1}{r} \sum_{j=1}^{r} x_{ij}.$$

此时,根据作为配置的条件(11.2.1),

$$\sum_{i=1}^{I} y_{i1} = \sum_{i=1}^{I} \left[\frac{1}{r} \sum_{j=1}^{r} x_{ij} \right] = \frac{1}{r} \sum_{i=1}^{I} \sum_{j=1}^{r} x_{ij} = \sum_{i=1}^{I} e_i = \sum_{i=1}^{I} e_{i1}$$

成立.

此时,对于 $x_{i1}=x_{i2}=\cdots=x_{ir}$ 成立的类型 i 的消费者$(i,1)$,有：

$$y_{i1} = x_{i1} \sim_i x_{i1}.$$

如果假设存在 $x_{i1}=x_{i2}=\cdots=x_{ir}$ 不成立的类型 i,对于消费者$(i,1)$,根据定理 11.2.2,有

$$y_{i1} = \frac{1}{r} \sum_{j=1}^{r} x_{ij} \succ_i x_{i1}$$

成立. 在这样的情况下,根据定义 11.2.1,形成联合 G 改善配置$\{x_{ij}|i=1,2,\cdots,I; j=1,2,\cdots,r\}$的状况,从而产生矛盾. 所以,对所有的类型 $i \in A$,必然有 $x_{i1}=x_{i2}=\cdots=x_{ir}$成立. ∎

根据上面的定理,在核配置中相同类型的消费者必然得到相同的配置,即核配置具有"同等待遇"的性质. 根据这个性质,在表达复制经济 ε_E^r 的核配置时,不需要将分配给所有的消费者的配置量都表示出来,只需将分配给各类型的消费者的分配量表示出来即可. 从而,核 l^r 可以看成以下的集合：

$$\{\{x_1,x_2,\cdots,x_I\} | \text{对于配置}\{x_{ij}|i=1,2,\cdots,I; j=1,2,\cdots,r\} \in l^r$$
$$\text{有 } x_i = x_{ij} (i=1,2,\cdots,I)\}.$$

其次,如同前节的方式,定义复制经济 ε_E^r 的竞争均衡配置.

定义 11.2.3 复制经济 ε_E^r 的某一配置 $\{x_{ij}|i=1,2,\cdots,I;j=1,2,\cdots,r\}$ 对于价格向量 $p\in R^n$ 具备以下性质时,将其称为经济 ε_E^r 的"竞争均衡配置".对于各 $(i,j)\in A^r$,以下的条件成立:

(1) $p\cdot x_{ij}\leqq p\cdot e_{ij}$;

(2) 如果 $y\succ_{ij} x_{ij}$,则 $p\cdot y>p\cdot e_{ij}$.

复制经济 ε_E^r 的竞争均衡配置的集合以 W^r 表示.

定理 11.2.4 在假定 11.2.2 的前提下,如果配置 $\{x_{ij}|i=1,2,\cdots,I;j=1,2,\cdots,r\}$ 是竞争均衡,则相同类型的消费者分得相同量的物品,即对于所有的类型 $i\in A$,有

$$x_{i1}=x_{i2}=\cdots=x_{ir}$$

成立.

证明 用反证法.

假设对于某一个类型 $i\in A$, $x_{i1}=x_{i2}=\cdots=x_{ir}$ 不成立.通过替换序号,不失一般性,可以得到 $x_{11}\neq x_{12}$.根据定义 11.2.3(1),对于均衡价格 $p\in R^n$,有:

$$p\cdot x_{11}\leqq p\cdot e_{11}=p\cdot e_1,\quad p\cdot x_{12}\leqq p\cdot e_{12}=p\cdot e_1.$$

不管是消费者 $(1,1)$ 还是消费者 $(1,2)$ 中的哪一个,都有可能购买 x_{11} 和 x_{12} 中的物品,根据定义 11.2.1(2),

$$x_{11}\succsim_{11} x_{12}\quad x_{12}\succsim_{12} x_{11},$$

即:

$$x_{11}\sim_{11} x_{12}.$$

根据假设 11.2.2(令 $x=z=x_{11}$, $y=x_{12}$),对于任意的 $0<\theta<1$,有:

$$\theta x_{11}+(1-\theta)x_{12}\succ_{11} x_{11}.$$

成立.另一方面,从上述的两个不等式出发,可以获得:

$$p\cdot(\theta x_{11}+(1-\theta)x_{12})$$
$$\leqq p\cdot(\theta e_{11}+(1-\theta)e_{12})$$
$$=p\cdot e_{11}.$$

即:对于消费者 $(1,1)$ 而言,可以购买比 x_{11} 偏好的 $\theta x_{11}+(1-\theta)x_{12}$.图 11.4 描绘的是点 $x_{11}, x_{12}, \theta x_{11}+(1-\theta)x_{12}$ 的位置.

这与消费者 $(1,1)$ 在价格 p 的条件下,接受竞争均衡配置的前提条件相矛盾.

这个定理表明着在竞争均衡处,相同

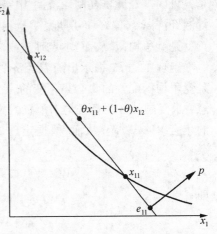

图 11.4　点 $x_{11}, x_{12}, \theta x_{11}+(1-\theta)x_{12}$ 的位置

类型的消费者处于相同的状况. 正是因为如此, 便自然地得到这样的结论: 具有相同的偏好和初期禀赋的消费者在共同的价格下将采取相同的行动.

根据这个命题, 在表示竞争均衡配置时与核配置的情况相同, 只要表示出分配给各类型消费者的配置量即可. 从而, 竞争均衡的集合 W^r 可以看成以下的集合:

$$\{\{x_1, x_2, \cdots, x_I\} \mid \text{对于配置} \{x_{ij} \mid i=1,2,\cdots,I; j=1,2,\cdots,r\} \in W^r$$
$$\text{有 } x_i = x_{i1} (i=1,2,\cdots,I)\}.$$

定理 11.2.5 在假定 11.1.1 和假定 11.2.1、假定 11.2.2 的前提下, 复制经济 ε_E^r 里所有的竞争均衡配置是核配置, 即: $W^r \subset l^r$ 成立.

证明 与上一节的定理 11.1.2 相同, 这里省略其过程. ∎

§11.3 极限定理

在本节中, 要证明经济变大时, 核和竞争均衡配置的集合是一致的. 首先, 我们要明确经济变大对核和竞争均衡配置的集合所产生的影响.

定理 11.3.1 对于所有的 r, $l^{r+1} \subset l^r$ 成立.

证明 r 重复制经济 ε_E^r 被持有某一个配置的联合 G 改善时, 因为有 $G \subset A^r \subset A^{r+1}$, 所以, $(r+1)$ 重复制经济 ε_E^{r+1} 也可以被联合 G 改善. 即: 如果在 r 重复制经济 ε_E^r 中配置不是核配置, 则在 $(r+1)$ 重复制经济 ε_E^{r+1} 中的配置也不是核配置. 从而, 定理成立. ∎

定理 11.3.2 对于所有的 r, $W^{r+1} = W^r$ 成立.

证明 在 r 重复制经济 ε_E^r 中实现竞争均衡的价格之下, 即使是在 $(r+1)$ 重复制经济 ε_E^{r+1}, 偏好和初期禀赋量相同的消费者将采取相同的行动, 故相同的配置就是竞争均衡. 从而, 本定理成立. ∎

定理 11.3.1 揭示出随着经济变大核却缩小的规律; 而定理 11.3.2 揭示的是竞争均衡配置的集合是不变的, 它与经济的大小相独立. 根据定理 11.3.2, 任意 r 重复制经济的竞争均衡配置的集合, 可以用 $r=1$ 的经济 ε_E 的竞争均衡配置的集合 W 来表示. 从而, 根据定理 11.2.5 和定理 11.3.1, 可以得到以下的关系:

$$W \subset \cdots \subset l^{r+1} \subset l^r \subset \cdots \subset l,$$

即:

$$W \subset \bigcap_{r=1}^{\infty} l^r$$

成立.

在以上的包含关系中, 逆包含的关系也成立, 这就是德布鲁·斯卡夫(H.

Scarf)的"极限定理"(limit theorem).

对于各类型 $i \in A$ 的偏好关系和初期禀赋,我们做出以下的假定:

假定 11.3.1　(1) 对于任意的 $x \in X_i$,集合 $\{y \in X_i | y \succ_i x\}$ 在 X 上是开的.
(2) $e_i \in \text{int} X_i$.

例如,消费者的消费集合是非负象限 R_+^n 时,上述的假设条件(1)意味的是:表示消费者偏好的无差异曲线可以与坐标轴相交;集合 $\{y \in R_+^n | y \succ_i x\}$ 在空间全体上开,则无差异曲线与坐标轴不相交. 另外,条件(2)还意味着消费者初期持有的所有物品.

定理 11.3.3　如果 $\{x_1, x_2, \cdots, x_I\} \in \bigcap_{r=1}^{\infty} l^r$,则存在价格向量 $p \in R^n, p \neq 0$,对于各 $i = 1, 2, \cdots, I$,命题

"如果 $y \succ_i x_i$,则 $p \cdot y \geqq p \cdot e_i$"

成立.

证明　设对于所有的 $r, \{x_1, x_2, \cdots, x_I\} \in l^r$. 对于各 $i(i=1, 2, \cdots, I)$,定义集合 Γ_i:

$$\Gamma_i = \{y \in X_i | y \succ_i x_i\} - e_i.$$

根据假定 11.1.1 和假定 11.2.2,集合 Γ_i 是非空凸集合. 图 11.5 描绘的是点 x_i, e_i 和集合 Γ_i 之间的关系.

进而,如下定义集合 Γ:

$$\Gamma = \text{co}\left(\bigcup_{i=1}^{I} \Gamma_i\right).$$

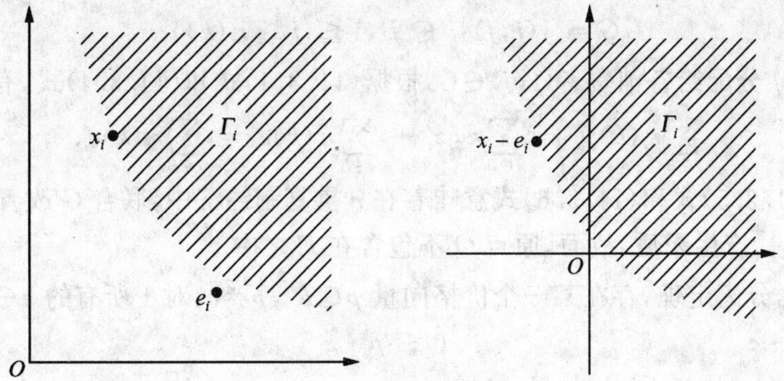

图 11.5　点 x_i, e_i 和集合 Γ_i

显然地,集合 Γ 是非空凸集合. 此时,我们要证明集合 Γ 里不包含空间 R^n 的原点.

假设原点 O 包含于 Γ. 因为 Γ_i 是凸集合,对于各 $i = 1, 2, \cdots, I$,存在 $z_i \in \Gamma_i$ 和数 $\alpha_i \geqq 0$,具有下列性质:

$$\sum_{i=1}^{I} \alpha_i = 1, \quad \sum_{i=1}^{I} \alpha_i z_i = \mathbf{0}. \tag{11.3.1}$$

我们令：$y_i = z_i + e_i$，根据 Γ_i 的定义可以知道：

$$y_i >_i x_i \tag{11.3.2}$$

成立. 现在，我们考虑以下集合所包含的消费者：

$$B = \{i | \alpha_i > 0\}.$$

对于各 $i \in B$ 和正整数 k，如下定义正整数：

$$r_i(k) = \min\{j | j \text{ 是整数}, k\alpha_i \leq j\}.$$

根据上述定义，显然地有：

$$0 < \frac{k\alpha_i}{r_i(k)} \leq 1, \quad \lim_{k \to \infty} \frac{k\alpha_i}{r_i(k)} = 1. \tag{11.3.3}$$

我们设

$$y_i^k = \frac{k\alpha_i}{r_i(k)} z_i + e_i. \tag{11.3.4}$$

在假定 11.3.1 的前提下，根据(11.3.2)式和(11.3.3)式，如果取充分大的 k，则有

$$y_i^k >_i x_i \tag{11.3.5}$$

成立. 进而如下设整数 r：

$$r \geq \max\{r_i(k) | i \in B\}.$$

考虑 r 重复制经济. 将按人数 $r_i(k)$ 聚集的各类型 $i \in B$ 的消费者联合设为 G，则 G 可以表示为：

$$G = \{(i,j) | i \in B, 1 \leq j \leq r_i(k)\}.$$

将物品 y_i^k 分配给各消费者 $(i,j) \in G$，根据(11.3.1)式和(11.3.4)式，有：

$$\sum_{i \in B} r_i(k) y_i^n = \sum_{i \in B} k\alpha_i z_i + \sum_{i \in B} r_i(k) e_i = \sum_{i \in B} r_i(k) e_i. \tag{11.3.6}$$

从而，(11.3.5)式和(11.3.6)式意味着在 r 重复制经济中，联合 G 改善配置 $\{x_1, x_2, \cdots, x_I\}$，产生矛盾. 故而，原点 O 不包含在 Γ 之中.

根据分离定理，存在某一个价格向量 $p \in R^n, p \neq \mathbf{0}$，对于所有的 $z \in \Gamma$，有

$$0 \leq p \cdot z$$

成立. 因为 $\Gamma_i \subset \Gamma$，所以，如果 $z \in \Gamma_i$，则

$$0 \leq p \cdot z$$

成立. 即：根据 Γ_i 的定义，如果 $y >_i x_i$，则

$$0 \leq p \cdot (y - e_i)$$

成立，也就是本定理成立. ∎

定理 11.3.4 在假定 11.1.1、假定 11.2.1、假定 11.2.2 和假定 11.3.1 的

前提下,属于任意 r 重复制经济 ϵ_E^r 的核 l^r 的配置集合与竞争均衡的集合一致. 即:

$$W = \bigcap_{r=1}^{\infty} l^r$$

成立.

证明 我们已经证明了,

$$W \subset \bigcap_{r=1}^{\infty} l^r.$$

如果我们能够证明包含关系的逆向包含也成立,就完成了本定理的证明. 如果 $\{x_1, x_2, \cdots, x_I\} \in \bigcap_{r=1}^{\infty} l^r$,根据定理 11.3.3,价格向量 $p \in R^n$, $p \neq \mathbf{0}$,对于各 $i = 1, 2, \cdots, I$,命题

"如果 $y \succ_i x_i$,则 $p \cdot y \geqq p \cdot e_i$" (11.3.7)

成立. 根据假设 11.1.1 和假设 11.2.1,存在使得

$$y \succ_i x_i$$

成立的点 y 可以无限接近 x_i,所以,当点 y 接近 x_i 的极限时,可以获得

$$p \cdot x \geqq p \cdot e_i.$$

另外,根据配置的定义,有

$$\sum_{i=1}^{I} x_i = \sum_{i=1}^{I} e_i,$$

故上面的不等式不能取严格的不等号 $>$,即对于所有的 i,

$$p \cdot x_i = p \cdot e_i$$

成立. 从而,至此我们证明了竞争均衡的定义 11.1.1 (定义 11.2.1) 的条件(1).

以下,我们来证明竞争均衡的定义 11.1.1 的条件(2)和定义 11.2.1 的成立.

假设使得

$$y_0 \succ_i x_i$$

成立的 y_0 满足下式:

$$p \cdot y_0 \leqq p \cdot e_i.$$

根据假定 11.3.1(2),存在点 $z_0 \in X_i$,使得下式成立:

$$p \cdot z_0 < p \cdot e_i,$$

从而,对于任意的 $0 < \theta < 1$,有

$$\theta y_0 + (1-\theta) z_0 < p \cdot e_i,$$

进而,根据假定 11.3.1(1),当 θ 充分地接近 1 时,

$$\theta y_0 + (1-\theta) z_0 \succ_i x_i$$

成立. 这与(11.3.7)式相矛盾. 从而,使得 $y \succ_i x_i$ 的点 y,必定有下式成立:

$$p \cdot y > p \cdot e_i.$$

定理获证. ∎

习 题

A 组

1. 设两个当事人有着相同的严格凸的偏好和相同的禀赋. 描述经济的核并把它从埃奇沃思方框图中描述出来.

2. 设经济是连续、严格凸偏好的, 试证明: 其竞争均衡配置具有同等待遇的性质.

B 组

1. 设有相同的严格凹效用函数的 n 个经济单位, w 为初始的商品束. 试证明: 此时均等分配为一个帕累托有效分配.

第十二章 不 确 定 性*

至此,我们讨论的内容都是信息完备的竞争市场的理论,本章将对不确定性的市场均衡进行解说. 不确定性是指在事先并不知道会出现何种状态,例如,在现在的技术条件下,地震、火山和海啸等灾难性自然现象就是事前不能准确预知的. 人们为了妥善地对应未来发生的状态,往往事先在市场上采取一些行动. 本章的目的就是要介绍不确定性状态下的经济主体的行为和市场均衡.

首先,说明期望效用是在不确定的状态中的消费者自然行动的基准;证明从与不确定性有关的消费者的理性偏好出发,能够导出作为效用指标的期望效用. 其次,对"有条件的商品市场"均衡进行说明. 进而,本章对存在证券的经济进行了介绍,对在全部状态下能自由转移收入的"完备市场"中的合理预期均衡进行了解说. 在最后的部分中,重点对"不完备市场"进行介绍,其主要内容有:虽然在收入转移不完全的"不完备市场"中无法实现帕累托最优的配置;但即使在无不确定的经济中,人们的期望也会使得非效率配置——"太阳黑子均衡"出现.

§12.1 期望效用

一、预期

我们考察不确定性存在时的消费者行为. 设消费者处于不确定状况下,可能有 S 个情况发生,分别用 $1,2,3,\cdots,S$ 来表示,称作"状态"(state),消费者在事先不能知道这些状态中的哪个会出现. 例如,将天气作为状态,就有"晴"、"阴"、"雨"3 种状态,在天气状态不能完全准确地预报的情况下,明天或后天会出现这其中的哪一个状态是不确定的.

设消费者的消费集合为 $X \in R^n$,以各状态 $s(s=1,2,\cdots,S)$ 下,消费者能获得商品的量设为 $x_s \in X$,并称实现了的 x_s 为"结果"(consequence). 在本节中,将各状态 s 对应的结果 x_s 作为一定的.

状态 s 发生的概率设为 π_s,根据概率的定义有:

$$\pi_s \geq 0(s=1,2,\cdots,S), \quad \sum_{s=1}^{S}\pi_s = 1.$$

消费者面对的不确定状况可以用各种状态发生的概率组合以

$$\pi = (\pi_1, \pi_2, \cdots, \pi_S)$$

来表示,称其为"预期"(prospect),也有些相关的书籍上称其为"彩票"(lottery).
所有的预期的集合为:

$$\Pi = \left\{\pi = (\pi_1, \pi_2, \cdots, \pi_S) \,|\, \pi_s \geq 0, \sum_{s=1}^{S} \pi_s = 1\right\}.$$

预期的集合是定义在结果集合 $\{x_1, x_2, \cdots, x_S\}$ 上的概率分布的集合.

对于两个预期 $\pi, \pi' \in \Pi$ 和满足 $0 \leq a \leq 1$ 的数 a,定义凸组合 $a\pi + (1-a)\pi'$ 为:

$$a\pi + (1-a)\pi' = [a\pi_1 + (1-a)\pi'_1, \cdots, a\pi_S + (1-a)\pi'_S].$$

凸组合 $a\pi + (1-a)\pi'$ 可以解释为:"预计以概率 a 实现预期 π,以概率 $1-a$ 实现预期 π'".这时,很容易地便可以揭示出预期集合 Π 有以下性质,这里省去证明.

定理 12.1.1 对于任意的 $\pi, \rho \in \Pi$ 及满足 $0 \leq a \leq 1$,$0 \leq b \leq 1$ 的数 a, b,有以下关系式成立:

(1) $a\pi + (1-a)\rho \in \Pi$;
(2) $1\pi + 0\rho = \pi$;
(3) $a\pi + (1-a)\rho = (1-a)\rho + a\pi$;
(4) $b[a\pi + (1-a)\rho] + (1-b)\rho = (ab)\pi + (1-ab)\rho$.

上述的性质(1)意味着预期的凸组合是预期;(2)意味着"概率为1的预期 π 是必然实现的预期";(3)和(4)则意味着对于凸组合的演算,交换律和分配律是成立的.

二、期望效用

与结果有关的消费者用效用函数用 $u: X \to R$ 表记,即表示各个结果 $x \in X$ 实现时的消费者的效用水平,用 $u(x)$ 来表示.对于各预期 $\pi = (\pi_1, \pi_2, \cdots, \pi_S)$ 定义为

$$Eu(\pi) = \sum_{s=1}^{S} \pi_s u(x_s). \tag{12.1.1}$$

值 $Eu(\pi)$ 是各状态 s 下实现的结果 x_s 所得到的效用水平 $u(x_s)$ 乘以概率后、取加权平均得出的. $Eu(\pi)$ 是预期 π 的效用期望值,称之为"期望效用"(expected utility).

对于期望效用,我们可以将其看成是由 Π 到 R 的映射,即函数 $Eu: \Pi \to R$.

定理 12.1.2 对于两个预期 $\pi, \pi' \in \Pi$ 及满足 $0 \leq a \leq 1$ 的数 a,下式成立:

$$Eu(a\pi + (1-a)\pi') = aEu(\pi) + (1-a)Eu(\pi').$$

证明 因为 $\pi, \pi' \in \Pi$,$0 \leq a \leq 1$,则

$$Eu(a\pi + (1-a)\pi') = aEu(\pi) + (1-a)Eu(\pi')$$

$$= a\sum_{s=1}^{S} \pi_s u(x_s) + (1-a)\sum_{s=1}^{S} \pi'_s u(x_s)$$

$$= aEu(\pi) + (1-a)Eu(\pi').$$

定理获证. ■

这个定理表明两个预期的凸组合的期望效用等于这两个预期的期望效用的代数和. 当函数 $Eu: \Pi \to R$ 有这样的性质时,被称为"线性的"(linear).

三、期望效用假说

在不确定状态下,设想消费者以取得最大的期望效用而采取行动,这就是"期望效用假说". 本节中,我们以期望效用假说作为消费者行动的基准,以期望效用表示在不确定状况下的消费者满足度的大小.

设在预期 $\pi = (\pi_1, \pi_2, \cdots, \pi_S)$ 处,有 $\pi_s = 1$,则
$$Eu(\pi) = u(x_s).$$

这就是说,状态 s 以概率为 1 发生的预期,就是意味着消费者可以确定地获得结果 x_s. 这时,期望效用与结果 x_s 的效用 $u(x_s)$ 相等. 因此,期望效用是包含确定情况下的消费者效用的一般性指标.

定理 12.1.3 如果 $Eu(\pi) = Eu(\pi')$,对于任意的 $\rho \in \Pi$ 和满足 $0 \leqq a \leqq 1$ 的 a,有下式成立:
$$Eu(a\pi + (1-a)\rho) = Eu(a\pi' + (1-a)\rho).$$

证明 根据定理 12.1.2,可以得到:
$$\begin{aligned}
Eu(a\pi + (1-a)\rho) &= aEu(\pi) + (1-a)Eu(\rho) \\
&= aEu(\pi') + (1-a)Eu(\rho) \\
&= Eu(a\pi' + (1-a)\rho).
\end{aligned}$$

本定理获证. ■

上述定理表明对于以期望效用为指标的消费者而言,给出相同满足度的两个预期,它们分别和同一个任意的预期所作成的两个凸组合是无差异的.

定理 12.1.4 已知 $Eu(\pi) > Eu(\rho)$, $0 \leqq a \leqq 1, 0 \leqq b \leqq 1$. 这时,
$$Eu(a\pi + (1-a)\rho) > Eu(b\pi + (1-b)\rho)$$
成立的充分必要条件是:
$$a > b.$$

证明 根据定理 12.1.2,有:
$$\begin{aligned}
&Eu(a\pi + (1-a)\rho) - Eu(b\pi + (1-b)\rho) \\
&= aEu(\pi) + (1-a)Eu(\rho) - bEu(\pi) - (1-b)Eu(\rho) \\
&= (a-b)[Eu(\pi) - Eu(\rho)].
\end{aligned}$$

因为 $Eu(\pi) > Eu(\rho)$,根据上式,当 $a > b$ 时,则有:
$$Eu(a\pi + (1-a)\rho) > Eu(b\pi + (1-b)\rho).$$

反之也成立,故定理成立. ■

上述定理表明，对于较高满足度的预期加上较大的权重的凸组合，就能给以期望效用为指标的消费者带来大的满足。

以上讨论表示了以期望效用作为不确定性状况下的消费者偏好指标所满足的几个自然条件．

§12.2 效用指标的存在

一、假定和公理

本节在较为一般的设定下，证明期望效用是不确定状况下消费者的行动基准。

我们将消费者关心的不确定的选择对象称为"预期"。这和上一节定义的预期是完全相同的，但在本节中，全部预期的集合用 $\Im$ 表记。其次，对于任意的 2 个预期 $\mu, \lambda \in \Im$ 和满足 $0 \leq a \leq 1$ 的任意实数 a，定义凸组合：

$$a\mu + (1-a)\lambda.$$

如果将实数 a 解释为概率，则上面的凸组合就可以解释为："分别以概率 a 和 $1-a$ 实现预期 μ, λ 的不确定状况的预期"。

对于预期的集合 $\Im$ 的基本性质做出以下的假定：

假定 12.2.1 对于任意的 $\mu, \lambda \in \Im$ 和满足 $0 \leq a \leq 1, 0 \leq b \leq 1$ 的实数 a, b，以下的等式成立：

(1) $a\mu + (1-a)\lambda \in \Im$；

(2) $1\mu + 0\lambda = \mu$；

(3) $a\mu + (1-a)\lambda = (1-a)\lambda + a\mu$；

(4) $b[a\mu + (1-a)\lambda] + (1-b)\lambda = (ab)\mu + (1-ab)\lambda.$

这个假定对应上一节的与预期集合 Π 的性质有关的定理 12.1.1。

定理 12.2.1 在假定 12.1.1 的前提下，对于任意的 $\mu, \lambda \in \Im$ 和满足 $0 \leq a \leq 1, 0 \leq b \leq 1, 0 \leq c \leq 1$ 的实数 a, b, c，有下式成立：

$$b[a\mu + (1-a)\lambda] + (1-b)[c\mu + (1-c)\lambda]$$
$$= [ba + (1-b)c]\mu + [1 - ba - (1-b)c]\lambda.$$

证明 当如果 $c = 0$ 时，根据假定 12.1.1(1)、(2)、(3)，上式可以变形为：

$$b[a\mu + (1-a)\lambda] + (1-b)\lambda = ba\mu + (1-ba)\lambda.$$

回归到假定 12.1.1 的(4)．

当 $0 < c \leq 1$ 时，根据 12.1.1(3)，不失一般性，可以假设 $a \leq c$，令 $d = \dfrac{a}{c}$，则有：

$$0 \leq d \leq 1.$$

反复使用假定 12.1.1 的(3)和(4),便可以得到:
$$b[a\mu + (1-a)\lambda] + (1-b)[c\mu + (1-c)\lambda]$$
$$= b[cd\mu + (1-cd)\lambda] + (1-b)[c\mu + (1-c)\lambda]$$
(用(4)) $\quad = b[d[c\mu + (1-c)\lambda] + (1-d)\lambda] + (1-b)[c\mu + (1-c)\lambda]$
(用(3)) $\quad = b[(1-d)\lambda + d[c\mu + (1-c)\lambda]] + (1-b)[c\mu + (1-c)\lambda]$
(用(4)) $\quad = b(1-d)\lambda + [1-b(1-d)][c\mu + (1-c)\lambda]$
(用(3)) $\quad = [1-b(1-d)][c\mu + (1-c)\lambda] + b(1-d)\lambda$
(用(4)) $\quad = c[bd + 1 - b]\mu + [1 - c(bd + 1 - b)]\lambda$
$$= [ba + (1-b)c]\mu + [1 - ba - (1-b)c]\lambda.$$

本定理获证. ∎

其次,消费者根据自己的偏好大小将对预期编号,这样的序号以记号 $\succsim$ 表示,这是在预期集合 $\Im$ 上定义的二项关系,即 $\succsim \subset \Im \times \Im$.

对于两个预期 $\mu, \lambda \in \Im$,当 $(\mu, \lambda) \in \succsim$ 时,以 $\mu \succsim \lambda$ 表记;对于消费者则解释为"μ 比 λ 偏好,或者 μ 和 λ 无差异". 另外,如果 $\nu \succsim \mu$,并且 $\mu \succsim \lambda$ 时,则可写成:
$$\nu \succsim \mu \succsim \lambda.$$

对于二项关系 $\succ$、$\sim$ 分别定义如下:

当 $\mu \succsim \lambda$ 并且 $\lambda \succsim \mu$ 时,μ 和 λ 的关系以 $\mu \sim \lambda$ 表记;当 $\mu \succsim \lambda$ 且 $\lambda \succsim \mu$ 不成立时,μ 和 λ 的关系以 $\mu \succ \lambda$ 表记. $\mu \sim \lambda$ 可以解释为"μ 和 λ 无差异";$\mu \succ \lambda$ 可以解释为"μ 比 λ 偏好". 作为有关消费者顺序的理性条件,对顺序 $\succsim$ 作如下假定:

假定 12.2.2 顺序 $\succsim$ 有以下性质.

(1) 反射性(reflexivity):对于任意的 $\mu \in \Im$,$\mu \succsim \mu$ 成立.

(2) 完备性(completeness):对于任意的 $\mu, \lambda \in \Im$,如果 $\mu \neq \lambda$,则 $\mu \succsim \lambda$ 和 $\lambda \succsim \mu$ 中的一个或两个成立.

(3) 传递性(transitivity):如果 $\nu \succsim \mu \succsim \lambda$,则 $\nu \succsim \lambda$ 成立.

假设以下的 3 个公理成立:

公理 12.2.1 如果 $\mu \sim \mu'$,对于任意的 $\lambda \in \Im$ 和满足 $0 \leq a \leq 1$ 的实数 a,下式成立:
$$a\mu + (1-a)\lambda \sim a\mu' + (1-a)\lambda.$$

公理 12.2.2 设 $\mu \succ \lambda$,$0 \leq a \leq 1$,$0 \leq b \leq 1$. 这时,
$$a\mu + (1-a)\lambda \succ b\mu + (1-b)\lambda$$
成立的充分必要条件为
$$a > b.$$

公理 12.2.3 如果 $\nu \succsim \mu \succsim \lambda$,则对于满足 $0 \leq a \leq 1$ 的实数 a,下式成立:
$$\mu \sim a\nu + (1-a)\lambda.$$

公理 12.2.1 和公理 12.2.2 分别对应于关于期望效用的定理 12.1.3 和 12.1.4；公理 12.2.1 又被称为"独立性公理"(independence axiom).

二、效用指标的构建

下面证明：消费者的顺序满足以上的假定和公理时，消费者偏好可以用期望效用表示．

对于 $\nu \succ \lambda$ 的两个元素 $\nu, \lambda \in \Im$，如下定义集合 $D_{\nu\lambda}$：
$$D_{\nu\lambda} = \{\mu \in \Im | \nu \succsim \mu \succsim \lambda\}. \quad (12.2.1)$$

定理 12.2.2 设 $\nu, \lambda \in \Im$，对于任意的满足不等式 $\nu \succ \lambda$ 的 ν, λ，存在具有以下的性质的函数 $f_{\nu\lambda}: D_{\nu\lambda} \to [0,1]$.

(1) 对于任意的 $\mu \in D_{\nu\lambda}$，$\mu \sim f_{\nu\lambda}(\mu)\nu + [1 - f_{\nu\lambda}(\mu)]\lambda$ 成立；

(2) 设 μ 和 $\mu' \in D_{\nu\lambda}$，使得 $f_{\nu\lambda}(\mu) > f_{\nu\lambda}(\mu')$ 成立的充分必要条件为 $\mu \succ \mu'$；

(3) 函数 $f_{\nu\lambda}: D_{\nu\lambda} \to [0,1]$ 为线性的，即：对于任意的 $\mu, \mu' \in D_{\nu\lambda}$ 和满足 $0 \leqslant a \leqslant 1$ 的实数 a，下式成立：
$$f_{\nu\lambda}(a\mu + (1-a)\mu') = af_{\nu\lambda}(\mu) + (1-a)f_{\nu\lambda}(\mu').$$

证明 通过公理 12.2.3，可以很容易地得出结论：对于各个 $\mu \in D_{\nu\lambda}$，存在具有本定理(1)的性质的函数 $f_{\nu\lambda}(\mu)$，它的唯一性可以由公理 12.2.2 得出．另外，根据公理 12.2.2，本定理的(2)的性质也可以很容易地得出．

其次，设 $\mu, \mu' \in D_{\nu\lambda}$ 和 $0 \leqslant a \leqslant 1$，根据本定理的(1)，得到：
$$\mu \sim f_{\nu\lambda}(\mu)\nu + [1 - f_{\nu\lambda}(\mu)]\lambda,$$
$$\mu' \sim f_{\nu\lambda}(\mu')\nu + [1 - f_{\nu\lambda}(\mu')]\lambda.$$

在这里，两次应用公理 12.2.1，就能得到：
$$a\mu + (1-a)\mu' \sim a[f_{\nu\lambda}(\mu)\nu + [1-f_{\nu\lambda}(\mu)]\lambda] + (1-a)\mu',$$
$$a\mu + (1-a)\mu' \sim a[f_{\nu\lambda}(\mu)\nu + [1-f_{\nu\lambda}(\mu)]\lambda]$$
$$+ (1-a)[f_{\nu\lambda}(\mu')\nu + [1-f_{\nu\lambda}(\mu')]\lambda].$$

根据定理 12.2.1，得到：
$$a[f_{\nu\lambda}(\mu)\nu + [1-f_{\nu\lambda}(\mu)]\lambda] + (1-a)[f_{\nu\lambda}(\mu')\nu + [1-f_{\nu\lambda}(\mu')]\lambda]$$
$$= [af_{\nu\lambda}(\mu) + (1-a)f_{\nu\lambda}(\mu')]\nu + [1 - af_{\nu\lambda}(\mu) - (1-a)f_{\nu\lambda}(\mu')]\lambda.$$

因此，
$$a\mu + (1-a)\mu' \sim [af_{\nu\lambda}(\mu) + (1-a)f_{\nu\lambda}(\mu')]\nu$$
$$+ [1 - af_{\nu\lambda}(\mu) - (1-a)f_{\nu\lambda}(\mu')]\lambda$$

成立．这意味着根据本定理(1)，
$$f_{\nu\lambda}(a\mu + (1-a)\mu') = af_{\nu\lambda}(\mu) + (1-a)f_{\nu\lambda}(\mu').$$

本定理获证.

这个定理告诉我们，当 $\nu \succsim \mu \succsim \lambda$ 时，根据线性函数 $f_{\nu\lambda}$ 的值来表现元素 μ 的顺序。

设对于两个元素 $\alpha,\beta \in \mathfrak{F}$，有 $\alpha \succ \beta$ 成立。选择使得 $\alpha,\beta \in D_{\nu\lambda}$ 的两个元素 ν, $\lambda \in \mathfrak{F}$，根据定理 12.2.2，对于各 $\mu \in D_{\nu\lambda}$，函数 $F_{\nu\lambda}: D_{\nu\lambda} \to R$ 可以用下式定义：

$$F_{\nu\lambda}(\mu) = \frac{f_{\nu\lambda}(\mu) - f_{\nu\lambda}(\beta)}{f_{\nu\lambda}(\alpha) - f_{\nu\lambda}(\beta)}. \tag{12.2.2}$$

定理 12.2.3 函数值 $F_{\nu\lambda}(\mu)$ 不依存于元素 ν,λ，即如果选择 $\nu,\lambda,\nu',\lambda'$，使得 $\alpha,\beta \in D_{\nu\lambda}$ 并且 $\alpha,\beta \in D_{\nu'\lambda'}$，则对于任意的 $\mu \in D_{\nu\lambda} \bigcap D_{\nu'\lambda'}$，有

$$F_{\nu\lambda}(\mu) = F_{\nu'\lambda'}(\mu)$$

成立。

证明 只要证明函数值 $F_{\nu\lambda}(\mu)$ 仅依存于 μ,α,β，便可达到目的。以下分 3 种情况进行讨论。

[**第 1 种情况**]：$\alpha \succsim \mu \succsim \beta$

根据定理 12.2.2(1)，存在函数 $f_{\alpha\beta}$，

$$\mu \sim f_{\alpha\beta}(\mu)\alpha + [1 - f_{\alpha\beta}(\mu)]\beta$$

成立。因此，根据定理 12.2.2(2) 和 (3)，可以得到：

$$f_{\nu\lambda}(\mu) = f_{\nu\lambda}(f_{\alpha\beta}(\mu)\alpha + [1 - f_{\alpha\beta}(\mu)]\beta)$$
$$= f_{\alpha\beta}(\mu)f_{\nu\lambda}(\alpha) + [1 - f_{\alpha\beta}(\mu)]f_{\nu\lambda}(\beta).$$

因为 $f_{\nu\lambda}(\alpha) > f_{\nu\lambda}(\beta)$，这个式子可以变形为：

$$f_{\alpha\beta}(\mu) = \frac{f_{\nu\lambda}(\mu) - f_{\nu\lambda}(\beta)}{f_{\nu\lambda}(\alpha) - f_{\nu\lambda}(\beta)} = F_{\nu\lambda}(\mu).$$

[**第 2 种情况**]：$\mu \succ \alpha$

根据定理 12.2.2 的 (1)，存在函数 $f_{\mu\beta}$，并且

$$\alpha \sim f_{\mu\beta}(\alpha)\mu + [1 - f_{\mu\beta}(\alpha)]\beta$$

成立。因此，根据定理 12.2.2(2) 和 (3)，得到：

$$f_{\nu\lambda}(\alpha) = f_{\nu\lambda}(f_{\mu\beta}(\alpha)\mu + [1 - f_{\mu\beta}(\alpha)]\beta)$$
$$= f_{\mu\beta}(\alpha)f_{\nu\lambda}(\mu) + [1 - f_{\mu\beta}(\alpha)]f_{\nu\lambda}(\beta).$$

因为 $f_{\mu\beta}(\alpha) \neq 0$，这个式子可以变形为

$$\frac{1}{f_{\mu\lambda}(\alpha)} = \frac{f_{\nu\lambda}(\mu) - f_{\nu\lambda}(\beta)}{f_{\nu\lambda}(\alpha) - f_{\nu\lambda}(\beta)} = F_{\nu\lambda}(\mu).$$

[**第 3 种情况**]：$\beta \succ \mu$

根据定理 12.2.2(1)，存在函数 $f_{\alpha\mu}$，并且

$$\beta \sim f_{\alpha\mu}(\beta)\alpha + [1 - f_{\alpha\mu}(\beta)]\mu$$

成立。因此，根据定理 12.2.2(2) 和 (3)，得到：

$$f_{\nu\lambda}(\beta) = f_{\nu\lambda}(f_{\alpha\mu}(\beta)\alpha + [1 - f_{\alpha\mu}(\beta)]\mu)$$

$$= f_{\alpha\mu}(\beta)f_{\nu\lambda}(\alpha) + [1 - f_{\alpha\mu}(\beta)]f_{\nu\lambda}(\mu).$$

因为 $f_{\alpha\mu}(\beta) < 1$,上面的式子可以变形为:

$$\frac{-f_{\alpha\mu}(\beta)}{1 - f_{\alpha\mu}(\beta)} = \frac{f_{\nu\lambda}(\mu) - f_{\nu\lambda}(\beta)}{f_{\nu\lambda}(\alpha) - f_{\nu\lambda}(\beta)} = F_{\nu\lambda}(\mu).$$

综上所述,不论上述三种情况的哪一种,都表示函数值 $F_{\nu\lambda}(\mu)$ 取决于 μ,α,β 与元素 ν,λ 独立.

这个定理揭示了集合 $\Im$ 中的任意元素 μ 的序号,仅决定于两固定元素 α,β 的函数 $F_{\nu\lambda}$ 的值.

做好了以上的准备,便能证明以下定理.

定理 12.2.4 存在满足以下条件的函数 $U: \Im \to R$:

(1) 函数 U 是保序的,即:如果 $\mu > \mu'$,则

$$U(\mu) > U(\mu')$$

成立.另外,其逆命题亦成立.

(2) 函数 U 是线性的,即,对于任意的 $\mu, \mu' \in \Im$ 和满足 $0 \le a \le 1$ 的实数 a,有

$$U(a\mu + (1-a)\mu') = aU(\mu) + (1-a)U(\mu')$$

成立.

证明 首先,我们定义函数 $U: \Im \to R$ 如下:

在集合 $\Im$ 里不存在使得 $\alpha > \beta$ 成立的元素 α, β 时,对于各 $\mu \in \Im$,定义

$$U(\mu) = 0.$$

此时,函数 U 显然为保序的、线性的.

其次,当集合 $\Im$ 里存在使得 $\alpha > \beta$ 成立的元素 α, β 时,对于函数 $U: \Im \to R$ 作如下定义:

对于各 $\mu \in \Im$,选择两个元素 $\nu, \lambda \in \Im$,使得 $\alpha, \beta \in D_{\nu\lambda}$. 此时,如果必要,元素 ν 与 μ 或 α 相等. 另一方面,元素 λ 与 μ 或 β 相等即可. 定义函数为:

$$U(\mu) = F_{\nu\lambda}(\mu).$$

根据定理 12.2.3,因为函数 $F_{\nu\lambda}(\mu)$ 与元素 ν, λ 独立,故这个定义是整合的.

下面证明如上定义的函数 U 是保序的,是线性的.

对于任意的两元素 $\mu, \mu' \in \Im$,选择元素 $\nu, \lambda \in \Im$,使得 $\mu, \mu', \alpha, \beta \in D_{\nu\lambda}$,根据函数 U 的定义,有

$$U(\mu) = \frac{f_{\nu\lambda}(\mu) - f_{\nu\lambda}(\beta)}{f_{\nu\lambda}(\alpha) - f_{\nu\lambda}(\beta)'}, \quad U(\mu') = \frac{f_{\nu\lambda}(\mu') - f_{\nu\lambda}(\beta)}{f_{\nu\lambda}(\alpha) - f_{\nu\lambda}(\beta)}.$$

注意函数值 $f_{\nu\lambda}(\mu)$ 和 $f_{\nu\lambda}(\mu')$,根据定理 12.2.2(2)和(3),可知函数 U 为保序的,并且是线性的.

以上的定理,最初是由冯·诺伊曼(J. von Neumann)和 O. 摩根斯坦(O.

Morgenstern)证明的,以后,由 I. 哈修塔因(I. N. Herstein)和 J. 米尔诺(J. Milnor)将其证明一般化.

在上述定理中,函数 U 是预期的效用函数. 如果定义函数 $V: \Im \to R$ 为:
$$V(\mu) = aU(\mu) + b \quad (a > 0),$$
则函数 V 具有与函数 U 同样的性质. 为了使得 V 具有线性,只能进行如上述的单纯的一次变换以外的其他变换. 此时,函数 U 所表示的预期的效用,不只是大小的问题,效用的数值也具有意义. 例如,对于预期 $\nu, \lambda, \nu', \lambda' \in \Im$,有
$$U(\nu) - U(\lambda) > U(\nu') - U(\lambda').$$
上式意味着预期 ν 与预期 λ 的效用的差比预期 ν' 和预期 λ' 的效用差大. 这时效用函数 V 也变成
$$\begin{aligned} V(\nu) - V(\lambda) &= a[U(\nu) - U(\lambda)] \\ &> a[U(\nu') - U(\lambda')] \\ &= V(\nu') - V(\lambda'), \end{aligned}$$
即:效用差的大小经过单纯的一次变换也不改变. 预期的效用具有基数性质,这正意味着预期的效用是"可测"(measurable)的.

三、期望效用的假说

在上一节的讨论中,预期的集合 Π 与集合 $\Im$ 相当,因此,根据定理 12.2.4,存在保序、线性的函数 $U: \Pi \to R$.

设状态 s 以概率为 1 实现的预期为 $\delta_s \in \Pi$. 对于结果 x_s,定义数值 $u(x_s)$ 为
$$u(x_s) = U(\delta_s).$$
因为函数 U 是保序的,如果 $\delta_s \succ \delta_t$,则
$$u(x_s) > u(x_t).$$
反之也成立. 因此,数值 $u(x_s)$ 表示结果 x_s 的效用,在结果的集合
$$X = \{x_1, x_2, \cdots, x_S\}.$$
上定义效用函数 $u: X \to R$,我们将函数 u 称作"诺伊曼-摩根斯坦效用函数".

任意的预期 $\pi \in \Pi$ 可以表达为:
$$\pi = \sum_{s=1}^{s} \pi_s \delta_s.$$
另外,因函数 U 是线性的,故有
$$U(\pi) = \sum_{s=1}^{s} \pi_s U(\delta_s) = \sum_{s=1}^{s} \pi_s u(x_s).$$
可以将函数值 $U(\pi)$ 看成期望效用. 因此,对持有满足假定 12.1.2 和公理 12.2.1—公理 12.2.3 的顺序 $\succsim$ 的消费者而言,期望效用的假说是正确的.

§12.3 完全市场

一、有条件的物品

设经济中存在不确定性,有 S 个状态,在这些状态中出现其中的一个. 对各个状态从 1 到 S 进行编号,将第 s 号的状态称作"状态 s". 设经济中存在 n 种类的物品,以 R^n 表示物品空间. 我们还假设,即便是同样的物品处在不同的状态下也看作不同的物品;在状态 $s(s=1,2,\cdots,S)$ 的物品量以向量 $x_s \in R^n$ 表示,以它们为分量的向量 $x \in R^{n \times s}$ 表示处在全部状态的物品的量. 即:

$$x = \begin{bmatrix} x_1 \\ x_2 \\ \vdots \\ x_S \end{bmatrix} \in R^{n \times s}, \quad x_s = \begin{bmatrix} x_{s1} \\ x_{s2} \\ \vdots \\ x_{sn} \end{bmatrix} \in R^n \quad (s=1,2,\cdots,S),$$

其中,向量 x_s 的成分为 $x_{sk}(s=1,2,\cdots,S;k=1,2,\cdots,n)$,表示状态 s 的第 k 种物品的量. 根据状态区别的物品被称为"有条件的物品"(contingent commodity). 因为根据状态区别物品的种类共有 $n \times S$ 种,所以,有条件的物品空间为 $R^{n \times s}$.

设经济有 I 个消费者,对各消费者从 1 到 I 进行编号,第 i 号消费者被称为"消费者 i";消费者 i 的消费集合为 $X_i \subset R^{n \times s}$,属于消费集合 X_i 的向量 $x^i \in R^{n \times s}$ 表示的是所有状态下消费者 i 的物品消费量,向量 $x_1^i, x_2^i, \cdots, x_S^i \in R^n$ 为其成分,即 x_s^i 表示出现状态 s 时消费者 i 消费的物品量.

与消费计划有关的消费者 i 的偏好关系用 $\succ_i \subset X_i \times X_i$ 表记. 偏好关系 $\succ_i$ 不只表现出物品的消费量,也表现与不确定性有关的消费者判断或爱好. 我们不假设消费者知道各状态出现的概率,消费者可以以自己的主观概率选择消费计划.

设消费者 i 的物品初期禀赋量表记为 $e^i \in R^{n \times s}$,向量 e^i 表示所有状态下的消费者 i 拥有的物品的量,向量 $e_1^i, e_2^i, \cdots, e_S^i \in R^n$ 为其成分,其中,e_s^i 表示出现状态 s 时消费者 i 的初期禀赋量.

设经济中存在 J 个企业,把各企业从 1 到 J 进行编号,将第 j 号企业称为"企业 j". 企业 j 的生产集合为 $Y_j \subset R^{n \times s}$. 属于生产集合 Y_j 的向量 $y^j \in R^{n \times s}$ 是所有状态下的生产量,$y_1^j, y_2^j, \cdots, y_S^j \in R^n$ 为其成分. 即,y_s^j 表示出现状态 s 时企业 j 生产的物品的量. 与前面的章节中相同地,当向量 y_s^j 的成分为负时,意味着该项物品是作为投入的生产元素. 生产集合的形状表示各状态下企业可能实现的生产计划,表现出与生产活动有关的不确定性.

二、有条件的价格

我们将消费者制订消费计划、企业制订生产计划的时点称为"时刻 0";出现状态 1 到 s 中的任一个,消费者实际消费物品,企业实际生产时,称为"时刻 1"。在消费者制订的消费计划为 x^i 时,为了在状态 s 出现时消费 x_s^i,在时刻 0 处购入"在时刻 1 收到 x_s^i 量物品的权利"。即,向量 x^i 表示消费者 i 在时刻 0 时所购买的物品"索求权"。各成分 x_s^i 表示在时刻 1、出现状态 s 时消费者 i 能收到的物品量。

另一方面,企业 j 实行的生产计划为 y^j 时,为了在状态 s 出现时生产 y_s^j,在时刻 0 时约定"时刻 1 时提交出 y_s^j 量的物品"。即:向量 y^j 表示企业 j 在时刻 1 时所出售的物品索求权,各成分 y_s^j 表示在时刻 1 时、在出现状态 s 的情况下必须提交的物品量。如果向量 y^j 的成分为负时,则作为生产投入的生产元素。

"状态 s 下第 k 种物品的 1 个单位索求权"的价格以 p_{ks} 表记。这样,依存于状态的物品索求权的价格称为"有条件价格"(contingent price)。状态 s 下全部的有条件价格以向量 $p_s \in R^n$ 表记,并且,以所有状态下有条件价格的向量 $p_1, p_2, \cdots, p_S \in R^n$ 为成分的向量用 $p \in R^{n \times s}$ 表记,即:

$$p = \begin{bmatrix} p_1 \\ p_2 \\ \vdots \\ p_S \end{bmatrix} \in R^{n \times s}, \quad p_s = \begin{bmatrix} p_{s1} \\ p_{s2} \\ \vdots \\ p_{sn} \end{bmatrix} \in R^n \quad (s = 1, 2, \cdots, S).$$

在有条件价格 p 之下,消费者 i 购入物品请求权 x^i 所需的费用为 $p \cdot x^i$,企业 j 出售索求权 y^j 得到的利润为 $p \cdot y^j$。物品的请求权的买卖在时刻 0 进行,而货币的流动也是时刻 0 发生,因此,各消费者在时刻 0 处为了购入请求权支付货币;另一方面,企业在时刻 0 时获取利润。应该注意的是,实际上的物流发生在时刻 1。即:S 个状态中的 1 个出现在时刻 1;也还是在时刻 1,消费者消费物品和企业生产物品形成物品的授受转移。

三、竞争均衡

企业将获得的利润分配给消费者,企业 j 分配给消费者 i 的利润比例用 $\theta_{ij} \geqq 0$ 来表记。企业的利润全部分配给消费者 i 时,有下式成立:

$$\sum_{i=1}^{I} \theta_{ij} = 1 \quad (j = 1, 2, \cdots, J). \tag{12.3.1}$$

有条件价格 $p \in R^{n \times s}$,企业的生产计划为 $y^j \in Y_j$ 时,企业将利润 $p \cdot y^j$ 中的 $\theta_{ij} p \cdot y^j$ 分配给消费者 i,因此,消费者的收入 m_i 就等于物品的初期禀赋加上所有企业所分配的利润的合计：

$$m_i = p \cdot e^i + \sum_{j=1}^{J} \theta_{ij} p \cdot y^j.$$

在给出的价格之下，所有企业选择利润最大的生产计划，所有的消费者在预算约束之下制订与自己偏好有关的最合适的消费计划，此时，如果物品的请求权的总需要量和总供给量相等，经济就处于均衡状态．因此，对有条件的物品市场均衡定义如下：

定义 12.3.1 设价格 $p \in R^{n \times s}$，消费者 i 的物品的消费量 $x^i \in X_i$ 和企业 j 生产物品的量 $y^j \in Y_j$ 的组合 $\{p, x^1, x^2, \cdots, x^I, y^1, y^2, \cdots, y^J\}$，在满足以下条件时，被称为"阿罗-德布鲁均衡"：

(1) 对于消费者 i 而言，$p \cdot x^i = p \cdot x^i p \cdot e^i + \sum_{j=1}^{J} \theta_{ij} p \cdot y^j$ 成立．另外，如果 $z \succ_i x^i$，则 $p \cdot z > p \cdot e^i + \sum_{j=1}^{J} \theta_{ij} p \cdot y^j$ 成立．

(2) 就各企业 j 而言，对于任意的 $z \in Y_j$，有 $p \cdot y^j \geqq p \cdot z$ 成立．

(3) $\sum_{i=1}^{I} x^i = \sum_{j=1}^{J} y^j + \sum_{i=1}^{I} e^i.$

上述均衡的定义和第八章所定义的竞争均衡在理论构造上是完全一样的．因此，第八章和第十章中讨论的均衡的帕累托最优性及存在性仍然是有效的，但物品空间扩大为有条件的物品空间，对消费者和企业的行为的解释也有不同之处．经济上虽然存在不确定性，但对所有状态都假定是有条件的可交易，即以完全市场为前提，这就是由阿罗-德布鲁提出的"完全市场理论"．

§12.4 证券和期望

如果在经济中存在收入能够转移的资产，即使不是在有条件的市场中，上一节中定义的完全市场的均衡也是可以实现的．为了使讨论简单化，本节，我们将在交换经济的环境下给出证明．

设经济中有 n 种物品；作为经济的不确实性，存在 S 个可能发生的状态；经济中有 I 个消费者；各消费者 i 的消费集合 $X_i \subset R^{n \times s}$，偏好关系为 $\succ_i \subset X_i \times X_i$；物品的初期禀赋量设为 $e^i \in R^{n \times s}$．

如果这个经济存在有条件的物品市场，则可以与上一节相同地定义物品市场的阿罗-德布鲁均衡如下：

定义 12.4.1 价格 $p \in R^{n \times s}$、消费者 i 的消费量 $\bar{x}^i \in X_i$ 的组合 $\{p, x^1, x^2, \cdots, x^I\}$ 在满足下列的条件时，被称为"阿罗-德布鲁均衡"：

(1) 就消费者 i 而言，$p \cdot \bar{x}^i = p \cdot e^i$ 成立. 另外，如果 $z >_i \bar{x}^i$，则 $p \cdot x^i > p \cdot e^i$ 成立.

(2) $\sum_{i=1}^{I} x^i = \sum_{j=1}^{J} y^j + \sum_{i=1}^{I} e^i$.

一、证券市场

在以下本节的论述中，我们会多次使用"预期"一词，它不同于§12.1 期望效用中定义的"预期"，仅仅表示对还未发生的事态的预想.

设经济中存在与状态数量相同的 S 种证券，对各证券从 1 到 S 进行编号，将第 s 号证券称为"证券 s". 不失一般性，将证券 s 作为"当且仅当出现状态 s 时一定收到货币"的证券，并设 1 个单位的证券 s 在状态 s 下有 1 单位货币的索求权. 与单一状态相对应，支付货币或物品的证券被称为"阿罗（Arrow）证券". 以下，对经济进行设定.

设证券在时刻 0 进行交易，S 种证券的价格向量为 $q \in R^S$；n 种物品（以下，也有称为"商品"的情况）在时刻 1 进行买卖，消费者在时刻 0 不能得知商品的价格，只能进行预期；我们还设定在时刻 1、状态 s 出现时，商品市场价格的预期值以 $p_s^* \in R^n$ 表示.

各消费者 i 的证券购入量以 $z^i \in R^S$ 表记，向量 z^i 的成分 z_s^i 表示证券 s 的购入量. 这里，如果

$$z_s^i < 0,$$

即意味消费者 i 将自己并不持有的证券卖出，称为"卖空"（short selling）. 假定所有的消费者在时刻 0 时的收入为 0，消费者 i 在购入证券时的必须要满足的预算约束为：

$$q \cdot z^i \leqslant 0. \tag{12.4.1}$$

消费者 i 选择物品的消费计划 $x^i \in X_i$，向量 x^i 的成分为 x_s^i. 在预期价格 p_s^* 之下，各状态 s 出现时的购入量必须满足预算约束，即：

$$p_s^* \cdot x_s^i \leqslant p_s^* \cdot e_s^i + z_s^i \quad (s = 1, 2, \cdots, S), \tag{12.4.2}$$

从而，消费者在满足（12.4.1）式、（12.4.2）式所示的 $S+1$ 个预算约束式的条件下，于时刻 0 选择自己满足程度最高的证券购入量 z^i 和商品购入量 x^i.

对于所有的状态，以预期价格的向量 $p_1^*, p_2^*, \cdots, p_S^* \in R^n$ 为分量的向量用 $p^* \in R^{n \times S}$ 表示. 设所有消费者预期价格相同.

至此，经济设定完毕. 在这样的经济中，如下定义在预期价格下的证券市场的均衡：

定义 12.4.2 证券价格 $q \in R^S$，预期价格 $p^* \in R^{n \times S}$，消费者 i 的证券购入量 $\bar{z}^i \in R^S$ 和消费购入量 $\bar{x}^i$ 的组合 $\{q, p^*, (\bar{z}^1, \bar{x}^1), (\bar{z}^2, \bar{x}^2), \cdots, (\bar{z}^I, \bar{x}^I)\}$ 在满足

以下条件时,被称为"合理预期均衡":

(1) 对于消费者 i,
$$q \cdot \bar{z}^i = 0, \quad p_s^* \cdot \bar{x}^i = p_s^* \cdot e_s^i + \bar{z}_s^i \quad (s=1,2,\cdots,S)$$
成立,并且,对于满足(12.4.1)式、(12.4.2)式的 (z^i, x^i),$x^i \succ_i \bar{x}^i$ 不成立.

(2) $\sum_{i=1}^{I} \bar{z}^i = 0, \quad \sum_{i=1}^{I} \bar{x}_s^i = \sum_{i=1}^{I} e_s^i.$

上面的定义中的条件(1)意味着各消费者在自己的预期之下,为了获得最大的满足制订证券和消费品的购买计划;条件(2)的第 1 个等式表示在时刻 0 处证券市场是均衡的.条件(2)还表明如果各消费者都按时刻 0 时的计划在时刻 1 购入商品,则不论出现什么样的状态,市场都会实现均衡.实际上,在各状态 s 中,如果价格 p_s^* 是成立的,则对所有的消费者计划而言物品交易都是可行的;如果所有的消费者都能按计划执行,市场就会均衡.这样的思想体现了对价格 p^* 的正确预期,这就是被称为"合理预期"的原因所在.

下面的命题揭示了有条件市场的阿罗-德布鲁均衡和证券市场的合理预期均衡之间的关系.

命题 12.4.1 消费者 i 的物品消费量 $x^i \in X_i$ 的组合 $\{\bar{x}^1, \bar{x}^2, \cdots, \bar{x}^I\}$ 是合理预期均衡的配置的充分必要条件为:它是阿罗-德布鲁均衡的配置.

证明 首先,假定 $\{q, p^*, (\bar{z}^1, \bar{x}^1), (\bar{z}^2, \bar{x}^2), \cdots, (\bar{z}^I, \bar{x}^I)\}$ 是合理预期均衡,则定义 12.4.2 的条件成立.将向量 $p \in R^{n \times S}$ 的分量设为:
$$p_1 = q_1 p_1^*, \quad p_2 = q_2 p_2^*, \quad \cdots, \quad p_S = q_S p_S^*.$$
我们下面证明 $\{p, \bar{x}^1, \bar{x}^2, \cdots, \bar{x}^I\}$ 是阿罗-德布鲁均衡.

根据定义 12.4.2(1),有
$$q_s p_s^* \cdot \bar{x}_s^i = q_s p_s^* \cdot e_s^i + q_s \bar{z}_s^i \quad (s=1,2,\cdots,S)$$
成立,将所有状态下的上述等式加总,可以得到:
$$p \cdot \bar{x}^i - p \cdot e^i = \sum_{s=1}^{S} q_s p_s^* \cdot \bar{x}_s^i - \sum_{s=1}^{S} q_s p_s^* \cdot e_s^i = \sum_{s=1}^{S} q_s \bar{z}_s^i = q \cdot \bar{z}^i = 0.$$

其次,对于满足 $x^i \succ_i \bar{x}^i$ 的向量 x^i,设向量 $z^i \in R^S$,其分量为:
$$z_s^i = p_s^* \cdot x_s^i - p_s^* \cdot e_s^i.$$
此时,因 (z^i, x^i) 满足(12.4.2)式,所以,根据定义 12.4.2(2),(12.4.1)式不成立,也就是
$$p \cdot x^i - p \cdot e^i = \sum_{s=1}^{S} q_s p_s^* \cdot x_s^i - \sum_{s=1}^{S} q_s p_s^* \cdot e_s^i = \sum_{s=1}^{S} q_s z_s^i = q \cdot z^i > 0$$
成立.从而,定义 12.4.1 的条件(1)被证明.而定义 12.4.1 的条件(2)可以由定义 12.4.2 的条件(2)很容易地得到.

反之,我们假定 $\{p, \bar{x}^1, \bar{x}^2, \cdots, \bar{x}^I\}$ 是阿罗-德布鲁均衡,定义 12.4.1 的条件

成立. 对于各 $i(i=1,2,\cdots,I)$, 设向量 $\bar{z}^i \in R^S$ 的分量表示如下:
$$\bar{z}^i_s = p_s \cdot \bar{x}^i_s - p_s \cdot e^i_s \quad (s=1,2,\cdots,S).$$

此时, 需要证明 $\{1, p, (\bar{z}^1, \bar{x}^1), (\bar{z}^2, \bar{x}^2), \cdots, (\bar{z}^I, \bar{x}^I)\}$ 是合理预期均衡. 这里, 1 是所有的成分为 1, s 维向量. 明显地,
$$1 \cdot \bar{z}^i = p \cdot \bar{x}^i - p \cdot e^i = 0,$$
$$p_s \cdot \bar{x}^i_s = p_s \cdot e^i_s + \bar{z}^i_s \quad (s=1,2,\cdots,S)$$
成立. 如果对于 $(\bar{z}^i, \bar{x}^i)$, 有
$$1 \cdot z^i \leqq 0, \quad p_s \cdot x^i_s \leqq p_s \cdot e^i_s + z^i \quad (s=1,2,\cdots,S),$$
则
$$p \cdot x^i \leqq p \cdot e^i$$
成立, 所以, 根据定义 12.4.1(1), 不可能有 $x^i \succ_i \bar{x}^i$ 成立. 从而, 在
$$q = 1, \quad p^* = p$$
时, 定义 12.4.2 的条件(1)成立. 另外, 根据定义 12.4.1(2) 和 $\bar{z}^i_s$ 的定义, 定义 12.4.2(2) 的成立是显然的. ∎

设状态 s 出现时, 消费者 i 的效用函数为 $u^i_s: R^n_+ \to R$, 函数值 $u^i_s(x^i_s)$ 表示的是在状态 s 下, 消费者 i 的物品消费量为 x^i_s 时的效用. 设状态 s 出现的概率
$$\pi^i_s > 0, \quad \sum_{s=1}^{S} \pi^i_s = 1.$$
此时, 如下定义函数 $U_s: X_i \to R$:
$$U_s(x^i) = \sum_{s=1}^{S} \pi^i_s u^i_s(x^i_s).$$
函数值 $U_s(x^i)$ 表示消费者 i 的物品消费量为 $x^i \in X_i$ 时的期望效用. 消费者 i 的偏好 $\succ_i$ 由期望效用 $U_s(x^i)$ 来表示, 即:
$$\succ_i = \{(x,y) \in X_i \times X_i | U_i(x) > U_i(y)\},$$
$$X_i = R^{n \times S}_+.$$

现在设 $\{q, p^*, (\bar{z}^1, \bar{x}^1), (\bar{z}^2, \bar{x}^2), \cdots, (\bar{z}^I, \bar{x}^I)\}$ 是合理预期均衡, 在时刻 0 消费者 i 购入 $\bar{z}^i$ 的证券. 如果在时刻 1 出现状态 s, 消费者 i 就获得 $\bar{z}^i_s$ 的货币.

向量 $x^i \in X_i$, 其分量 $x^i_1, x^i_2, \cdots, x^i_S \in R^n_+$ 满足下式:
$$p^*_s \cdot x^i_s = p^*_s \cdot e^i_s + \bar{z}^i_s \quad (s=1,2,\cdots,S).$$
根据理性预期的定义,
$$\sum_{s=1}^{S} \pi^i_s u^i_s(x^i_s) = U_s(x^i) \leqq U_s(\bar{x}^i) = \sum_{s=1}^{S} \pi^i_s u^i_s(\bar{x}^i_s)$$
成立. 特别地, 如果除向量 x^i 的分量 x^i_s 之外其他成分都与 $\bar{x}^i$ 的分量相等, 则有
$$u^i_s(x^i_s) \leqq u^i_s(\bar{x}^i_s)$$

成立.从而,在出现状态 s 时,消费者将在满足预算约束条件
$$p_s^* \cdot x_s^i \leqq p_s^* \cdot e_s^i + \bar{z}_s^i$$
时,选择使效用 $u_s^i(x_s^i)$ 最大的消费量 $\bar{x}_s^i$.

通过上面的讨论可以知道:在合理预期均衡的情况下,实际的交易市场是由时刻 0 处 S 个的证券市场和时刻 1 处出现的某一个状态下的 n 个物品市场组成的.如果存在证券并且人们的预期是合理的,则在 $S \times n$ 个有条件物品市场中实现的帕累托最优,可以在数量较小的 $S+n$ 个市场上实现.这样的现象被称为证券具有的"市场节约"机能.

二、不完备市场

收入在各状态之间能够自由移动的情况被称为"完备市场"(complete market).在理性预期均衡上,各消费者以证券交易的方式在全部状态中实现了收入的最优配置.正是证券的机能使得收入可以在状态之间进行移动,从而在均衡处达成帕累托最优,如果没有证券,即使预期是合理的,在均衡处也不一定能实现帕累托最优.

在本节所讨论的经济中,先不考虑存在证券.此时,在时刻 0 没有任何交易发生.各消费者在时刻 1 买卖商品,但他们在时刻 0 处却不能知道商品的价格,只能对其进行预期.当在时刻 1 出现状态 s 时,将市场价格设为 $p_s^{**} \in R^n$.

向量 x^i 是消费者 i 的商品购入计划,其成分 x_s^i,也就是出现状态 s 时的购入量必须要满足以下的预算约束:
$$p_s^{**} \cdot x_s^i \leqq p_s^{**} \cdot e_s^i \quad (s=1,2,\cdots,S). \qquad (12.4.3)$$
在预算约束之下,各消费者 i 在时刻 0 时制定使自己的满足程度最大的购入量 x^i.

(12.4.3)的预算约束式相当于存在证券情况下的(12.4.2)式的 $z_s^i = 0$ 的情况.从而,在不存在证券的情况下,因状态之间收入不能自由转移,消费者的预算集合也就比较狭窄.我们将状态之间收入自由转移不完全的市场称为"不完备市场"(incomplete market).

设预期价格向量 $p^{**} \in R^{n \times S}$,其分量是在全部状态下的预期价格向量 p_1^{**}, $p_2^{**},\cdots,p_S^{**} \in R^n$,这样的经济可以定义如下:

定义 12.4.3 预期价格 $p^{**} \in R^{n \times S}$ 和消费者 i 的物品的消费量 $\tilde{x}^i \in X_i$ 的组合 $\{p^{**}, \tilde{x}^1, \tilde{x}^2, \cdots, \tilde{x}^I\}$ 满足以下条件时,称为"不完全市场的均衡".

(1) 对于消费者 i
$$p_s^{**} \cdot \tilde{x}_s^i = p_s^{**} \cdot e_s^i \quad (s=1,2,\cdots,S)$$
成立.另外,对于满足(12.4.3)式的 x^i,偏好关系 $x^i \succ_i \tilde{x}^i$ 不成立.

(2) $\sum_{i=1}^{I} \tilde{x}_s^i = \sum_{i=1}^{I} e_s^i \quad (s=1,2,\cdots,S)$.

上面定义的条件(1)意味着在预期价格 p_s^{**} 之下,各消费者选择最大满足的购入计划商品量;条件(2)则表明如果各消费者按时刻 0 的计划在时刻 1 时购入物品,则市场就会达到均衡.实际上,在各状态 s 处和价格 p_s^{**} 之下,所有的消费者的物品买卖计划都是可行的,另外,如果所有的消费者都实施自己的计划,则市场就是均衡的,即价格 p_s^{**} 是正确的预期价格,合理的预期.

但是,一般情况下,在不完备市场达到均衡时,其配置未必一定是帕累托最优的.为了证明这一点,我们进一步简化经济的设定.

设各消费者 i 的效用函数在各状态下都是相同的 $u^i: R_+^n \to R$;有相同的初期禀赋量 e^i,也就是假设:

$$u^i = u_1^i = u_2^i = \cdots = u_S^i,$$

$$e^i = e_1^i = e_2^i = \cdots = e_S^i \quad (i = 1, 2, \cdots, I).$$

对于各状态,设消费者的主观概率是相同的,即:

$$\pi = \pi_s^1 = e_s^2 = \cdots = e_s^I \quad (s = 1, 2, \cdots, S).$$

在这样的情况下,因为不论什么样的状态的出现,经济都处在相同的状况,故不存在不确实性.我们再对效用函数的凹性进行假定.

严格的凹性(strictly concave) 如果 $x, y \in R_+^n$, $x \ne y$, 实数 θ 满足 $0 < \theta < 1$,则

$$u^i(\theta x + (1 - \theta)y) > \theta u^i(x) + (1 - \theta)u^i(y)$$

成立.

上述的条件意味着对于效用函数 u^i 而言,无差异曲线是严格凸的曲线;满足边际效用递减的条件.

由于所有的状态是相同的,对于定义 12.4.4,其预期是:

$$p_1^{**} = p_2^{**} = \cdots = p_S^{**}. \tag{12.4.4}$$

根据效用函数的严格凹性,各消费者 i 的物品消费量都是相同的,不依存于状态,即:

$$\widetilde{x}_1^i = \widetilde{x}_2^i = \cdots = \widetilde{x}_S^i \quad (i = 1, 2, \cdots, I). \tag{12.4.5}$$

设由 I 人的消费者构成的交换经济为

$$\varepsilon = \{u^i, e_i (i = 1, 2, \cdots, I)\}.$$

在前章中讨论竞争均衡的存在性中,我们就知道竞争均衡未必只有一个.如果存在多个竞争均衡,就不一定预期在全部状态下都会出现相同的竞争均衡.从而,预期价格 $p_1^{**}, p_2^{**}, \cdots, p_S^{**}$ 相异,其结果就可能是因状态不同而配置各异.即,定义 12.4.4 的均衡可能为(12.4.4)和(12.4.5)不成立的均衡,在这样的均衡处,人们虽然实际处于相同的状况,但他们考虑到实现的状态不一,故预期价格也不同.这种情况与经济学上的"太阳黑子理论"有类似之处.实际上,太阳的

黑子并不影响经济,但人们相信太阳的黑子与经济周期之间存在内在联系,故这样的均衡被称为"太阳黑子的均衡".

命题 12.4.2 在太阳黑子的均衡处的配置不是帕累托最优.

证明 设对于定义 12.4.4 的均衡配置 $\{\tilde{x}^1, \tilde{x}^2, \cdots, \tilde{x}^I\}$,(12.4.5)式不成立. 对于各消费者 i,定义 z^i 如下:

$$z^i = \sum_{s=1}^{S} \pi_s \tilde{x}_s^i.$$

根据效用函数的严格凸性,

$$\sum_{s=1}^{S} \pi_s u^i(z^i) = u^i(z^i) = u^i\left(\sum_{s=1}^{S} \pi_s \tilde{x}^i\right) > \sum_{s=1}^{S} \pi_s u^i(\tilde{x}_s^i)$$

成立. 从而,对于消费者 i 而言,比起 $\tilde{x}^i$ 更希望得到 z^i. 另外,我们可以得到:

$$\sum_{i=1}^{I} z^i = \sum_{i=1}^{I} \sum_{s=1}^{S} \pi_s \tilde{x}_s^i = \sum_{s=1}^{S} \pi_s \left(\sum_{i=1}^{I} \tilde{x}_s^i\right) = \sum_{s=1}^{S} \pi_s \left(\sum_{i=1}^{I} e^i\right) = \sum_{i=1}^{I} e^i,$$

即:不依存状态,在所有的状态下可能对消费者 i 给予 z^i 的配置. 从而,配置 $\{\tilde{x}^1, \tilde{x}^2, \cdots, \tilde{x}^I\}$ 不是帕累托最优. ∎

习 题

A 组

1. 某人具有期望效用函数是 $u(w) = \sqrt{w}$,初始财富为 4 美元. 设他有一张彩票,能够得到 12 美元的概率为 0.5,能够得到 0 美元的概率也为 0.5. 请问:
   (1) 他的期望效用是多少?
   (2) 他卖出彩票的最低价格是多少?

B 组

1. 设存在个人理性顺序 $\succsim$,并且约定:如果
$$u(x) = u(y) \text{ 意味着 } x \sim y, \quad u(x) > u(y) \text{ 意味着 } x \succ y,$$
试证明:u 是一个代表 $\succsim$ 的效用函数.

部分答案与提示

第 一 章

A 组

1. (a) $\{x \in R | x > 18\}$，(b) $\{x \in R | 5 < x < 15\}$．　　**5.** 共 16 个．

7. 有意义的乘积是 $x \cdot y, z \cdot x$．

8. (1) 经济学书或者中文版的书；

(2) 中文版的经济学书；

(3) 1990 年以前出版的书；

(4) 1990 年以前出版的书都是中文书；

(5) 1990 年以前出版的中文版的经济学书；

(6) 根据集合相等的含义，此式意味着：图书馆的经济学书都是 1990 年以前出版的中文版的经济学书．

9. 函数 z 既是拟凹的，也是拟凸的．

第 二 章

A 组

3. (2) 不符合凸的无差异曲线．

B 组

1. 解答：这位啤酒爱好者的偏好顺序是"辞典式顺序"．比 A 偏好的组合范围应该满足

(1) 啤酒的数量要大于 3 杯 → 通过 A 点与横轴垂直的直线的右侧；

(2) 3 杯啤酒，但烤肉串要多于 2 串 → A 点出发，向上并与横轴垂直的射线．

另外，在本例中，不存在与 A 点无差异的点！

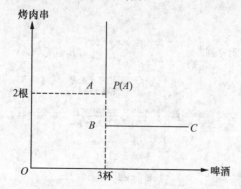

第 三 章

A 组

1. $D=-2(x^3+y^3)$.
2. $D_n=-6\prod_{N=n}^{4}(N-3)$.
3. $D_1=D, D_2=D_3=\cdots=D_n=0$.
5. $A^{-1}=\begin{bmatrix} 1 & -2 & 7 \\ 0 & 1 & -2 \\ 0 & 0 & 1 \end{bmatrix}$; $B^{-1}=\frac{1}{4}\begin{bmatrix} 1 & 1 & 1 & 1 \\ 1 & 1 & -1 & -1 \\ 1 & -1 & 1 & -1 \\ 1 & -1 & -1 & 1 \end{bmatrix}$.

B 组

1. (1) $\begin{bmatrix} -10 & -8 & 20 \\ 26 & 11 & -38 \\ -32 & 38 & -106 \end{bmatrix}$; (2) $\begin{bmatrix} -2 & -1 & -2 \\ 12 & 1 & 13 \\ 8 & 9 & 20 \end{bmatrix}$; (3) 270.

3. $k\neq 2$.

4. $\begin{vmatrix} a_1 & b_1 & c_1 & d_1 \\ a_2 & b_2 & c_2 & d_2 \\ a_3 & b_3 & c_3 & d_3 \\ a_4 & b_4 & c_4 & d_4 \end{vmatrix}=0$.

5. (1) $a\neq 1, b\neq 0$ 有唯一解 $\begin{cases} x_1=\dfrac{2b-1}{b(a-1)}, \\ x_2=\dfrac{1}{b}, \\ x_3=\dfrac{2ab-4b+1}{b(a-1)}; \end{cases}$

   $a=1, b=1/2$ 有无穷解 $\begin{cases} x_1=4-1/b-x_3, \\ x_2=\dfrac{1}{b}; \end{cases}$

   其余无解.

   (2) $a=0, b=2$ 时有无穷解 $\begin{cases} x_1=-2+x_3+x_4+5x_5 \\ x_2=3-2x_4-6x_5 \end{cases}$; 其余无解.

   (3) $(a-1)(a-2)\neq 0$ 时有唯一解 $\begin{cases} x=\dfrac{ma+m-n-p}{(a+2)(a-1)} \\ y=\dfrac{na+n-m-p}{(a+2)(a-1)} \\ z=\dfrac{pa+p-m-n}{(a+2)(a-1)} \end{cases}$; 其余无解.

第 四 章

A 组

6. (1) 正, (2) 正, (3) 误.

7. f 是凸的 $=>f$ 是拟凸的, f 是凹的 $=>f$ 是拟凹, f 是(严格)拟凹的 $<=>-f$ 是(严格)拟凸的.

8. $du = \dfrac{\partial u}{\partial x}dx + \dfrac{\partial u}{\partial y}dy + \dfrac{\partial u}{\partial z}dz = \dfrac{1}{\sqrt{x^2+y^2+z^2}}(xdx + ydy + zdz)$.

9. $dz|_p = dx - \sqrt{2}\,dy$.

10. $y' = a^a x^{(a^a-1)} + a^{(x^a+1)}\ln a\, x^{(a-1)} + a^{a^x}(\ln a)^2 x a^x$.

第 五 章

A 组

1. (1) $f'(x) = 8x - 1$, (2) $f''(x) = 8$, (3) 极小值 $f\left(\dfrac{1}{8}\right) = -\dfrac{1}{16}$.

2. $f(x) = x^3$ 满足(1) $f'(0) = 0$, (2) $f''(0) = 0$; 故满足定理 1.1.2 的条件, 但不满足定理 1.1.3 的条件.

3. 提示: 按照一个变量(L 或者 W)写出面积函数.

4. (1) $Q = 7, L(利润) = 97, P = 23$; (2) $t_0 = 14, Q_0 = 7/2$, 征税收益最大 $T = 49$;
   (3) $L_{\max} = 23.5; P = 26.5$.

5. (1) $Q = 2\,500, L(利润) = 325, P = 75$.
   (2) $Q = 2\,000, L(利润) = 300, P = 70$.

B 组

2. $f(x) = \begin{cases} 1, & \text{if } x \in \left[-\dfrac{1}{2}, \dfrac{1}{2}\right], \\ -\left(x - \dfrac{1}{2}\right) + 1, & \text{if } x \in \left[\dfrac{1}{2}, \infty\right), \\ -\left(x + \dfrac{1}{2}\right) + 1, & \text{if } x \in \left(-\infty, -\dfrac{1}{2}\right). \end{cases}$

第 六 章

A 组

2. 12 个单位.

3. 是.

B 组

1. (1) $x_j^0 = \dfrac{a_j I}{p_j(a_1 + a_2)}, j = 1, 2; V = \dfrac{a_1^{a_1} a_2^{a_2} I^{a_1+a_2}}{(a_1+a_2)^{a_1+a_2} p_1^{a_1} p_2^{a_2}};$

   $M = \left[\left(\dfrac{a_1}{a_2}\right)^{\frac{a_2}{a_1+a_2}} + \left(\dfrac{a_2}{a_1}\right)^{\frac{a_1}{a_1+a_2}}\right] p_1^{\frac{a_1}{a_1+a_2}} p_2^{\frac{a_2}{a_1+a_2}} u^{\frac{1}{a_1+a_2}}.$

   (2) $x_j^0 = \dfrac{I}{p_j^{\frac{1}{a+1}}\left(p_1^{\frac{a}{a+1}} + p_2^{\frac{a}{a+1}}\right)}, j = 1, 2; V = \dfrac{I}{\left(p_1^{\frac{a}{a+1}} + p_2^{\frac{a}{a+1}}\right)^{\frac{a+1}{a}}};$

$$M=\left(p_1^{\frac{a}{a+1}}+p_2^{\frac{a}{a+1}}\right)^{\frac{a+1}{a}}u.$$

第 八 章

A 组

1. (1)

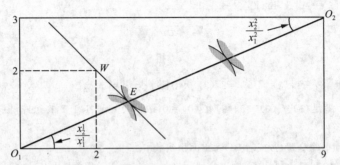

(2) $\dfrac{p_1}{p_2}=\dfrac{1}{3}$；(3) $(x_1^1,x_2^1)=\left(4,\dfrac{4}{3}\right)$；$(x_1^2,x_2^2)=\left(5,\dfrac{5}{3}\right)$.

2. (1) 不可能,因为这与帕累托最优的定义相左.

(2) 余下的两个市场中超额需求价值之和为零.

(3) 不对,已知契约曲线则任何交易都将在曲线的某点上,但不能确定是哪一点.

3. (1) $(p_1^*,p_2^*)=\left(\dfrac{219}{13},\dfrac{306}{13}\right)$;

(2) $(p_1^{**},p_2^{**})=\left(\dfrac{219+9t_2-t_1}{13},\dfrac{306+14t_2-3t_1}{13}\right)$.

B 组

1. 提示：证明使得竞争均衡成立的价格比是唯一存在的即可.

第 九 章

A 组

1. 提示：检查 $f(x)=\cos(x)-\dfrac{1}{2}$ 的映像.

第 十 章

A 组

1. 提示：对 $V(p)$ 进行微分.

B 组

1. (1) 消费者 1,2 的过剩需求函数分别为：$Z_1=\dfrac{p_2-p_1}{3p_1},Z_2=\dfrac{p_1-p_2}{3p_2}$.

(2) 均衡相对价格为 1,(3) 消费者 1,2 的需求量分别为 $\left(\dfrac{1}{3},\dfrac{2}{3}\right),\left(\dfrac{2}{3},\dfrac{1}{3}\right)$.

第十一章

A 组

1. 提示：由于该两个当事人有着相同的、严格凸的偏好和相同的禀赋，经济的核直接就是初始的禀赋，从而可以在埃奇沃思方框图中表示出来．
2. 提示：利用反证法．

B 组

1. 提示：因为具有相同的严格凹效用函数的 n 个经济单位，从而可以得知若采用均等分配，没有办法可以使一个经济单位的状况好起来而不损害另一个经济单位，因而此时均等分配为一个帕累托有效分配．

第十二章

A 组

1. (1) 3,(2) $p=5$.

主要参考文献

1. 陈传章、金福临、朱学炎、欧阳光中. 数学分析. 北京：高等教育出版社，1983
2. 林金坤. 拓扑学基础(第二版). 北京：科学出版社，2004
3. 谢邦杰. 线性代数. 北京：人民教育出版社，1978
4. 朱善利. 微观经济学. 北京：北京大学出版社，1994
5. Angel de la Fuente. *Mathematical Methods and Models for Economists*. The Press Syndicate of the University of Cambridge，2000 (中译本：安吉尔·德·拉·弗恩特著，朱保华、钱晓明译. 经济数学方法与模型. 上海：上海财经大学出版社，2003)
6. Alpha C. Chiang. *Fundamental Methods of Mathematical Economics*. McGraw-Hill，Inc.，1984 (中译本：蒋中一著，刘学译，秦宛顺校. 数理经济学的基本方法. 北京：商务印书馆，2003)
7. Geoffrey A. Jehle and Philip J. Reny. *Advanced Microeconomic Theory*. The Pearson Education，1998 (中译本：杰弗瑞·A.杰里、菲利普·J.瑞尼著，王根蓓、朱保华译. 高级微观经济理论. 上海：上海财经大学出版社，2001)
8. Joseph E. Stiglitz. *Economics*. W. W. Norton & Company，Inc.，1997 (中译本：斯蒂格利茨著，黄险峰、张帆译，谭崇台校. 经济学(第三版). 北京：中国人民大学出版社，2005)
9. Ross M. Starr. *General Equilibrium Theory*. The Press Syndicate of the University of Cambridge，1997 (中译本：罗斯·M.斯塔尔著，鲁昌、许永国译. 一般均衡理论. 上海：上海财经大学出版社，2003)
10. Paul A. Samuelson and William D. Nordhaus. Microeconomics，17th Edition. The McGraw-Hill，Inc.，2001 (中译本：保罗·萨缪尔森、威廉·诺德豪斯著，萧琛主译. 微观经济学(第十七版). 北京：人民邮电出版社，2004)
11. Varian，H. R. *Intermediate Microeconomics*，2th edition. W. W. Norton & Company，Inc.，1990 (中译本：哈尔·R.范里安著，费方域等译. 微观经济学：现代观点. 上海：上海三联书店、上海人民出版社，1994)
12. 武隈慎一. 数理经济学(第二版). 日本：新世社，2004
13. 入谷纯、久我清. 数理经济学入门. 日本：有斐阁，1999
14. 西村和雄. 微观经济学(第三版). 日本：东洋经济新报社，1993
15. 高桥贞治. 解析概论(改订第三版). 日本：岩波书店，1971

词汇索引

A

埃奇沃思盒状图 …………………………………… 131
阿罗-德布鲁经济 …………………………………… 128
阿罗-德布鲁均衡 …………………………………… 196
阿罗的反例 ………………………………………… 139
凹函数 ……………………………………………… 8

B

保序 ………………………………………………… 192
半负定 ……………………………………………… 87
伴随矩阵 …………………………………………… 44
半正定 ……………………………………………… 87
闭 …………………………………………………… 72
闭包 ………………………………………………… 71
闭集 ………………………………………………… 68
变动成本 …………………………………………… 94
边际成本 …………………………………………… 90
边际生产力 ………………………………………… 19
边际生产力递减法则 ……………………………… 19
边际替代率 ………………………………………… 13
边界 ………………………………………………… 71
并集 ………………………………………………… 2
不动点 ……………………………………………… 142
部分点列 …………………………………………… 63
补偿收入 …………………………………………… 103
补偿需求 …………………………………………… 104
补偿需求函数 ……………………………………… 104
布劳威尔不动点定理 ……………………………… 142
补集 ………………………………………………… 2
不完备市场 ………………………………………… 185
不完全竞争理论 …………………………………… 95
不完全市场的均衡 ………………………………… 200

C

彩票 …… 186
差集 …… 2
长期 …… 25
产品空间 …… 11
产业关联论 …… 58
超平面 …… 22
成本函数 …… 94
成分 …… 28
纯粹交换经济 …… 127
辞典式顺序 …… 17
存在定理 …… 54
粗替代性 …… 149

D

代数余子式 …… 28
单位单体 …… 75
单位矩阵 …… 33
单位圆周 …… 75
导函数 …… 82
点 …… 1
点列 …… 66
定义域 …… 4
短期 …… 25
独立性公理 …… 190
对称 …… 16
对称行列式 …… 86
对称矩阵 …… 33
对角矩阵 …… 33
对角线元素 …… 33
对角占优矩阵 …… 149
对偶定理 …… 57
对偶问题 …… 54
对应 …… 143
多变量函数的极大值条件 …… 99
多元变量的泰勒展开式 …… 98

E

二次可微	86
二次型	33
二阶导函数	85
二阶微分	85

F

法线	121
反对称矩阵	33
非负矩阵	59
非负象限	7
非奇异	44
分离	121
负定	33
复合	83
复合函数	83
复矩阵	29
复数域	29
福利经济学第一基本定理	127
福利经济学第二基本定理	127
弗罗贝尼乌斯定理	62
复制经济	172

G

改善	174
供给关系	149
供给函数	11
供给集合	22
寡头垄断	90
关系	4
固定成本	94
固定生产要素	25
规格	29
规模收益不变	24
规模收益递减	24
规模收益递增	20
国民生产总值	97

H

海塞矩阵 ……………………………………………… 85
函数 …………………………………………………… 4
行列式 ………………………………………………… 36
霍特林引理 …………………………………………… 102
核 ……………………………………………………… 172
核配置 ………………………………………………… 174
行向量 ………………………………………………… 5
货币的边际效用 ……………………………………… 114

J

价格的标准化 ………………………………………… 163
价格范围 ……………………………………………… 157
价格向量 ……………………………………………… 14
价值尺度物品 ………………………………………… 163
间接效用函数 ………………………………………… 112
交叉替代效应 ………………………………………… 112
角谷不动点定理 ……………………………………… 112
交集 …………………………………………………… 2
极限 …………………………………………………… 67
极限定理 ……………………………………………… 181
极大值 ………………………………………………… 92
结果 …………………………………………………… 185
集合 …………………………………………………… 1
集合 X 的二元关系 ………………………………… 16
紧集 …………………………………………………… 63
近旁 …………………………………………………… 69
境界条件 ……………………………………………… 165
经济成长的黄金律 …………………………………… 90
经济有界性 …………………………………………… 161
竞争均衡 ……………………………………………… 127
竞争均衡配置 ………………………………………… 173
基数效用 ……………………………………………… 13
极限 …………………………………………………… 67
极限定理 ……………………………………………… 180
极小值 ………………………………………………… 92
局部非饱和假定 ……………………………………… 103

局部非饱和性	135
距离	33
距离空间	35
均衡价格	128
均衡价格的唯一性	164
均衡配置	128
矩阵	28

K

K 维单体	124
开集	69
开值	150
可逆矩阵	44
可交换矩阵	31
克莱默法则	41
可变生产要素	25
可测	193
可偏微分	81
可全微分	82
可微	78
可行	54
可行解	54
柯西-施瓦茨不等式	34
空集	1
块状处理	44

L

劳动的边际生产力	94
理性	16
合理预期	198
合理预期均衡	198
联合	173
连续	67
连续映射	76
连续函数	67
连续可微	83
连续选择	146
零向量	5

利润函数 ………………………………………………………… 22
李雅普洛夫方法 ………………………………………………… 169
李雅普洛夫函数 ………………………………………………… 169
垄断 ………………………………………………………………… 95
罗尔定理 …………………………………………………………… 66
罗伊恒等式 ……………………………………………………… 112

M

马肯基引理 ……………………………………………………… 106
卖空 ……………………………………………………………… 197
幂集合 ……………………………………………………………… 4
模 ………………………………………………………………… 28
模空间 …………………………………………………………… 35
目标函数 ………………………………………………………… 53

N

N 阶方阵 ………………………………………………………… 32
N 阶单位矩阵 ………………………………………………… 36
N 维单位向量 ………………………………………………… 35
N 维向量空间 …………………………………………………… 5
内部 ……………………………………………………………… 71
拟凹函数 …………………………………………………………… 9
逆映射 …………………………………………………………… 72
逆矩阵 …………………………………………………………… 44
拟凸函数 …………………………………………………………… 9
逆序数 …………………………………………………………… 36
冯·诺伊曼-摩根斯坦效用函数 ………………………………… 193

O

欧几里得空间 …………………………………………………… 28

P

帕累托最优 ……………………………………………………… 135
帕累托最优配置 ………………………………………………… 136
配置 ……………………………………………………………… 135
偏导函数 ………………………………………………………… 81
偏好 ……………………………………………………………… 12
偏好映射 ………………………………………………………… 149

偏好的凸性 …………………………………… 13
偏好关系 ……………………………………… 16
偏好关系的理性 ……………………………… 16
偏好集合 ……………………………………… 11
偏好无差异 …………………………………… 13
偏微分 ………………………………………… 66
廉价点假设 …………………………………… 157
平均成本 ……………………………………… 94
中值定理 ……………………………………… 66

Q

齐次线性方程组 ……………………………… 43
奇异 …………………………………………… 44
切平面 ………………………………………… 122
期望效用 ……………………………………… 185
期望效用假说 ………………………………… 187
企业 j ………………………………………… 128
企业利润 ……………………………………… 20
契约曲线 ……………………………………… 139
球 ……………………………………………… 69
区间 …………………………………………… 7
全微分 ………………………………………… 66

R

弱瓦尔拉斯法则 ……………………………… 134

S

上半连续 ……………………………………… 144
上界 …………………………………………… 4
上有界 ………………………………………… 4
上确界 ………………………………………… 4
生产函数 ……………………………………… 23
生产集合 ……………………………………… 1
生产经济 ……………………………………… 127
市场节约 ……………………………………… 200
实际工资率 …………………………………… 94
实矩阵 ………………………………………… 29
实数域 ………………………………………… 29

时刻 …………………………………………………………………… 166
世外桃源的不存在性 …………………………………………………… 20
收敛 ……………………………………………………………………… 67
收入效应 ………………………………………………………………… 109
斯勒茨基方程 …………………………………………………………… 108
斯勒茨基矩阵 …………………………………………………………… 111
索求权 …………………………………………………………………… 195
指标集合 ………………………………………………………………… 3

T

泰勒展开式 ……………………………………………………………… 90
塔克引理 ………………………………………………………………… 28
特征向量 ………………………………………………………………… 62
特征值 …………………………………………………………………… 62
替代矩阵 ………………………………………………………………… 110
替代效应 ………………………………………………………………… 109
替代物品 ………………………………………………………………… 164
同等待遇 ………………………………………………………………… 178
投入产出系数表 ………………………………………………………… 59
凸包 ……………………………………………………………………… 8
凸函数 …………………………………………………………………… 8
凸组合 …………………………………………………………………… 7
凸集合 …………………………………………………………………… 7
凸值 ……………………………………………………………………… 143
拓扑 ……………………………………………………………………… 66
拓扑空间 ………………………………………………………………… 70

W

瓦尔拉斯的摸索过程 …………………………………………………… 149
外部 ……………………………………………………………………… 71
完备市场 ………………………………………………………………… 185
完全竞争市场 …………………………………………………………… 95
完全市场理论 …………………………………………………………… 196
维尔斯托拉斯定理 ……………………………………………………… 66
微分 ……………………………………………………………………… 78
无差异关系 ……………………………………………………………… 172
无差异曲线 ……………………………………………………………… 13

X

下半连续 146
下界 4
下有界 4
下确界 4
显示性偏好 17
显示性偏好的弱公理 17
线性 32
线性的 187
线性规划问题 53
线性函数 28
线性无关 46
线性相关 46
相等 1
相对拓扑 72
向量的差 6
向量的和 6
向量空间 6
消费集合 11
效用 12
效用函数 11
效用最大化的条件 114
斜率 13
希克斯需求函数 104
谢泼德引理 119
选择定理 142
需求关系 152
需求函数 152
需求集合 14
序数效用 15

Y

雅可比矩阵 85
严格的凹性 201
严格凸集合 7
严格分离 121
严格拟凹函数 9

严格拟凸函数	9
要素的需求集合	118
一般均衡理论	58
一阶齐次的生产函数	25
映射	4
有界集合	74
有条件的函数	38
有条件价格	195
有条件的物品	194
预期	185
元素	1
约束条件	53
预算集合	13
预算线	14
余子式	28

Z

正定	33
证券 s	197
正象限	7
支撑超平面	122
直积	2
直积空间	72
直积拓扑	72
致密性	143
值域	4
转置矩阵	31
转置向量	5
状态	185
锥	7
准均衡	127
主余子式	28
主子式	48
子集	1
自替代效应	112
子点列	74
子空间	72
自由物品	140

总过剩需求	133
总过剩需求函数	149
总过剩需求集合	133
纵向量	5
最大值(最小值)	22
最小成本	118
最小支出函数	102
最优解	54
最终需求向量	58